Latein

Geschichte
einer
Weltsprache

拉丁语的故事

一种世界语言的历史

[德] 于尔根·雷昂哈特 著
黄文前 孙晓迪 程雨凡 译

Jürgen Leonhardt

山西出版传媒集团　山西人民出版社

图书在版编目（CIP）数据

拉丁语的故事：一种世界语言的历史 ／（德）于尔根·雷昂哈特著；黄文前，孙晓迪，程雨凡译 . -- 太原：山西人民出版社，2021.3

ISBN 978-7-203-11732-2

Ⅰ．①拉… Ⅱ．①于… ②黄… ③孙… ④程… Ⅲ．①拉丁语－语言史 Ⅳ．①H771-09

中国版本图书馆CIP数据核字(2021)第039313号

著作权合同登记号：图字 04-2021-006

Title of the original German edition:LATEIN：Geschichte einer Weltsprache
Author: Jürgen Leonhardt
© Verlag C.H.Beck oHG, München 2011
Chinese language edition arranged through HERCULES Business & Culture GmbH, Germany

拉丁语的故事：一种世界语言的历史

著　　者：	[德]于尔根·雷昂哈特
译　　者：	黄文前　孙晓迪　程雨凡
责任编辑：	周小龙
复　　审：	贾　娟
终　　审：	李广洁
出 版 者：	山西出版传媒集团·山西人民出版社
地　　址：	太原市建设南路 21 号
邮　　编：	030012
发行营销：	010-62142290
	0351-4922220　4955996　4956039
	0351-4922127（传真）　4956038（邮购）
天猫官网：	https://sxrmcbs.tmall.com　电话：0351-4922159
E－mail：	sxskcb@163.com（发行部）
	sxskcb@163.com（总编室）
网　　址：	www.sxskcb.com
经 销 者：	山西出版传媒集团·山西人民出版社
承 印 厂：	北京玺诚印务有限公司
开　　本：	655mm×965mm　1/16
印　　张：	21.25
字　　数：	300 千字
版　　次：	2021 年 4 月　第 1 版
印　　次：	2021 年 4 月　第 1 次印刷
书　　号：	ISBN 978-7-203-11732-2
定　　价：	74.00 元

如有印装质量问题请与本社联系调换

献给

安娜·玛丽亚（Ana Maria）

卡萝尔（Carol）

琳达（Linda）

前　言

拉丁语是一种死语言还是一种活语言，关于这个问题有两种看法：一种说拉丁语是死的，因为没有人再把它作为母语来使用；另一种说只要人们还在用拉丁语说话或写作，那么，它就是活的。第一种是语言学的答案，它不再把中世纪到近代的拉丁语看作是一种一般语言。第二种是文学研究和文化研究的答案，它考察了欧洲拉丁语漫长的历史传统。

本书将联系语言史和文化史，努力消除两种看法之间的矛盾。这也不单纯是一部拉丁语研究著作，因为在古代如果没有希腊文化，以及之后如果没有欧洲大众语言文化，拉丁语文化都是不可想象的。只有考察拉丁语文化发展于其中的多语言交流空间的总体情况，才能理解欧洲拉丁语文化传统。

从开始写博士论文第一次接触古代晚期的拉丁语课程时，我就开始思考本书的主题，那时我就发觉我们对一种语言的把握和使用的现代经验是多么具有历史局限性。之后的这些年，近代拉丁语文本的研究和我自己使用拉丁语的某些实践活动，使我不得不一再重新面对这样一个事实：对使用一种"死"语言到底意味着什么，我们并没有真实的认识。如果没有对世界语言拉丁语的这些实践经验，我是不可能写出这本书的。

本书得以出版，我要感谢C.H.贝克（Beck）出版社，尤其是专业的编辑施特凡·冯·德·拉尔（Stefan von der Lahr）博士。施特凡博士一方面总是支持我继续深入思考研究，另一方面又以友好的耐心和个人特有的强烈责任感伴随着出版工作一直到结束。由于我从马堡迁往图宾根以及由此连带不得不做许多事而使出版工作一再拖延。如果这本书的基本思想不但能让专业同行感兴趣，而且能让更广泛的公众感兴趣——这是我的期望——主要是他的功劳。

书中超越学科界限的做法，如果没有其他专业诸位同事的帮助是不可能实现的。这些同事利用他们的专业知识给我以帮助，并且他们也乐意同我深入讨论非传统的问题。我特别要提到我之前在马堡的同事米歇尔·哈恩（Michael Hahn）、埃里希·珀佩（Erich Poppe）、伊丽莎白·希根（Elisabeth Rieken）、沃尔特·佐默尔弗尔特（Walter Sommerfeld）、施特凡·魏宁格（Stefan Weninger），以及我在图宾根的同事马蒂亚斯·鲍尔（Matthias Bauer）、蒂尔曼·贝格尔（Tilman Berger）、马克斯·格若斯（Max Grosse）、约翰内斯·卡巴特克（Johannes Kabatek）、库尔特·科恩（Kurt Kohn）、克里斯蒂安·莱茨（Christian Leitz）、米雷拉·林格斯卡（Mirella Lingorska）、玛丽亚·莫格-格吕内瓦尔德（Maria Moog-Grünewald）、斯特芬·佩措尔德（Steffen Patzold）、弗朗茨·彭策施塔德勒尔（Franz Penzenstadler）、卢茨·里希特-伯恩布尔格（Lutz Richter-Bernburg）、克劳斯·里德（Klaus Ridder）、康拉德·福尔格（Konrad Volk）。这本书里的两个重要论题，几年前在马堡大学语言学高级研讨班上讨论过。我要特别感谢图宾根的同事彼得·科赫（Peter Koch），在同他一起开设的讨论课中，我曾就第二章的许多问题与他进行过深入的讨论。他还批判性地阅读了我的大部分原稿，对许多地方提出了重要建议。所有仍然存在的错误或不准确之处（这在从古埃及文化研究一直到斯拉夫语文学诸多学科的巡游中是完全无法避免的），当然由我本人承担。

汉堡的沃尔特·路德维希（Walther Ludwig），图宾根的埃伯哈德·黑克（Eberhard Heck）、米沙·迈尔（Mischa Meier）、恩斯特·阿古斯特·施密特（Ernst August Schmidt），以及我的同事约翰·格贝尔（Johannes Göbel）和乌韦·迪奇（Uwe Dietsche），他们从拉丁语研究或者说古代文化研究的角度阅读了全部手稿或者部分手稿。我衷心感谢他们所有人付出的巨大辛劳以及给我提出的诸多有益的建议。我还要衷心感谢沃尔特·路德维希，在最近几年我们之间的一些共同讨论中，我从他关于近代拉丁语世界的惊人知识中获益匪浅。还有其他许多这里未提到的拉丁语文学研究同行和其他学科的同行，在讨论会或其他场合的简短交流中，他们就某一细节问题给出自己的看法或者建议。所有这些人，我都要表示感谢。

马堡的沃尔弗拉姆·伯姆（Wolfram Böhm）和图宾根大学的韦雷娜·鲁贝（Verena Rube）、克里斯蒂安·西格蒙德（Christian Sigmund）帮助我对个别问题进行调查研究。此外，克里斯蒂安·西格蒙德在过去三年总是耐心且及时地帮我找寻所需要的哪怕是最难找的书，帮助我完成书稿的技术工作。我非常感谢他们！

我还要衷心感谢那些在我写作过程中受到各种影响的人：我的妻子，图宾根语言学研讨班上的学生，以及所有一再注意到我在"有所忙"的那些人。但我首先要感谢我的孩子们，他们令人感动地留给我自由空间，充满理解地等待着，直到这本著作完成。这本书应该献给他们。

于尔根·雷昂哈特

第二版序言

第二版改正了印刷错误和其他细小的疏忽。我衷心感谢所有向我指出错误的人。这里尤其想强调四位贡献者。菲德尔·雷德勒（Fidel Rädle）和乌尔里希·西格勒（Ulrich Siegele）除了修正个别错误外，还以其专业的知识在许多具体问题上给我帮助。里夏德·米勒-斯密特（Richard Müller-Schmitt）——意料之外的厚礼——再次仔细校对了整本书。最后，一位读者提供了他对该书写满批判性评注的读本供我使用。可惜这里我没办法指出他的名字，因为他的名字只出现在寄来书稿的信封上，而信封丢了。我希望，通过这种方式他能够知道我充满感激地采纳了他的一些提示。

于尔根·雷昂哈特，2010 年 10 月

目 录

001 — **一、拉丁语作为世界语言：一种系统化的认识**

003 — 1.1 欧洲的未知的死语言

009 — 1.2 拉丁语和民族语言的灭亡

018 — 1.3 世界的历史文化语言

043 — **二、帝国语言：拉丁语从开始到古代结束**

045 — 2.1 罗马帝国和拉丁语

050 — 2.2 对希腊文学的接受

054 — 2.3 拉丁语取得一种稳固的形态

075 — 2.4 从公元1世纪到3世纪的希腊语-拉丁语双语制

083 — 2.5 古代晚期

113 — **三、欧洲的千年拉丁语：从中世纪初到1800年**

115 — 3.1 卡洛林文艺复兴

126 — 3.2 拉丁语的新地位

141 — 3.3 中世纪

161 — 3.4 近代拉丁语和欧洲其他文学语言

188 — 3.5 拉丁语的发展

211 — **四、没有世界的世界语言：1800 年起拉丁语成为教育语言**
213 —　　4.1 新人文主义、拉丁语和约翰·塞巴斯蒂安·巴赫
226 —　　4.2 古老语言的发现
233 —　　4.3 历史主义和自然科学
240 —　　4.4 与语法的斗争

243 — **五、从语言学回到文化：世界语言拉丁语的今天**
245 —　　5.1 历史主义的终结和世界书写文化遗产
252 —　　5.2 拉丁语是语言学还是语言？
255 —　　5.3 拉丁语的未来

263 — **注释**
287 — **参考书目**
307 — **索引**
329 — **译后记**

1

一

拉丁语作为世界语言：
一种系统化的认识

Latein
Geschichte einer Weltsprache

1.1 欧洲的未知的死语言

在罗马人留给世界的所有遗产中，拉丁语大概是时至今日最有影响力的。当古代结束罗马帝国的最后残余转化为新的国家形式时，拉丁语仍然在书写中使用，好像这个世界没有发生任何变化。中世纪早期，一些欧洲民众语言（Volkssprachen）开始取代拉丁语，但又经过了一千多年人们才可能从事一种较高级的职业而无须掌握拉丁语。而且即使当这一过程结束，民众语言被普遍接受时，拉丁语在欧洲也没有消失。因为，即使人们不再书写和说这种语言，仍然必须学习它。甚至在自然科学时代，拉丁语作为欧洲教育的一门重要课程又保存了两百年。今天（2009年）在德国有超过80万名中小学生上拉丁语课，由此拉丁语在学校外语学习中继英语和法语之后排第三位。拉丁语基本词素为构成新的科学术语奠定了基础。在高水平的期刊中，拉丁术语和简短引文仍然可能直接插入正文而无须翻译。最近几年甚至对拉丁语的积极使用在全世界范围出奇地再次增多。在欧洲和美国出现了拉丁语社团、拉丁语杂志和拉丁语广播节目。芬兰在担任欧盟理事会轮值主席国时（1999年和2006年）定期用拉丁语发表报道。2008年秋，德国一家电视台竟然用拉丁语（带德语字幕）播放一个较长的节目。拉丁语显然不同于其他历史语言。研究古代巴比伦语是东方语言学家的事情，研究象形文字是埃及语言学家的事情，而拉丁语两千年来始终是一种世界语言。

没有什么能像拉丁语文献的纯粹数量那样，将这门世界语言的规模清楚地展现在我们眼前。自罗马帝国灭亡后的1500年里所产生并在世界各地的图书馆和档案馆里保存的拉丁语文本，比古罗马时期产生的拉丁语文献要多得多，这一点非常有说服力。不过，一种推断，首先——这种推断就原始资料的情况来说不过是一种初步的认识——表明了拉丁语作为世界语言直至今日的实际意义：我们必须看到，世界上现存的古代罗马之后的拉丁语文本，其数量如此庞大，至少是古罗马时代保存下来的所有拉丁语文本数量的一万倍。也就是说，所有流传下来的古代罗马的文本，包括一切铭文，在全部拉丁语著作中至多只占万分之一。而在这微小的一部分中又有大约80%是古代晚期基督教文本。一般在学校讲授的"那些"著名罗马文学作品，从普劳图斯（Plautus）到西塞罗（Cicero）再到塔西佗（Tacitus）等作家的著作，即使像明亮的太阳一样光芒四射，却不过是拉丁语世界宇宙中的一个微粒。

这些数字需要具象化，以便人们能够真正清楚地认识。让我们假定古罗马拉丁语文本（像大致推测的那样）被装订成500册，每册500页，那么就必然还有一万倍的，也就是总共至少有同样厚度的五百万册拉丁语文本。而且值得注意的是，这些文本又总是有着多种多样的版本，而这些版本是无法算清楚的。对拉丁语使用情况的简要概述表明，这种推测很可能是保守的。

这些文本绝大多数无疑是档案和文献。直至中世纪鼎盛期，甚至晚期，欧洲所有城市和政府所在地的卷宗、诸侯所在地和私人档案的卷宗都是用拉丁语撰写的。在许多情况下，拉丁语在官方使用的时间甚至更久，比如匈牙利的行政语言一直到19世纪中期都是拉丁语，还有直至今日梵蒂冈、世界所有主教管区和大主教管区的档案卷宗，还有直至近代早期国际外交往来通信（1648年威斯特伐利亚和约的公文就是用拉丁语撰写的），直至16—17世纪欧洲各大学大部分管理记录，以及建筑、图画和墓碑上成千上万的铭文，使用的都是拉丁语。保存在档案里和未保存归档的拉丁语文件——证词、博士学位证、被授予的头衔——的数量，数以百万，而且今天还在不断增长。

其次是各类实用文本和学术文本。学术著作直至中世纪末期几乎都是用拉丁语撰写的，到17世纪还有绝大多数，甚至到19世纪早期也还有很大一部分。神学家、法学家和医生彼此之间用拉丁语交流，天文学家和哲学家的论著以及关于音乐、修辞和诗歌的理论著作，也都是用拉丁语撰写的。对此，时至今日还缺少详尽的概述。然而，少许几个领域可获得的数据已经让我们感受到拉丁语的使用规模。例如，近代天文学专业文献目录（已经老旧并且肯定不全面）就包括好几千个拉丁语标题。收藏在法兰克福的法学博士论文集，估计仅仅接近实际流传下来的一半，由此推测，1650—1750年间仅在德国和奥地利也即1806年结束的"旧帝国"的大学中就有3万篇这样的博士论文。即使每篇论文仅仅有15页，总计也差不多有50万页了。而需要强调的是，这只是1650—1750年间德语区的法学博士论文，还不包括欧洲其他地区的法学文献。在19世纪拉丁语仍然是一些领域经常使用的学术语言，例如语言学的和神学的博士论文、德国高级文理中学出版的学术年鉴即所谓的"学校论文集"，以及各类学术期刊。此外，非学术性的实用文本，包括中世纪数十万的说教作品，以及主要出自16—18世纪在婚礼、洗礼、葬礼、授予博士论文之际和周年庆典上发表的可能超过百万的演讲和诗歌。拉丁语信件的数量也是无法估计的。鹿特丹的伊拉斯谟（Erasmus von Rotterdam）的3000多封信件，差不多相当于传世的所有古代信件的一半，而伊拉斯谟仅仅是中世纪和近代早期留存有拉丁语信件的几千个人中的一个。

相比拉丁语实用文本——值得注意的是，其中有很大一部分文本在修辞上是非常讲究的，狭义上的"艺术文献"的文本数量无疑要小很多。但是即使在这方面，古罗马之后的作品也远远超过古罗马时期的作品。古罗马流传下来的拉丁语剧本仅仅有40部，而15—18世纪的拉丁语戏剧作品的数量多达5000—10000部。古罗马的教育诗流传下来的仅仅有

12首，而16—18世纪流传下来的我们熟知的就有400多首。同样，中世纪和近代的叙事诗也成百倍地多于古代此类不多的代表作。柏拉图创立的对话录文体，在古罗马只有12部，而在近代早期则要以四位数字计算。

　　但奇怪的是一直以来在公众意识中，欧洲古代之后的拉丁语反而并不重要。拉丁语首先只与古罗马有关。世界各大学的古典语言学以及开设这门课的各中小学，主要（尽管不再完全是）讲授的都是从大约公元前250年起到古罗马晚期的拉丁语文献。中世纪西欧，拉丁语是教会和科学领域唯一重要的语言，在世俗生活中也是非常重要的语言，这一点大家多少是知道的。时至今日，牢固的拉丁语知识通常对于从事中世纪各历史学科研究仍然是必须的。但实际上只有中世纪前半期得到了研究，对中世纪鼎盛期的拉丁语文献就已经缺少一个完整的认识，更不用说只有重要的文本才有复印件或电子版。那些从事中世纪拉丁语文献研究的学者，不得不总是经常奔波于欧洲各博物馆，亲自查阅中世纪的原稿。有关中世纪晚期拉丁语文本创作情况也就只有粗略的了解。在德国，研究中世纪拉丁语的教授凤毛麟角。对近代的误解更加严重。对于近代，所有注意力几乎都集中在逐渐兴盛起来的用各种近代欧洲语言写成的文献，而完全没有认识到这样的事实：直到18世纪，欧洲绝大多数交流都是通过拉丁语进行的，而且相当大的一部分拉丁语文本都是出自近代。对这一时期的拉丁语文献研究从19世纪至今都没有发展成为一门专业学科。这些文献——除极少数的例外——要么对日耳曼语言文学研究者、罗曼语言文学研究者、古典语言学家或其他学科的学者来说是"附带研究"，要么干脆就被遗忘。尽管近几十年新拉丁语（neulateinische）研究有明显增长，思考模式却没有发生根本变化。除了几篇简短的概况文章和一些地域性的著作外，还没有关于新拉丁语文献史的著作。要想撰写这样一部著作，哪怕仅仅是接近欧洲各民族语言文学研究水平的著作，都需要数十年的准备工作。尽管在欧洲直到1600年，有些地区甚至直到1700年或更晚时期，拉丁语作品的数量都超过民族语言作品的数量，但连欧洲最弱小、最边缘的民族语言都比新拉丁语更为人所了解。因此，文学史、语言史，较小程度上甚至哲学史和科学史对近代欧洲的认识都是片面的，因为有关拉丁语方面不是过于简短就是完全缺失。下面这种状况非常自相矛盾：尽管直至20世纪，拉丁语学习在整个西方世界对于所有学者都是不可或缺的，近代拉丁语文学却是整个欧洲文学中最少为人所知的。

这种状况是怎么产生的呢？这是由首先在16世纪出现，之后在19世纪和20世纪影响广大的一种论断促成的，如今这种论断仍然流行：拉丁语是一种"死"语言，因为古罗马之后，拉丁语只是一种在学校按照远已逝去时代的语法规则来讲授的语言，而不再是一种大众语言。因此，大家认为，这种"死"语言不可能带来伟大成就。它过去被视作，现在仍然被视作某种人为作品（Künstliches），一种不可能在现实生活中出现的、玄之又玄的文化上层建筑。即使是那些本该为拉丁语辩护的拉丁语言学家，也都持有这种论断而对古代之后的"死"拉丁语持批评态度。一百年前柏林古典语言学家弗朗兹·斯库奇（Franz Skutsch, 1865—1912）对新拉丁语文学发表的看法，如今仍然为他的一些同行所认可："所有这些拉丁语缪斯的新生代都是不太重要的，总的来说只吸引语言学家和文学爱好者。"

对古代之后拉丁语风（Latinität），这种评判的另一种典型根据是随意发展的"自然"（natürlichen）语言的观念。自然语言主要占据口语，而不是学术文献。它不是通过学校教育或者语法来规定的，而是自然而然的语言应用。整个现代语言学，包括18世纪已经兴起的比较语言学以及随后出现的"新语法学派"（Junggrammatiker），不加思考地接受了口语的这种优先权，并且延续下去。口语过去被视为，现在仍然在某种程度上被看作是语言的"一般形式"（Normalform）。书写规则以及对语言形式的各种外在影响被看作是附带现象，而不能算作语言自身的本质。一种语言，如人们所认为的那样，如果仅仅是从书本中学来的，就根本不能再被看作是真正意义上的语言。语言学只研究一种显然是有机发展意义上的活的拉丁语。因此，从重构印欧语系的词根（Vorform）到公元前1世纪拉丁语语法固定下来，这一时期的拉丁语历史就得到出色的说明。这之后完全转入对所谓"通俗拉丁语"（Vulgärlatein）发展而来的罗曼语言（romanischen Sprachen）之起源的研究。不过，人们在语言学文献中，事实上没有发现任何公元1世纪以来的文本拉丁语（das Latein der Texte）。即使是最近几十年兴盛起来的，本该研究学术性语言的社会语言学，也没有讨论拉丁语在欧洲历史中的作用。这很可能首先在于这一学科总体上几乎只以当下为目标，而历史的维度刚开始被发现。

"自然"语言的观念还同另一种观念联系在一起，它自16世纪开始，然后至18世纪起变得深入人心：无论是个体的特性还是整个民族共同体的特性都是在语言中发展的，只有一开始就伴随着人类发展的"母语"能够表达出最深的思想和最个体化的渴望。拉丁语一开始在德国流行了很长时间，大约18世纪末，反对拉丁语作为一种文学语言的观念在德国占了上风，因为"民众语言"是一个民族的灵魂和艺术创作的唯一真实手段。这个本质浪漫的观念，使得学校讲授的拉丁语表现为一种束缚，而对"民众语言"的维护显示出向自然的自由回归。19世纪从民众语言这个概念新建立起的对民族语言（Nationalsprache）的认识，将这样一种几乎神秘的起源思想与现代民族政治概念结合了起来。民族语言作为母语隐藏于无意识的、无规则的活生生的本源中，不过是通过交流活动和文学典范顺带培育出来的，它成为个性发展的独有的语言模式。人，至少19世纪和20世纪的欧洲人，就本质而言，只讲一种语言。掌握多种语言在众多领域是绝对必须的，这极大地丰富了学识素养，却不会动摇母语的优势地位。在维护民族意识的 19 世纪，一个人如果无法确定无疑地归属某个语言共同体，他就是可疑的。因此，拉丁语也是可疑的，仅仅因为它不是任何人的母语。

在最近两百年里，对拉丁语的这种疏离，变得不断加剧，因为今天我们很少主动地使用拉丁语，而几乎只在过去的文本中接触到。这样，拉丁语现在完全表现为历史语言，而在 18 世纪和 19 世纪早期它还差不多被看作是永恒的现象。通行的拉丁语教学将重点放在语法规则的知识分析，而根本没有关注真正的语言习得。直到新近，这种教学法还使拉丁语首先成为解读历史文本和处理历史问题的科学手段。现代语言教学法与拉丁语教学完全不同。现代文学研究（Literaturwissenschaft）虽然通过比较文学符号重新发现了古典文献，大多数情况下却无法一下子理解这些与其所讨论的现代语言文本同时、甚至还有可能在同一环境下产生的拉丁语著作。拉丁语似乎根本不是一种语言，而是一份文化遗产。而且在任何被继承的地方，通常都以死亡为先导。

1.2 拉丁语和民族语言的灭亡

这是本书的出发点。它的目的不是在记忆中唤起欧洲拉丁语传统的重要意义，或者展示古典时期之后的拉丁语文献宝藏。有关此内容，最近几年已经有一系列著作出版。这里首先要提名的有曼弗雷德·福尔曼（Manfred Fuhrmann）的《拉丁语和欧洲》（2001 年）、托雷·詹森（Tore Janson）的《拉丁语：一种语言的成就史》（2002 年）、尼古拉斯·奥斯特勒（Nicholas Ostler）的《直到永远：拉丁语的传记》（2007 年）、维尔弗里德·斯特罗（Wilfried Stroh）的《拉丁语死了？拉丁语还活着》（2007 年）。这些著作，每一本都以其各自的方式重新阐释了拉丁语言和文化在欧洲的发展历史,并且这些著作包含的许多之前只有狭小的专业圈内人士才知道的基本事实,引起了其他学科的学者的关注,甚至引起了学界之外的公众的关注。这些著作所引起的强烈共鸣表明,人们对拉丁语从早期直到现代的全部历史都有着新的兴趣。

本书的研究对象则不同,它从根本上思考拉丁语作为"死"语言的特殊地位。为何拉丁语成为一种只在学校讲授的语言?为何这种语言在欧洲使用长达1500年?那么究竟什么是"死"语言,尤其是当它还像拉丁语这样被生动鲜活地使用?拉丁语成为一种世界语言,因为古罗马人当时是世界上的强者,拉丁语在古典时期之后保留为一种世界语言,因为古罗马的文化遗产和古代晚期的教会影响了欧洲的进一步发展。这个答案是不充分的,在某些方面甚至是错误的。本书的目的是追寻拉丁语繁荣并进一步发展为一种世界语言的狭义上的语言史进程,尤其是集中探讨对其他世界历史文化语言,以及我们视作"一般的"活语言也适用的原则。这就需要将拉丁语从"文化遗产"的境况中解救出来,并且证明在古典时期之后,当再没有说拉丁语的民族存在时,拉丁语在何种程度上像其他语言一样仍然是一种活的语言。一般古典语言学家总是喜欢通过近代还有多少人写和说拉丁语以及由此创作出了什么,来提出证明。但我不会做出这样的证明。拉丁语和仍然有着积极的使用者群体的语言之间的差别是不容否认的。但是必须对这一差别做出说明,并且必须在更高的层面上对有关拉丁语发展和其他语言发展的各阶段的进程做出说明。我想说,拉丁语和"活"语言之间的差别不是概念式的,而是渐进式的。

采用这样一种方法在今天比在几年前容易得多。因为,近两百多年将拉丁语从积极使用的语言行列中排挤出去的种种理由在今天已经远远过时了。语言学只关注口头语言,使得语言文化条件的问题逐渐显露。拉丁语的重要问题,如语言的规范化、标准化、书写语言的规范化或者语言的训练,尤其是语言和文化的关系等问题现在作为语言学的真正研究对象重新被发现,而不再作为外在于语言自然有机体的现象被搁置。妮娜·亚尼希(Nina Janich)和阿尔布雷希特·格罗伊勒(Albrecht Greule)撰写了内容丰富、卓有成效的《欧洲语言文化》手册,像这样的参考书不久前还几乎是不可想象的。我这本书的一个主要目的就是要证明,拉丁语作为积极使用的语言应该在《欧洲语言文化》中占有一席之地,而不是作为"死语言"的特例被忽略掉。文学研究中对文化经典尤其是文学经典的作用不断增长的兴趣,以及对文学史和教育史受文化研究影响不断增长的兴趣,也为重新认识拉丁语的特点铺平了道路。

由于全球化及由此引起的不同国家文化的盘根错节,拉丁语独特的语言史也赢得崭新的现实性。这其中所带来的各种发展——英语作为世界语言急速上升的重要性也属于这种发展——动摇了下面的观念:人类最好通过学习"母语"来发展语言。这些发展还推动我们以一种新的方法去思考是什么使一种语言变为"死的"语言这个问题。

首先来看母语的作用。不久的几十年前,还仅是文化和外交精英被要求掌握多种语言。但在现代社会不仅他们,大多数人也都面临这种挑战。与19世纪相比,今天很大一部分人必须用习得的第二语言去表达复杂的思想,并且完全以陌生的语言安排"一般的"生活。多语言能力,不仅是指能够用多种语言进行基本交流的能力,而且是指能够用多种语言进行学术性的写作和成功地谈判的能力。这是全球化世界的新理念。它带来了教育体制的根本转变。母语教育得到补充,在有些情况下甚至被早期展开的双语教育取代。母语部分地失去了它的绝对优先地位。与此同时,英语在全球赢得了突出的重要价值。英语总的来说成为最重要的第二语言。在那些说和写英语的人中,"母语人士"远远占少数。正如我们近些年一再看到的,英语由于其作为世界语言的重要价值成为拉丁语的继任者。因此,今天我们第一次无须因古典语言学的辩护而意识到拉丁语作为世界语言的功绩。而且我们能够确定,英语所承担的这个新角色重新引起了之前拉丁语也曾遇到的许多问题。

几个世纪以来,一直使用拉丁语的科学领域,其语言习惯发生了最根本的变化。一切科学出版物,即使是想要取得国际影响,也是用自己本国的语言完成的。这正是具有民族意识的19世纪的特点。那些想要产生国际影响的出版物,像芬兰语或者波兰语这样的"小"语种就不值得推荐,这时人们选取文化上最接近的民族语言,如法语、英语或者德语。在其他情况下,人们还是用各自的民族语言发表出版物。而对于欧洲较大的国家,在一切领域都使用自己的本国语言得到了保证。受过良好教育的精英则超越民族界限,在需要的时候使用其他语言,但用自己的母语写作。英语作为国际科学语言的确立在根本上改变了这种已经固定下来的语言习惯。特别是在德国发生了迅猛的改变。当自然科学工作者开始只用英语发表著作时,当不太久以前在德国促进机构(Förderungsinstitutionen)第一次用英语起草研究提案,并且在最初几轮会谈中德国科学工作者由于少数几位外国科学工作者(他们都能说流利的德语)在场而使用英语时,普遍的不安产生了。不知不觉中,人们又回到18世纪拉丁语学界最后所处的境况。

德语是否还有救,或者说对比世界语言英语,德语因其有限的应用性而弱化到地区方言的境地,这个问题因此成为广泛的讨论对象。这场讨论至迟因为尤塔·林巴赫(Jutta Limbach)的著作《德语有未来吗?》(2008年)而取得了政治意义。德国重要的科学组织现在也开始思考这个问题。在对英语国际性的最初狂热之后,这些科学组织开始致力于有差别的语言策略。目前的趋向显然是"不仅—而且"。人们试图区分国际性的科学语言和母语各自在何种情况下更具有优势。这实质上是16—18世纪拉丁语和民族语言之间讨论的继续,而现在这场讨论似乎颠倒了过来:1800年前人们讨论,对民族语言的认可已经到达何种程度；今天人们则反思，还应在何种程度上承认民族语言？

唯独母语可以表达心灵，可以创作出具有灵感的诗歌。从日常对话一直到高等文学和科学，在各种情况下它都可以使用。用语言学家的话来说，母语得到了充分的发展。母语模式日益被证实是具有民族意识的19—20世纪欧洲的特殊道路。与其他文化空间和历史时期相比较可以看出，自拉丁语不再是欧洲的共同语言之后，不管目前或者过去，很少有社会像欧洲民族国家那样，在如此广大的地理空间中如此一贯地被一种语言组织起来。看看非洲和亚洲各国，甚至美国的语言情况，很快就发现在欧洲较大的民族国家中，种族认同和国家认同与语言的联系比以往的情况都要复杂得多。欧洲现代之前（vormodern），在宗教、科学这样的重要领域以及跨地区的交流都与一种从学校习得的语言紧密相关，这种状况从历史来看毋宁说是正常情况而非特例。显然，欧洲今天的交流形式在本质上接近欧洲现代之前的交流形式。外来语言（sprachlich Fremden）和自己的语言（sprachlich Eigenen）这对范畴自彼得罗·本博（Pietro Bembo，1470—1547）纲领性地建立了意大利语对拉丁语的优先地位起，一直伴随着欧洲的语言讨论。由于现代世界的要求，这对范畴开始逐渐消失。罗马诗人恩尼乌斯（Ennius，公元前239—前169年）由意大利南部来到罗马，并对罗马文学的发展做出了重大贡献，尽管他是后来才学的拉丁语。他表明自己有三颗心：一颗是罗马的，一颗是奥斯坎语（南部意大利标准语言）的，一颗是希腊的。他的出生地墨萨皮亚（Messapische）的地方方言，当时还根本不被重视。再无法比这更完美地表达现代多种语言问题的实质了！

民族语言所特有的对完整性的要求，自然随着民族国家观念的消失而消失。现代世界不仅语言更加复杂，而且首先在经济和政治方面也更加复杂。冷战刚一结束就迅速产生了关于帝国的争论，这是很有意思的。美国作为一开始唯一存在的世界超级大国的角色，以及很快出现的俄罗斯、中国和欧盟（确切地说勉强算作）这些潜在的全球强权，都要从帝国的视角去考察。在现代的各种范式转变中，还得加上"帝国的转变"，这一点在德国首先被赫尔弗里德·明克勒（Herfried Münkler）注意到。这样，在政治学讨论中，罗马帝国的历史模式也获得了不久前还完全意想不到的现实意义。帝国的语言组织也属于这种模式，它不仅对必然的内部交流而言是重要的，而且也影响到整个文化的和政治的结构。罗马人自己证明了（参见第48—49页）帝国也可能是多语言的。正如下面将更详细地解释的那样，在罗马帝国，拉丁语很长时间里恰恰不具有现代民族国家中国家语言（Landessprache）所具有的功能，而让希腊语和其他文化语言兴盛起来。

当今民族国家的观念对内趋向地域化。地域化的倾向与将国家一切成员联系起来的民族语言的统治相对，使旧有的地区语言重新发挥作用。这表明，民族语言恰恰不是各个国家的"自然的"语言，而本身是文化的构成。它由学校教育强化习得，并用于日常交流，因而不能完全排挤掉地区语言：在西班牙，除了卡斯蒂利亚语，加泰罗尼亚语、加利西亚语也恢复使用；从苏联独立出去的各国家的语言重组；弗留利和撒丁岛有少数民族语言规定；即使是在中央集权的法国，也允许地区语言进入学校课堂。所有这些最终是对尚未贯彻民族国家观念的欧洲现代之前的追溯。

民族国家的消亡也表现在经济危机中。直到20世纪，贸易和生产在组织方面的统一，即使是国际性的，实质上也是建立在民族基础上的。现在这种统一被完全由技术可能性引起的多样复杂取代。在这种复杂环境中，民族界限大多数时候不过是障碍而已。世界的新形态也给语言带来了巨大的影响。它一方面要求一种或多种世界语言，以便能够相互理解交流；另一方面要求——而且比在科学或政治方面紧迫得多——与各地方文化和语言结合。这是因为经济的、贸易的和工业生产的进程与社会的关联远远大于政治或科学。而且这个进程不能完全局限于有国际交流能力的精英小群体（正如拉丁语和英语所表明的那样，知识界经常还是这种情况）。

研究历史上的世界语言拉丁语肯定不能提供解决现代问题的钥匙。但如果我们明白，在什么情况下拉丁语的历史已经包含了我们遇到的问题，它就会更清楚地向我们展现，而且历史距离反过来也增强我们对当代的认识。对此，拉丁语提供了现代世界语言还得长久等待的东西：两千年的历史，借此可以对特定状况的长远发展进行研究。由这样一种历史的、概览全局的视角产生出一种尤其重要的认识，即世界语言绝不是政治或经济的力量对比在语言学上的扩展。世界强国强制推行一种语言并不能使它成为一种世界语言。当这个世界强国没落时，这种语言也走向衰落。但当罗马帝国灭亡时，拉丁语的历史则继续发展。之后拉丁语甚至征服北德意志、斯堪的纳维亚、英国北部以及直到波兰的东欧大部分地区，这些地方都未曾被罗马统治过。绝大多数拉丁语文本是在罗马帝国不复存在之后完成的。希腊语的例子更极端。古希腊语在大约一千年的时间里是一门重要的世界语言，尽管希腊较为强大的政治力量（如果曾存在过）至多是在亚历山大大帝执政的十二年里。梵文作为南亚地区的共同语言而意义重大，并且在它得以产生的政治状况结束很久之后还进一步发展。严格地说，很少存在千年王国。甚至罗马的统治即使宽松地考量也只有700年，而对于真正确立起来的世界语言，就算两千年乃至三千年都是非常普遍的。

这就产生世界语言问题与拉丁语之间的特殊关联的第二个方面。在历史上，"世界语言"和"死的"语言之间有着明显的关联。两千年或者三千年的"生存期"不仅仅意味着一种不断发展的语言体系纯粹的持续性。例如，从公元8世纪古高地德语的第一个书面证据直到当代德语的发展。这样一种持续性对于一切语言，无论世界语言还是最小的地方语言都是特有的，而且在时空中的发展进程根本无法估量。只有当语言稳固下来并得到认同，且具有历时的交流能力，在这样一段时期内去谈一种语言的"生存期"才是有意义的。对于现代德国人来说，古高地德语尽管同名却是另一种语言，因为他们不再能够理解它。当拉丁语升级为一种世界语言，它的本质特点固定下来，对已经存在千年的文本的使用就成为可能。拉丁语的一个重要贡献是，通过拉丁语人们不仅可以掌握当代的，而且可以掌握千年以来的文学、科学和历史传统。一切被看作世界语言的历史语言都是如此：古希腊语、新巴比伦文学语言、梵语或者还有古代汉语的书面形式。语言的世界帝国不仅在空间中，而且在时间中伸展。这在今天不是那么清楚可见，因为最近两个世纪以来大多数"古典的"世界语言被取代，现代后继者——不管是英语，还是现代标准汉语——都尚属新事物，而无法以自身为例真正进行世界语言的历史分析。但标准阿拉伯语也许还能够在当代提供关于世界语言长久持存的某些认识。

无论如何，历史经验表明，当一种语言真正属于世界，而不再仅仅是扩张一种语言共同体而排挤另一种语言共同体时，才可以在一种确切而持久的意义上说是世界语言。本书的一个核心观点是拉丁语同现代之前的其他一切世界语言一样，它之所以能够取得世界语言的地位，仅仅是因为它把自己的标准从某种具体的语言共同体的标准中分离出来，因而在某种意义上成为"死的"语言。遵从早已过去时代之规范的历史语言由此产生，从这个角度来看就只是一种次要的因素；那些就算历经五百年以上，自身都不发生变化的自然就是历史的。因此，关于今天世界语言的未来我们还一无所知。当代全球语言发展与拉丁语的历史无法进行更多的比较，因为全球现代网络建立起来的媒体以及在最短时间内更快的流动可能，使得语言交流机制完全不同于几千年前。尽管如此，古老的世界语言史以自身为例向我们证明："死"语言的起因不仅与历史的权威性范式相关，这些范式作为对我们文化中被消除状况的基本态度而被搁置。"死"语言的起因还在于标准化问题，标准化表现于直至今日一切语言的无时间的形式中，并且在过去时代伟大的世界语言中变得最为清晰。在这一点上，正如在下文多处要详细说明的那样，英语作为世界语言的最新发展，带来了它与作为世界语言拉丁语的发展的有趣比较——当然我们要避免草率的对比。

因此，我在本书中要描述的拉丁语历史，其重点在于阐述各种相互关联，这些关联构成了拉丁语在不同时期的"真实的生活世界"，并且是欧洲拉丁语传统的著名里程碑得以产生的基础，例如罗马"古典作家"西塞罗和维吉尔（Vergil）的作品，中世纪的诗歌集《布兰诗歌》（*Carmina Burana*），鹿特丹的伊拉斯谟的著作，最后还有拉丁语在当代的继续存在。此外，我还重点考察了拉丁语同其他语言的关系：不仅是同历史上的其他世界语言和作为世界语言的英语的关系，而且是同如德语、法语和（大不列颠的）英语这样的现代欧洲文化语言的关系。这些现代语言同拉丁语有着好几百年，有时甚至长达千年的共同历史。这样的描述自然在某种程度上只能做到鸟瞰而无法面面俱到。这里所做的任何考察和所得出的任何观点，都需要依据原始资料进一步深入检验和区分，并且需要来自其他学科已有研究成果的补充或校正。不过，我认为，这种最初的远观尽管带有一切暂时性的特点，却是有意义的，甚至是必要的，因为这样一种概览，在不同时间的比较中可以让那些在细节考察中隐藏起来的特征凸显出来。

1.3 世界的历史文化语言

消失的、死的、固定的：对概念的初步思考

关于拉丁语我们观察到的现象：一种已经长久不再被一个民族当作母语说的语言，作为"历史的文化语言"在学校继续流传和使用；还有从数量上来看，大多数作品都于"后世"（Nachlebens）才产生，这从世界历史范围来看绝非独一无二的。恰恰相反！正如在上一节所指出的，对于历史上的世界语言这毋宁说是正常情况而非特例。除此之外，对世界上较古老的和较新的书面文化的考察表明，许多局限于某个地区的语言也有这种发展。在世界上几乎所有那些书面文化保持了数百年发展的地区，都还存在一种通过学校讲授并流传下来的语言。这种语言即使在地区人口组成发生变化后，也继续保存着这种文化传统。闪族语、古汉语、古教堂斯拉夫语或者梵语都是典型的例子。

语言学将研究重点放在口语交流的进程却普遍对历史的语言研究缺乏兴趣，这可能使得对这些语言的比较研究——除了罗曼语言文学专家赫尔穆特·吕特克（Helmut Lüdtke）的重大尝试——至今未能展开，并且人们仅仅满足于发现某一语言与拉丁语的某种相似性。本书也不会进行这样一种比较研究。我的研究将主要限于拉丁语本身，视情况而与其他个别语言进行比较。不过，一开始思考一下用于描述历史文化语言现象的基本概念，并且为了阐释基本类型学（elementaren Typologie），对几种语言（包括拉丁语）进行考察是有用的。

拉丁语是"死的"语言，这种论断在一般的语言使用中通常不加区分地指不同的意思：a）拉丁语不再作为交流工具使用；b）拉丁语不再是任何人的母语，只在学校才学习；c）拉丁语是一门不再继续有机发展的语言，而停留于古典时期曾经达到的语言形式。但事实上这是三种

极其不同的表象。拉丁语在发展过程中出现部分停滞的转折点是在——如维尔弗里德·斯特罗最近以充分根据指出——公元前1世纪，也就正是像西塞罗和维吉尔这样的罗马"古典作家"所处的时代。然而这当然不是说，拉丁语作为罗马人的母语消失了，或者说拉丁语的使用范围在根本上是有限的。没有人会怀疑，拉丁语也是生活于转折点之后150年的塔西佗和小普林尼（der jüngere Plinius）的母语。而且，在古典时期结束之后，当拉丁语在事实上不再是任何人的母语，人们仍然一直积极地使用它，一直到近代，甚至在现代。斯特罗断言拉丁语在公元前1世纪已经"死亡"，并且将拉丁语发展史上其他各危机性转折点也都标识为"死亡"，但拉丁语在所有这些危机性转折点后都存活了下来，那么这无疑证明了拉丁语的生命力。就这个词的真正意义而言，拉丁语是不能"被灭亡的"。然而，相互间没有关联的不同发展阶段被斯特罗混杂在了一起。

　　让我们尝试从概念上区分上述三种表象。"消失的"语言这个说法可以用于第一种表象。但这根本不能用于指拉丁语。拉丁语并没有像希泰语或者伊特拉斯坎语一样消失，而是仍然一直作为交流工具在使用。语言学上确立的"第二外语"这一术语可以用于第二种表象：第二外语不是作为母语使用，而是后天才习得的。因此只有当拉丁语根本不再是第一语言时，对于拉丁语的描述才是正确的。"没有民族的第二语言"，这到底是一种什么语言，我将在后面（第132页及之后几页）讨论。然而，对于拉丁语现象而言，第三种表象最重要。我们首先要看到：拉丁语在其漫长历史的大多数时期所处状况，既不符合我们有关"母语特点"的认识，也不符合作为学术拉丁语的当前存在。它实际处于这样一种状况：它虽然是基于不可改变的固定语法才习得的语言，但在实际的使用中却如同其他任何一般语言一样生动。这样一种语言状况——正如我马上还要详细阐述的——对于现代之前的一切世界语言和文化语言，从梵语、古希腊语一直到阿拉伯语都是极其普遍的，但直至今日还没有普遍接受的术语去描述它。我建议使用"固定"（Fixierung）这个术语来说明这种状况。尽管这个词在德语语言文学和英语语言文学中都已经在非专业术语的意义上不时使用，但还没有明确规定。这里"固定"应该理解为一种语言的确定状况，就其要求或本性而言，在一切时代都不再发生变化。因此，"固定"在这个意义上与流行的"编纂"（Kodifizierung）一词表达的内容非常接近，但有一个重要区别：编纂，按照通常对这个词的理解，只具有为所有语言的积极使用者确立一个一致认可的标准的功能，却不是在理论上为一切时代确立一种语言。当然编纂——例如，在德国杜登委员会（Dudenkommission）以及新近（在正字法改革中）甚至各州文化部都展开编纂活动——无疑具有一种强烈的固定语言的作用。但编纂的目的不是确定一种对一切时代都有效的语言，而是描述当下的语言状况。"我回家去，因为我饿了"（Ich gehe nach Hause, weil ich habe Hunger），像这样的句子目前无法列入正规书面语言，但这一事实不排除，语言的发展使这句话至少在某些情况下会列入正规书面语。bellen 的过去式在 19 世纪还是 boll，今天 bellte 则是唯一正确的形式。相反，在拉丁语中有一些两千年来都没有再发生改变的基本形式，而当人们想去改变它们时，它们就会马上让人感到，这不再是"拉丁语"了。在发展中，amor 的第二格不再是 amoris，或者第二格形式甚至会被其他结构代替，这种变化通过定义（per definitionem）是无法想象的。一种语言真的发生了这种变化，那就不再是拉丁语，而是法语了。

在另外一些重要方面，"固定"概念相比"死"语言概念是一种更准确的表达。它使得语言的哪些部分变得不可改变，这一点成为开放的。因此，"固定"正如"编纂"一样并不意味着语言的完全标准化，而总是只局限于某些部分。否则，拉丁语也根本不再可能继续是积极使用的交流工具。因为，一种完全标准化的语言根本无法说或者写。拉丁语和其他历史文化语言持续的标准化主要集中于作为语法结构基础的各种形式和句法规则。而在拉丁语被积极使用的地方，新的单词不断生成，现有的意思发生改变，为规律地重现的交流场景创造出新的典型用语。因此，"固定的"语言，只要它作为交流工具在使用，就不过是带有固定结构的语言，在这种结构内，它也可能按照一切语言中的同样规则生机勃勃地发展变化（可参考第135页及之后几页的详细说明）。在今天的拉丁语课上，拉丁语在大多数情况下是一种完全固定下来的语言，这种认识不过是受一种奇特视角影响。这种视角根本不再考虑语言的积极使用，最多是翻译一些句子或者短文作为科学的句法练习。无论何时，在将拉丁语作为一种口语的或者书面的交流工具来使用时，都会立即发现，仅仅语法是不够的。在任何语言中都不存在完全符合标准的讲话。

古代的序曲：苏美尔语、巴比伦语、埃及语

许多古代的书面文化发展出一种或者多种与拉丁语明显相似的语言形式，古代的所有高雅文化极有可能都是这样的。在很多时候，我们只能猜测到这些语言的确切状况。例如，公元前二千年中叶迈锡尼文明流传下来数千块写有迈锡尼希腊文的泥板，这些文字大约在近50年才被破解。这是一种跨越广大区域的统一语言形式，从中显然可以辨认出一种行政语言。对于我们知道得更少的希泰语、伊特拉斯坎语、古迦太基语以及其他一些古老语言也可以做出类似的猜测。不过也还存在着一些意义重大、记录完整的古老的文化语言，使得我们在今日也能够辨析并且确切描述它们的固定语言状况。

世界上最古老的有书面遗存的苏美尔语的发展就与拉丁语的发展类似。这种大约公元前2700年在黏土板上辨认出的语言，在大约公元前1800年作为"一般"日常交流语言灭绝——关于具体时间和具体情况，

人们至今一直争论不休——并且被巴比伦语取代。但作为宗教仪式使用的语言和文学语言，苏美尔语又继续存在了1500年，一直到公元前3世纪。也就是说，已知最新的苏美尔文本是与希腊化时期的希腊文学同时产生的。有意思的是，在这个过程中我们可以区分出两个阶段。在第一阶段，巴比伦人在苏美尔语课堂上显然还学习到一定的口语交流技能。这时期产生的语言教科书显示出与欧洲人文主义时期的拉丁语对话小册子惊人的相似。在第二阶段，苏美尔语的使用被证实只出现在铭文中，由此推测出很可能只有少数"抄写员"（也许甚至局限于少数几个文化中心）能够撰写这种正式文本，就像当今只有小部分专家学者能够撰写拉丁语公文（博士学位证、大学官方贺词等等）。另外，苏美尔语教科书千年来在古代东方还发挥着典范作用。巴比伦时代结束之前的词表和词典在原则上都是以苏美尔教科书为原型。

23　　巴比伦文化领域内部也发展出一种在历史上有遗存的文化语言。公元前1300多年，从大约写于公元前1600年的"古典的"巴比伦著作中发展出了一套书写规则。这些规则一直被使用了一千多年。这些文本中的语言被保留了下来，尽管这里的居民无疑很快开始说其他语言，并且最后阿拉姆语成为新的语言。最后的文献出自公元一世纪。此外，巴比伦文学语言还在亚述使用。就其政治意义和传播而言，巴比伦文学语言是拉丁语在近东地区的真正先驱。

24　　长久以来，人们还将埃及文化史的发展与拉丁语的历史进行比较。埃及语的历史展示了从古埃及语（自公元前2600年的古老帝国）、中古埃及语（自大约公元前2200年）、中古晚期埃及语（自大约公元前2040年）、新埃及语（自大约公元前1400年，个别情况下甚至更早）、通俗埃及语（自大约公元前700年），一直到几百年前还在使用的科普特语（自公元3世纪）的连续的历史发展。新埃及语和通俗埃及语不是埃及文化中高水平文本通常所使用的书面语。中古晚期埃及语则首先取得了这种功能，一直延续到大约公元前1200年（拉美西斯二世时期）。这之后是我们今天所说的"新中古埃及语"（Neomittelägyptisch），被证明是中古埃及语的某种形式。这是一种建立在中古埃及语基础上的显然是"为了学校教育"制定的、不可改变的学术语言，它完全不同于得到证实的同时期的新埃及语以及后来的通俗埃及语。随着时间的推移，新中古埃及语甚至超过了中古埃及语最后所涵盖的使用领域，并因此呈现了某种类似拉丁语历史上出现的"文艺复兴"。这一语言形式一直到罗马帝国时代都在使用，也就是延续了1300多年。罗塞塔石碑用希腊文字、新中古埃及和通俗埃及文字记载了同样的内容，商博良（Champollion）借助罗塞塔石碑解读了埃及象形文字。两个不同阶段的埃及语，即与当时早已熟知的科普特语接近的通俗埃及语和在句法结构上有上千年历史的新中古埃及语，二者在石碑中同时出现，极大地促成了商博良的解读工作。

固定语言和弗格森（Ferguson）"双语现象"（Diglossie）模式：希腊语和阿拉伯语

我们现在来进一步详细考察在现代继续使用的固定语言的发展。我们不但发现一种语言在经历一定时期后变为一种固定语言，而且还能进一步仔细描述固定化过程的历史状况，以及固定下来的语言之后在社会中的交流功能。就此，语言的两种根本不同状况立即区分开来。在第一种情况下，一种语言即使在历史上固定下来并且作为跨区域的语言甚至世界语言在起源地之外使用，在根本上它与自然的语言共同体仍然有着牢固的联系。它是这种语言共同体中所有人绝对必需的书写语言，并且它的这种功能是不可替代的。尽管这种固定语言的核心内容经过多个世纪大多没有发生变化，并且说话者可能毫无问题地阅读千年前的文本

（对历史上的专业知识的理解当然有问题）——德语则不行，但它不是"历史的"语言，因为它当前仍然是不能缺少的。而且因为民众实际使用中的日常语言（Spontansprache）同时在生机勃勃地不断发展，大多要经过几个世纪渐渐地才会在固定的规范语言和民众不规范的语言之间出现严重的背离，以致规范语言只能通过学校强化教育习得，而不再直接由父母向孩子口耳相传，继续流传下来。尽管如此，只要规范语言的使用者来自这种语言所属的地域范围，在某种较宽泛的意义上就仍然被看作是这种母语的使用者，因为规范语言的这种固定形式恰恰是那个社会的基本要素。在欧洲经验世界（Erfahrungshorizont）中有两种语言在此发挥了尤其重要的作用：希腊语（至少到 19 世纪早期）和阿拉伯语。直到古代最后几个世纪，当拉丁书面语已经固定下来，而民众语言逐渐发展成罗曼语时，拉丁语就处于这种地位。后文中我会更详细地说明这一点。

在第二种情况下，固定语言融入社会，而不再是唯一绝对必要的书面语言。相反，在它之外还有一种甚至多种更近似于不规范的民众语言的书面语言。因此，学习这样一种文化语言，对于这个社会上一切有读写能力的人来说，在原则上并不都是必须的，学习它只是为了一定目的和特定场合。这种语言知识对于部分居民来说完全是无关紧要的。梵语和拉丁语是这种形式中最重要的世界历史语言，拉丁语在欧洲其他书面语言确立下来后依然保持着自身的重要性。就事实而言，所有第二种类型的语言都曾有一个阶段是第一种类型的语言，只是在后来的发展中失去了作为唯一必需的书面语言的功能。这也是为何本书称之为"世代变化（Generationswechsel）的语言"。

为了能够在一个更宽广的背景下梳理作为固定文化语言之典型实例的拉丁语历史，并且同时更好地考察拉丁语的独特性，下面我将首先简短地勾勒一下它在希腊语言区和阿拉伯语言区的发展。这是有意义的，因为某些发展阶段在这里更加清晰可见，而且希腊语的历史对拉丁语最终产生了非常直接的影响，因而对某些历史阶段进行较详细的认识就绝对是必不可少的。

让我们首先从希腊语开始。希腊语首先出现于公元前两千年中期写有迈锡尼语的黏土板上，在经过几个"黑暗"世纪的断层后，第二次见于公元前8世纪书面流传的《荷马史诗》。因此，如今研究中仍然讨论的关于《荷马史诗》最早的创作时间，这个问题在语言史上就不那么重要。因为，今天一致认为荷马使用的语言已经是一种人们从来没有说过的特殊语言：它是由不同地区方言——尤其是爱奥尼亚语和伊奥利亚语——混合而成的四处流浪的歌手、"游吟诗人"（Rhapsoden）的诗化语言；此外，它还保留有许多在当时民众日常使用语言中早已消失的古体语言的特点。在关于《荷马史诗》中特洛伊战争史实性的最新论争（双方都持有我们必须极其认真对待的论据）中，对以下问题进行了思考：《荷马史诗》中少数诗律现象甚至可以追溯到迈锡尼时代的语言发展阶段，由此证明了史诗文学传统一直回溯到据说在特洛伊战争中被摧毁的特洛伊城的时代（公元前1300—前1200年）。虽然这点也无法证实，但是《荷马史诗》的语言十分清楚地表明，历史上保留下来的文化语言现象不仅仅与书面文化相关，也可能在口头诗歌和文学作品中出现。

《荷马史诗》之后席卷希腊的文学浪潮，其特点是它与地区方言紧密联系：小亚细亚南部及毗邻岛屿地区的爱奥尼亚语，小亚细亚北部地区的伊奥利亚语，伯罗奔尼撒半岛的多利安语，阿提卡地区的阿提卡语，这些是文学创作（诗歌，在伊奥利亚还有散文）所使用的最重要的地区语言。其他一些方言也通过铭文得到证实。不过，当时的民众一开始就不认为这些相互区别如此巨大的各种语言形式是不同的语言，而是把它们看作希腊语的变体。"Hellenikos"这个词表达的就是一个涵盖一切的集合概念。因此，早期希腊的情况就完全不同于意大利的情况。在意大利,有关意大利文化或语言,这样一个集合概念是根本看不到的。

用多数希腊方言创作出的文学类型和文学作品,在各自地区以外的整个希腊被接受,这一事实带来了文学史上相当罕见的特殊现象,各地独特的方言形式——即使是以一种改变了的、弱化了的形式——也被希腊其他地区相应的文学类型继续促进发展。因此,即使不是来自多利安语言地区的诗人也按照公元前7世纪阿尔克曼(Alkman)在斯巴达奠定的传统来创作合唱抒情诗,而且在公元前6世纪希腊叙事体文学[如前苏格拉底哲学家(Vorsokratiker)的作品或者历史学家和地理学家赫卡塔埃乌斯(Hekataeus)的作品]创立以后,在希腊其他地区也有用伊奥利亚语创作的叙事体作品。这自然意味着,通过一些有影响力的文学作品,文学的共通语言"Koine"(出自古希腊语koinos,"共通的")已经发展出来,它不再是某一地区的实际语言的直接构成。就此,伊奥利亚语显然发展最快(它是雅典因此也是阿提卡崛起之前希腊最重要的文学语言)。我们甚至可以在铭文中看到文学共通语的发展。

为了统一的、共通的希腊语言,地区文学语言随后被放弃。阿提卡希腊语赢得了根本胜利。这是因为公元前5世纪,雅典在政治上具有重要地位,也可能更多因为雅典文化的重要意义。我们今天认识到的希腊语的许多特点都是这一时期在阿提卡产生的,或者是最终在这里形成的:只要想想悲剧和喜剧、修昔底德(Thukydides)的历史学著作、阿提卡演说家以及柏拉图。雅典对希腊书面语言的影响至少在小亚细亚地区很早就表现出来了。但是阿提卡希腊语的这一胜利如果没有另一个政治事实是不可能发生的:直到当时还几乎完全没有参与到希腊文学和文化发展之中的希腊北部马其顿王宫采用了阿提卡语,这样就在整个亚历山大大帝(Alexanders des Großen,公元前356—前323年)帝国境内为希腊世界确立了标准语言。发端于这里的希腊共通语就是带有少许伊奥利亚语要素的、变化了的阿提卡文学语言。它至少在三百年间是希腊的语言。

确切地说，这种希腊共通语只是希腊的文学语言。实际的语言情况是相当复杂的。在希腊本土，各种古老方言继续被当地民众使用数百年之久（尽管越来越多地受共通语的影响），并且在铭文中也有使用。而文学语言则能够独立于并且超越希腊各地方言，形成跨地区的标准。希腊政治的发展也对希腊语言史极其重要。亚历山大大帝死后，雅典作为权力中心在亚历山大大帝手下一个重要将领的儿子德米特里·波里奥西特（Demetrios Poliorketes）的领导下，于公元前300年左右在希腊核心地区仍然发挥着重大作用。不过，由亚历山大短暂建立起来的庞大帝国所分裂出的各继承者帝国（Diadochenreiche），其中心却都坐落在希腊核心地区之外。由此，不可能期待在跨地区的希腊语的发展中会由这里产生新的转折。相反，各继承者帝国对通过文学融入希腊更感兴趣。在埃及亚历山大里亚的托勒密王宫尤其如此。在亚历山大里亚，希腊语是一种全新的语言，被统治阶层中的一小部分人引入。正是在这里，凭借"博物馆"（Museion）建立起了希腊化时代除雅典之外最重要的文化中心（有些时候甚至超过雅典），对保存和整理希腊文学传统以及对新的文学作品的创作都起到了重要作用。

由于亚历山大大帝的埃及军事远征，以及亚历山大里亚城的建立而产生的文化历史状况，非常值得关注。如果我们大胆对比一下亚历山大大帝和拿破仑（Napoleon），那么历史记载可能会是这样的：拿破仑在远征埃及中建立一座叫作波拿巴的城市（在这种情况下人们一定认为这次远征比实际要成功），然后他的一位将领会在这里建立起与法国没有领土关联的新法兰西帝国，并且创建世界上最大的法兰西文学图书馆。在这里，得到丰厚资助的学者们从事文学批评，并且写出了当时世界上最优秀的法语文学作品。这个对比并不完全合适，因为法语——如同亚历山大时代的希腊语——已经是一种有着跨区域意义的成熟而规范的文学语言。在埃及的语言孤岛上［其他继承者帝国在较小程度上也是如此，尤其是在小亚细亚贝加蒙的阿塔利王朝（Attalidenreich）］，希腊语实际上只具有文学语言的形式，这是完全自然的。在希腊，文学语言是从口语中产生的，不同于此，在亚历山大里亚实际上所说的希腊语，则是文学语言的口头形式。

希腊文学语言和无文字社会的可以说是自然的语言发展，这两者之间的关联至迟到这时就断裂了。希腊语事实上从此时起就固定下来了，这由文本史得到证明。词语的外在形式和基本句法要素大致都没有再发生变化，至多还表现出的某种发展是语言的某些要素被去除。直到这时，希腊语除了直陈式和虚拟式还有第三种语态，所谓的"希求式"（"祈愿语态"）；除了单数和复数，还有用来表示事物二重性的"双数"。这两者在发展中差不多都已消失，一切欧洲语言当前的语言结构形成了。然而，词汇总量、惯用语等还在继续发展。

我们看到，语言固定化最明显的后果是，对于那些产生背景缺乏外在信息的文学作品，无法根据某一时代某一地域的语言规则进行归类。因此，对有些文学作品创作时间的推测，其范围就跨越几个世纪。例如，简短但在修辞学史上具有重要地位的论文《解释篇》（Peri hermeneias），一直被错误地认为是政治家和哲学家法勒隆的德米特里（Demetrios von Phaleron）流传下来的作品，推测的创作时间涵盖公元前3世纪到公元1世纪，无法确定。通过语言有机发展的轨迹，我们能够相当肯定地说，《奥德赛》较之《伊利亚特》代表了较晚期的语言发展状况，或者悲剧作家埃斯库罗斯（Aischylos）的作品早于欧里庇得斯（Euripides）的作品。这些轨迹在希腊化文学中就完全消失。

然而，希腊语成为一种历史化的在学校传授的语言，其最后一步与所谓的"雅典语风"（Attizismus，或"阿提卡语风"——译者注）紧密相关。自公元前1世纪——似乎是在罗马，而不是在希腊本土——出现一种潮流，即阿提卡古老的"古典"文学语言形式，也就是历史学家修昔底德、色诺芬（Xenophon），演说家德摩斯梯尼（Demosthenes）、利西阿斯（Lysias）和伊索克拉底（Isokrates），喜剧作家阿里斯托芬（Aristophanes）以及哲学家柏拉图的作品，被看作是希腊语的完美形式，而对它们进行模仿。如果考虑一下古希腊语仍然出现的各种改变，那么这在一切方面，除了严格选词，实际上是对已经存在了300年的古老语言形式的回归。就我们今日所能作出的判断，这个"再次回归古代"["Repristinierung"，阿尔布雷希特·迪勒（Albrecht Dihle）发明的一个词]最终使规范语言脱离日常用语，而这只可能是在学校提供良好语法规则和文学规则教育的情况下。在公元1世纪尤其是公元2世纪的发展中，这种语言教育逐渐成为赢得社会声誉的因素，远远超出文学和科学领域之外而发挥作用。在希腊世界想要成为有声望的人，就不能再说家乡话，而必须学习高贵文雅的阿提卡习语。甚至对雅典人来说，差不多也是如此。他们的一般语言在古典时期之后400年，也不再是阿里斯托芬的语言了。阿提卡希腊语最终不再是父母向子女口耳相传，而是教师向学生传授的一门语言了。由此产生了一系列丰富的阿提卡语词典以及其他语言学习工具，它们确保人们学到的都是正确的阿提卡语。

看看迄今为止的这一发展，我们首先强调，社会精英将他们自身同群众区别开来，并且通过对历史以及过去的文学的认同来确认自己的身份。不过，关于希腊语作为古代世界语言的作用，更多要强调的是，在建立跨区域可理解的希腊语言形式这件事上，文学发挥了决定性的作用。那么在古代世界的交流条件下，具有跨区域重大作用的一门标准语言到底是如何建立起来的？这里，关键之处不是希腊语在地理范围上的扩张，而是希腊语成为"多元中心"的语言这一事实，也就是说不再存在可能作为标准的"自然"语言共同体中心，雅典甚至也不再是这样的中心。但当时缺少大众传播媒介，诸如报纸或其他广泛且快速传播的出版物，更不用说电子媒介。而在现代社会，这些媒介使得语言标准得以传播，并且是进行语言革新的工具。唯一跨地区可供不断使用的语言权威是文学，它是独立于地区的权威语言模式，可以保存于书中并在学校讲授。在亚历山大里亚文学研究中经常讨论的文本间性，不考虑这种关联下所形成的一切文化思想情感，也是这种语言状况的结果。雅典语风更是如此。如果我们忽略它那早在古代就遭到嘲笑的极端纯粹主义倾向，那么对其在某种比较普遍的意义上去理解雅典语风，提供了一套积极的相对统一的语言规则。每个人都可以在学校习得这些语言规则，而不受出生地和早期语言社会化的影响。奥古斯都（Augustus）之后的几个世纪，罗马帝国不断向跨地域国家发展，而希腊语是当时罗马人使用的第一种文学语言（第 74 页及之后几页还要继续对此进行阐述），罗马人的主要兴趣很可能是参与到希腊世界的交往中去，而不仅像是结结巴巴的外来者。对于伟大的罗马帝国来说，希腊语是借助历史范式、不受时间和地域局限在学校习得的一种固定语言，罗马人凭借它可以完成复杂的交流活动、说明复杂的事物，因而，直到东西罗马开始分裂、拉丁语取代希腊语的一切功能之前，希腊语的地位都是不可否认的（对此，第 89 页及之后几页还会进行详细说明）。

这一发展在语言史上的意义显然在于，希腊文学作品的流传与它作为学校希腊语教学的语言典范这一功能是紧密结合的。这一点是古代文化研究者长久以来痛苦地意识到的。希腊"古典"文学作品，例如，希腊悲剧、阿里斯托芬的喜剧、历史学家修昔底德和色诺芬的著作、德摩斯梯尼和伊索克拉底的演说词，甚至还有柏拉图的对话，一再被反复抄写，并由此以这种方式保存下来，这样做首先是因为人们借此可以学到典范的希腊语。但这样一来，有重要意义的希腊文化成就却没有流传下来，只是因为它们所使用的语言不是阿提卡语：古典之前和之后时期的文学作品，除了作为文化结晶的《荷马史诗》，大多都失传了。除了品达（Pindar）的《胜利曲》（*Epinikienbuch*），公元前7—前6世纪的全部抒情诗、挽歌、抑扬格诗都失传了。阿尔基洛科斯（Archilochos）、西摩尼得斯（Simonides）、萨福（Sappho）、阿那克里翁（Anakreon）、巴库利德斯（Bacchylides）、斯特西克鲁斯（Stesichoros）的作品只保留有片段。同样地，公元前6世纪爱奥尼亚散文也都失传，而从较晚期欧洲思想史角度来看，损失最重大的是前苏格拉底哲学家的作品。此外，希腊文学史中希腊化时代的丰富作品几乎全部丢失，其中包括对欧洲产生深远影响的斯多葛（Stoisch）哲学和伊壁鸠鲁（epikureisch）哲学著作。我们今天还能看到阿里斯托芬的喜剧作品，也许还有希腊古典悲剧作品，是因为这些作品的对话部分被当作典范的阿提卡习语。相反，在古代影响史发挥着更加重要作用的米南德（Menander）的喜剧（就我们现在所知，他的作品会极大丰富我们对古代文学作品的理解）没有保留下来，我们今天只有很少的认知，因为只在幸运的偶然情况下，个别古代莎草纸卷残余保存了下来。

不过还是让我们返回语言史。至迟自雅典语风兴起——如果不是更早在希腊化时期——以来，希腊语言世界已经带有一分为二的特点，并且经过不同历史发展阶段差不多一直保持到现代。在20世纪，准确地说直到1976年，希腊的官方书写语言还是纯正希腊语加达语"Katharevousa"，一种比较接近古代希腊语且只在学校讲授的语言形式。相反的是与之渐行渐远的大众通俗语言"Dimotiki"。1959年，阿拉伯语言研究者和语言学家查尔斯·A. 弗格森（Charles A. Ferguson）将这种语言状况描述为在不同文化中不断重复出现的一种模式，并用"双语现象"来命名。弗格森一般用这个词来指这样一种语言状况：同一种语言的两种相互完全背离的变体在同一社会并存，并且遵照一定的内在规则来使用。他的出发点是所有阿拉伯语国家都典型存在的标准语与地方方言的划分。他列举了类似的例子：在瑞士，德语标准语和瑞士德语方言并存；在海地共和国，法语和克里奥尔语共存；以及在希腊，加达语和大众通俗语言之间仍然存在着官方通行的划分。所有这些例子都关系到一对变体，其中一方（"高级变体"）由学校教育传授，作为文学、公务等使用的语言，展现了高度的标准化，并享有很高的威望；而另一方（"低级变体"）是全体民众的通俗语言，主要是口语，在学校和官方交流场合都不使用，并且也没有什么威望。

遗憾的是弗格森没有注意到，他所描述的各双语情况（Diglossiesituationen）的历史起源是完全不同的，尽管他作为阿拉伯语言研究者，事实上很可能已经发觉了与此相关联的历史要素。因此，如果我们为了理解历史文化语言的形成而利用弗格森的模式，那么就必须进一步分析这个模式。

瑞士内部的双语现象可以说是一种同步的双语现象，它的产生是因为书面德语在新近的发展中作为一切德语语言区的共同标准语言，也被推广到有着其他完全不同方言的地区，并由此形成了标准语与——以口语为主的——方言的并列。

古希腊的双语情况——这在弗格森所考察的现代希腊继续存在——以及阿拉伯语国家的双语情况，不过是历史发展进程的结果。在某个时候，某地民众的日常语言——在希腊是阿提卡地区语言——变为文学语言。然后这一语言形式在其他地区作为文学语言被推广。例如，在希腊伯罗奔尼撒半岛及其多利安方言，这一过程的结果类似在瑞士的情况。不过，当原始的文学形式继续处于使用中，而通俗的、未经学校规范的语言形式也在历史上继续发展，就会产生完全不同的情况。这正是古希腊语自希腊化时代以来的情况，阿拉伯语，自然也包括拉丁语都是这样的情况。其中巨大的差异只是随着时间的流逝经过几个世纪以后才变得清晰可辨。在希腊，弗格森意义上的双语现象至迟在雅典语风产生时出现，这一观点具体是指，自这一时期希腊民众的通俗语言偏离既定的书写形式如此之远（而且是朝着现代希腊语方向发展），以致人们可以清楚地认识到其间的差别，并且产生在学校进行语言规则训练的需求。因此，自然无法否认，对于瑞士双语现象极其重要的地区间的交互进程同样发生在希腊语身上。实际的语言发展状况非常复杂，并且时至今日都无法以一种满意的模式去把握。此外，关于这种模式还必须注意到，标准语本身又会作为影响因素再反过来影响全体民众（包括文盲）的语言发展。不过，下面这点可以确定：在历史某一阶段固定下来的文学语言，以及按照语言变化的一般机制不断发展的无规则的民众日常语言，这两者之间不断加大的差异是一开始完全以现实为目的的文化语言——尤其是指古老的世界语言——最终逐渐变为历史语言并且成为过去时代代表，这一发展过程的主要动因。

两千年来尽管有一些变化，希腊双语情况追随雅典语风，在结构上保持不变。古典的文学希腊语，不管是严格的雅典语风形式，还是某种更加普遍的希腊共通语形式，直到近代，在根本上都一直是希腊的标准语。虽然不断发展的希腊民众语言，其非古典潮流及深远影响在古代晚期以来的各种文本中得到多样展现，一些文学作品甚至以一种接近民众语言的形式书写，但是古老的古典希腊语在超过 1500 年的时间里，甚至在土耳其人统治时，都表现为一种在一切时代或多或少使用的语言形式。14 世纪和 15 世纪最早到达意大利并在意大利人文主义者中引发希腊文化复兴的希腊人，如康斯坦丁诺斯·拉斯卡里斯（Konstantios Laskaris）、红衣主教贝萨里翁（Kardinal Bessarion）、迈克尔·马鲁鲁斯（Michael Marullus）等人，他们把古希腊语作为"自己的"语言，说、写和学习，而不是作为历史文化财产。

希腊语在 19 世纪经历了一场重组。当奥斯曼帝国分裂、现代希腊国家建立起来之后，这个国家应该采用哪种语言的问题产生。官方采纳古希腊语这个严格方案，至少是当时被讨论的一个选项。这就像 19 世纪意大利重新统一后采用拉丁语作为国家语言。(后文中还会讨论到,这种比较并非牵强附会,如果意大利在15世纪统一,它甚至也会做出这种选择。)希腊实施了一种比较中庸的方案:官方书面语言是吸收了一系列民众语言改造后的古典希腊语形式。不过,它与古典形式非常接近,因而受过人文主义教育、在学校学过古希腊语的学者能够不用费很大劲就掌握这种语言。除了这种"纯粹的"希腊语形式——"加达语",还有在本质上已经与古典希腊语相去甚远的"大众语言"。因此,存在了1800年的双语现象不过是在一种变化了的形式中被进一步规范化。然而,这种双语现象最终未能经受住考验。其原因可能在于标准语言和民众语言占有同一交流空间,而标准语言在与其他国家交流时不具有实际的功能。(与此不同,德语标准语在瑞士是与德国和奥地利联系的语言,或者阿拉伯标准语是伊斯兰地区的共同语言。)这就意味着,现在双语现象不过给希腊内部交流造成了语言社会学的困难。因此,民众语言用得愈来愈多,并且最终成为希腊唯一的官方语言就不奇怪了。不过,在少数一些工作场合加达语仍然被官方使用。

阿拉伯双语现象同希腊双语现象的发展史在许多方面几乎类似。阿拉伯标准语是联结阿拉伯国家[阿拉伯半岛、新月沃土(Fruchtbarer Halbmond)、伊拉克、巴勒斯坦,从毛里塔尼亚到索马里以及从埃及到摩洛哥的北非]的共同要素,但它不是任何一个国家民众自己的语言,而只在学校才能习得。阿拉伯国家孩子学习标准语过程中的种种困难,总是会被与西方国家的中学拉丁语课程进行比较。标准阿拉伯语是一种在历史上固定下来的语言。它基本保留了古典阿拉伯语的词法,以及许多句法结构的特点,这在公元6—10世纪的《古兰经》等古典文献中都有清楚表现。不过,词汇自19世纪以来发生了巨大的变化以适应现代世界的要求,不仅产生新词,而且已有旧词的含义也发生变化。至于语言的核心内容,我们仍然能够凭借对今日阿拉伯标准语的掌握读懂 1200 年前的古老文本。公元 7 世纪产生的《古兰经》仍然以原始的形态为大家所使用。在阿拉伯语世界的某些地区产生了与阿拉伯标准语并列的，或者更准确地说是阿拉伯标准语分支的地区语言——沙特阿拉伯的半岛阿拉伯语、伊拉克阿拉伯语、叙利亚—巴勒斯坦阿拉伯语、埃及—苏丹阿拉伯语和西北非国家的马格里布阿拉伯语。这些地区语言作为"方言"，与标准语区别非常大，以致经常出现理解问题。这些方言就如同罗曼诸语之于拉丁语一样是古阿拉伯语的进一步发展。而且如同罗曼诸语，这些方言之间也有一系列共同的特点，各自当然也有其特点。尽管可以看到最近几十年，方言越来越多地在交流中使用，但公共新闻媒体、报刊、文学作品以及官方的政治和科学交流仍然使用标准阿拉伯语。开罗方言作为"口头"通用语在故事片（其中许多场景完全使用学术性的标准语会是可笑的）中取得了一定的地位，用各种地区语言创作文学作品日渐成为可能。不过，作为基础的双语现象以及阿拉伯标准语的艺术地位（Kunststatus）仍然是阿拉伯文化世界的根本原则。有众多的院校致力于推动学习阿拉伯标准语。语言的基础结构差不多是这样的：一切罗曼语国家仍然以共同的、几乎只在词汇方面得到现代化更新的拉丁语作为书面语言，而各种罗曼语则主要作为口语使用。

　　这种双语现象的产生可以回溯到阿拉伯文学伊始。它的核心内容是否是口头的"诗人语言"（某种程度上还可以追溯到前伊斯兰时期），一种从民众的通俗语言升级而来的语言形式，这一点目前仍处于讨论中。这种诗人语言是完全可以同《荷马史诗》的吟唱语言相比的。阿拉伯标准语的标准化和固定化出现得相当早，自公元 7 世纪开始，到公元 9 世纪基本已经完成。无数的语言理论著述首先是辞典编纂类的，都证明了这一进程。这类著作是惊人的语言连贯性的标志，其中有些直到最近仍然是仅有的阿拉伯语辞典。这种编纂的一项成就是早在很久以前那些母语不是阿拉伯语的人也能够享受阿拉伯书面文化。最早的阿拉伯语语法著作出自波斯人希拜伟（Sibawayh，死于公元793年）之手，它指出了阿拉伯语的标准化对于和其他民族进行交流的重要性。

阿拉伯语言模式，一方面是对一个语言共同体有约束力的，在文学模式和语法著作中被典范化的，且经过几百年都未曾改变的标准语，此外则是一种或多种处于不断发展中的口头使用的语言形式。阿拉伯语的这样一种模式，在历史上的许多社会都可以得到证明。波斯语的发展也非常类似。波斯古典文学时期（12—14世纪）之后一直到19世纪，波斯语不仅是波斯，而且也是中亚其他地区的书写语言。直至今日在亚洲许多社会仍然存在着明显的双语现象。在这些社会中，文学语言维持着古代传统的语言状态，只在学校习得。斯里兰卡是一个极端的例子，在它独立于英国之后，僧伽罗语成为这个国家的官方语言。僧伽罗语（Sinhala）属于印欧语系，其书写规则可以追溯到12世纪。至于它与日常语言的差别，大致类似于如果在德国约定将中古高地德语看作是官方语言，那么对于通常情况下毫不了解国内文学传统和语言传统的国家官员而言，这就是巨大的痛苦。同样在印度南部和斯里兰卡流行的泰米尔语（属于达罗毗荼语系，在我们的意识中只是由于其少数民族状况的问题才在斯里兰卡出现），也被证明自公元前3世纪以来就是一种书面语言，并且今天在其日常语言形式和历史的书面语言形式之间展现出极其明确的双语现象。

汉语是具有世界历史意义的特例，它由于自身完全不同的状况而无法在这里作进一步的说明。"古典汉语"同样自公元3—5世纪后就差不多成为一种固定的书面语言。不过因为汉语是一种表意文字（Zeichenschrift），因此人们能够直接读古代文献，而不需要思考其背后的实际语言。甚至像日本这样的其他民族曾经能够（而且现在也能够）以自己的语言读懂汉字书写的文本。只有当开始说的时候，与现代语言的分歧才会在汉语使用者之间产生问题。

现代欧洲语言在较小程度上甚至也保存有历史的书写形式。17世纪以来欧洲最稳固的历史书写形式是法语。它的核心内容由于一直在深入贯彻的法语语言政策和语言计划而得以巩固。法语首先由于巴黎的中央权力政策而在欧洲近代早期成为拉丁语最大的竞争语言，并且在17世纪被有意地进行了严格的编纂整理。过去确定下来的规则的不可改变性——换言之，语言的固定——不仅是无意识产生的副效应，而且甚至是公开声明的原则。这显然不是想用一种活的语言去代替"死的"拉丁语，而是想将拉丁语所具有的一切特质赋予法语，尤其是一种语言永恒不变的特性。由此，法语一方面作为一种通用语（lingua franca）在17—18世纪已经超出法国而在欧洲（甚至包括德国），在有教养阶层和贵族的交流中使用。但法语的语言规范正是由于过去（并且直到今天）一直都由法兰西学院（Académie Française）严格监管而成为一件人为之事，并且根本不容许人们去幻想正确的法语是对活的民众语言的事后描述。对比其他欧洲语言，法语与拉丁语在这方面的经历非常接近。奥古斯特·威廉·施莱格尔（August Wilhelm Schlegel, 1767—1845）早在两百年前就已经将法语看作"死的"语言，他以德意志浪漫主义精神而赋予民众语言重要意义。这种严格的、直至今日官方仍然在持续进行的法语语言编纂整理工作，其结果很明显：相比经严格编纂整理且一直受到国家严格监管的书面语言（code écrit），口头语言（code parlé）在今日则以一种非常独立的方式得到发展，以致人们早已注意到这与古代晚期书面规范语言和"通俗拉丁语"（Vulgärlatein）之间分歧的相似之处，并且提出法语是否已经走向弗格森所描述意义上的双语现象这一问题。同样在捷克语和芬兰语中，文学形式也明显比民众日常语言带有更多的历史特点。在德语中存在一种与标准语言不同的"口头使用形式"，这种形式在德语课堂上对于外国人越来越正式发挥作用。不过，在德语中——它很可能在无意识中明显影响到我们对其他语言的评价——不考虑地区方言，编纂整理过的标准语与口语使用形式之间的对立至今都很小，因此普遍产生了对于在学校讲授的，甚至是历史上遵循的语言规则的不信任。

世代变化的固定语言：拉丁语、梵语

拉丁语不同于迄今所说的其他各种语言，首先在于它绝不再是某一民族独有的书写语言。其原因根本并非拉丁语本身的发展不同于希腊语或者阿拉伯语，而是民众的日常语言有着不同的发展历史。因为，民众所说的希腊语和阿拉伯地区"方言"只是在一定条件下被书写且永无固定标准，而由"通俗拉丁语"的地区变体中产生的罗曼诸语，本身则发展成为文学语言，渐渐取得固定的标准化形式，并进而一步步取代古老的文化语言拉丁语成为交流工具。双语现象带来真正的双语制（Zweisprachigkeit）。

两百年来当人们第一次开始从事语言史研究，罗曼诸语从拉丁语中的分离及其文字的形成，一直是罗曼语言文学研究的主要内容。不过，鉴于本书所采纳的文化历史视角，这个进程不会仅仅局限于"罗曼语族地区"，即说罗曼诸语的各个国家。因为，即使是在欧洲，那些民众没有罗马化而在本土说日耳曼语、凯尔特语或者斯拉夫语的地区，也经历了同样的进程：民众语言被文字化并且逐渐占据之前拉丁语所处的地位。如果简明扼要地说明一下不同语言发展结构上的对比关系，也许可以说罗曼诸语是拉丁语的嫡女（Tochtersprachen），而其他并非出自拉丁语本身，仅由于从属的文化历史状况而与拉丁语发生关联的语言，则在某种程度上是拉丁语的养女（Adoptivtöchter）。

在世界历史上，梵语的发展也许与拉丁语的发展最相似。梵语一开始只是今天印度西北部很小一片地区的语言。《吠陀》是从古老时代流传下来的文学作品集，它的语言已经与公元前 5 世纪语法学家帕尼尼（Panini）时代通行的民众语言相去甚远。帕尼尼的伟大成就是为这种语言建立起基本语法规则，使之由此长久固定下来。随后梵语成为整个印度地区的文化语言。然而在这之后，除了梵语还有其他书面语言从同样的印欧语系背景中产生。最重要的是印度方言"普拉克利特语"，准确地说是被称作"普拉克利特语"的各种形式，这些语言大约在公元 4—11 世纪（也就是当梵语早已不再是"自然"语言时）使用。相比罗曼诸语，普拉克利特语在印度历史上经历了更长的时期后，同样变为一种在历史长河中固定下来的文化语言，并且作为民众语言最终被北印度语、孟加拉语等语言取代。正如拉丁语也在罗曼语言区之外盛行，梵语作为文化语言也在实际使用语言完全与之不同的民众中间使用，正如拉丁语固定"之后"所产生出来的拉丁语文献远远大于古代流传下来的少量作品。相比印度较早时代的文学作品，现代欧洲人对印度较晚时期的文学作品还几乎没有什么认识，[除非在特殊情况下兴趣得到激发，例如公元 4 世纪用梵语写成的《爱经》(Kamasutra)]这也直接类似于对拉丁语传统的误解。

最后，希伯来语是近代早期与其他书面语言始终并存的文化语言中的一个特例。它的历史形式作为四处流离的犹太人的共通书面语言保存了下来，而犹太民众自己则使用其他诸种语言，并且由于自身的流散状况而使用所居住地区的书面语言。在历史文化语言中，近代在世界范围内复活并且重新获取规范的书面语和共通语地位的，希伯来语可谓是最著名的例子。

所有这些可以说都是世代交替的例子，因为一种固定的语言在特定语言范围内，一开始是唯一规范的书面语言，然后为一种更新出现的语言——不管是语言自身的较新发展阶段还是其他语言——所限制甚或取代。不过，这种情况不是一下子发生的，而是经过长期的发展。在这种发展中，旧的文化语言最初保留有其全部的功能。如果要想描述拉丁语在欧洲的历史发展，可以建立与家庭模式完全一致的"拉丁母语"和"罗曼诸嫡女语言"这种常用模式（参见第128—129页）：在女儿"出生"之后，新旧两代在一定时间内是生活在一起的。新的语言一开始很少有发展空间，并且需要依靠拉丁语的帮助。随着时间的推移，它们承担更多的任务，最终与母语发生斗争，或者排挤母语，或者暂时被母语压制。只有这时，可以说——用比喻——在世代交替的联系中，拉丁母语真正看起来是属于另一年代的"旧的"语言，正如父母不是因为他们的实际年龄，而是根据定义（per definitionen）是我们的"长辈"。

对于理解"固定的"历史文化语言现象，重要的是，世代变化的"固定"语言的习得和使用与（还）没有继承语言的固定语言绝对无法区分开了。民众口头的日常语言，这时取得书写形式并且开始取代拉丁语，但古典文化语言并没有因此一开始就发生变化。像阿拉伯语或者希腊语这样的语言，长久没有"嫡女语言"或者"养女语言"，因此其基础结构就必然更不容易固定下来，而更容易发生变化。这种认识是错误的。实际情况完全相反：古代晚期官方学校的拉丁语相比中世纪大多数拉丁语形式，无疑更不容易发生变化和进行语言创新，其状况直接可与希腊标准语或者阿拉伯标准语进行比较。拉丁语随着法语书面语的出现最终成为一种"死的"语言，这种评判是1000年之后人们根据它后来的发展而作出的，但当时的拉丁语使用者对此却毫无所知。对于公元9世纪，在高卢最先小心尝试将罗曼民众语言书面化而接受拉丁语语法训练的那些人而言，罗曼化的民众语言现在应该是被看作拉丁语的变体，还是一种独特的新语言，是没有什么区别的了。拉丁语是一种"死的"语言，这种意识其实是当完全可能不再需要拉丁语时才会出现。而这最早是公元16世纪的事情。此外，欧洲语言史自16世纪以来，深受"活的民众语言不在学校而是在家习得"这样一种"思想观念"的影响，由此导致了对具有标准语法语言的有意贬低（参见第7—8页、第240页及之后几页）。不过，这种对规范化的书面语言的贬抑不是普遍的文化常态（Kulturkonstant），并且也没有以同样的方式影响到其他文化领域的发展。当用拉丁语与梵语进行比较，这点也表现得非常明显。梵语虽然也早已是一种世代变化的语言，但相比拉丁语它一直是一种更加积极使用的语言。梵语不仅在1948年具有象征意义地被提升为现代印度15种官方语言中的一种，而且仍然有规模不小的以这种古老语言创作出的文学作品。此外，仍然存在用梵语授课的古典印度文化学校。在学术著作和博士论文中使用梵语不仅是可能的，（顺带说一下，正如直到20世纪末，德国一些毕业考试规则规定允许用拉丁文撰写博士毕业论文），而且事实上是存在的，尽管并非常态。也有用梵语进行的诗歌竞赛、公开讲座以及梵语故事片。印度国家电台直至今日还每天用梵语播报新闻。甚至欧洲今天对梵语的接受也不局限于语言学研究：自2001年起，海德堡大学东南亚研究所每年暑期都开设梵语口语课程。

在根本上我们也不能说，因为拉丁语是一种经历了世代变化的语言，所以在历史上较之那些没有产生后代的语言"更加落后"（rückständiger）。在现代标准阿拉伯语中固定下来的主要词形和句法基本结构，同最古老时代的也没有根本差别。原则上说，我们可以根据现代标准语知识理解1300年前伊斯兰教开始时期的文本，在实际阅读中则可能会有某些困难。但德国读者在古标准德语或者中世纪标准德语的词汇或词形方面所碰到的困难，阿拉伯读者没有。但丁（Dante）和彼特拉克（Petrarca）时代的——也就是在意大利人根本不把拉丁语看作是自己的语言，而是将拉丁语和意大利语视作同一种语言的"符合语法规则的"形态和"通俗的"形态这样的时代——意大利人会将标准阿拉伯语和地区方言之间的划分，在原则上等同于拉丁语和意大利语之间或者是希腊书面语和口语之间的关系。近几个世纪产生重要差别，这是因为阿拉伯语作为有约束力的标准语,自 19 世纪接受了现代世界的一切现象,并在国际交流中发挥明显的影响力。新词汇的形成、词义的变化、某些交流模式的兴起(如通过电视或者使用互联网)明显改变了现代阿拉伯语。与此相反,拉丁语最终无法经受现代的挑战,两百多年来作为一种交流语言只处于边缘生存状况,在交流世界中停滞不前。此外,欧洲人文主义的语言课程偏巧施加一种巨大的压力,要保持尽量不改变拉丁词汇甚至惯用语。严格地说,这种表象是独特的欧洲现象,它并不能同样说明其他固定的文化语言,而且它要求对自身作出解释说明(参见第 213 页及之后几页)。今天拉丁语只是一种历史语言,其真正原因在于它从现实世界的交流中被排除出去,而不是因为它回归过去的语言规则。而梵语显然更加顺应现代世界,保留着作为一种积极使用的语言的功能。

2

二

帝国语言：
拉丁语从开始到古代结束

Latein
Geschichte einer Weltsprache

2.1 罗马帝国和拉丁语

就拉丁语的历史而言，罗马帝国是按照自身特点，而不是单纯按照重大历史转折事件确立的一个朝代。因为罗马权力实际上表现在语言外部历史的两个关键点上。第一，只要罗马帝国存在，罗马权力范围内就不可能有新的书面语言发展出来，尽管会有许多语言被说和写。就书面文化而言，人们使用的是拉丁语以及其他在罗马之前就存在的语言：希腊语、埃及语、阿拉姆语、伊特鲁里亚语、古迦太基语、希伯来语以及其他少数语言。罗马帝国灭亡后，欧洲语言状况（包括书面领域）才开始发生根本变化。对于出自公元 4 世纪主教乌尔菲拉（Wulfila）的哥特语《圣经》译本，我们几乎一无所知。但是罗马帝国刚刚结束时，在爱尔兰，除了拉丁语，人们已经开始在书写时大量使用爱尔兰语，由此揭开了欧洲语言史的新篇章，后文还会详细说明这一点（第 126 页及之后几页）。第二，拉丁语最初是罗马拉提姆（Latium）地区方言，它始终是罗马统治者的首要语言，起初是执政官的，然后是罗马皇帝的。拉丁语不是罗马人的唯一语言。但直到公元 476 年最后一位罗马皇帝罗慕路斯·奥古斯图卢斯（Romulus Augustulus）被废除，拉丁语都是权力者使用的语言，这之后则不再是了。尽管哥特人、伦巴第人、梅罗文加人和法兰克人的统治者都可能像罗马帝国统治者一样将拉丁语作为官方语言来使用，但拉丁语不再是他们自己的语言。

这绝不是说，帝国时代的拉丁语也是罗马的"自然"语言，即罗马人的母语。完全相反：如果要用一句话来概括罗马人 700 年统治时期的拉丁语言史的特点，那么可以说，拉丁语在这一时期失去了它作为"自然"语言的特点。拉丁语一开始是意大利众多地区方言中的一种。当公元476年西罗马帝国最后一位皇帝被废除，拉丁语基本上已经远离民众的日常语言，卡洛林文艺复兴时期的情况也是如此。

此外，拉丁语作为罗马权力者的语言，并不意味着罗马人处处强制推行他们的语言。语言帝国主义是现代民族国家的特点，可惜现代民族国家对于现代的我们不过是众所周知的文化冲突。这种语言帝国主义在罗马帝国并不存在。这一点不仅由拉丁语在意大利的传播，并且也由之后罗马帝国境内拉丁语和其他语言之间的关系得到证明。

让我们先考察一下公元前6—前1世纪——即从罗马权力扩张开始到公元前91—前89年，罗马同盟者战争中意大利中部统一为罗马领土——意大利中部的状况。我们会发现这个时期，意大利的语言状况极其复杂。"拉丁语"是罗马周边一个名为拉提姆的狭小地区的语言，它是二十多种意大利方言中的一种，其他重要方言有法利希语、翁布里亚语、奥斯坎语、威尼托语和美撒比亚语。所有这些方言相互之间差别非常大，以致其使用者几乎不可能相互理解交流。关于共通的意大利语的观念是不存在的，而这在希腊人中却是典型的观念，尽管他们的方言也是多种多样的（见第25页）。在波河北部，今天的意大利北部住着凯尔特民族，他们的语言一点都没有流传下来。

意大利的语言状况在根本上受两种重要的跨地区的非意大利书面语言影响：北部的伊特鲁里亚语（时至今日，关于它在语言史上的归属仍然处于讨论中；由于用这种语言写就的铭文有一万多种，它比任何一种意大利语都更好地记录了下来，可惜的是这些铭文几乎无法解读）和南部的希腊语。意大利南部和西西里岛众多的希腊殖民地，一直到地中海西部都在使用希腊语。文化及文学与外语的联系，是不同意大利民众从一开始就有的深刻体验。罗马人早期是伊特鲁里亚统治的一部分（众所周知，罗马王政时代的传说指的就是其历史的这个早期阶段），一开始时从伊特鲁里亚人那里学到了许多东西,拉丁语中现存大量伊特鲁里亚语的踪迹也可以清楚地证明这一点。公元前4世纪,上层罗马人仍然在用伊特鲁里亚语授课(李维《罗马史》第9卷第36章),之后,罗马人在一定程度上屈从于希腊人。我在后面还会详细说明这一点。

罗马自公元前5世纪上升为意大利中部唯一真正的强权国家后,拉丁语自然也因此流行开来。但拉丁语化的进程与权力的扩张绝不并行。相反,各地方言被证实直到公元前1世纪还存在,有些甚至存在的时间更久。在庞贝古城发现的奥斯坎语铭文,可能是公元79年维苏威火山爆发摧毁这座城市前不久写成的。留存下来的文献证明了语言状况的复杂,其中毗邻方言的相互影响也清楚可辨。我们关于拉丁语在意大利传播过程的唯一直接证据来自李维(《罗马史》第40卷第43章),他说,在库迈居民的请求下,罗马人准许他们在官方文件中使用拉丁语。没有任何证据反对这一看法,即这是真正的准许,而不像在现代独裁政权经常发生的那样,是某种强制性的命令,这种强制性的命令由于请求者所谓的外部求助而被美化。

奥斯坎语经历了完全独特的发展。现存400份实际上没有展现任何地区内在差异的铭文,使奥斯坎语成为除拉丁语外所有意大利方言中记载最完备的。今天人们认为,在这里已经发展出了一种跨地区的语言形式,即奥斯坎共通语。一百年来,学者甚至讨论过究竟是否存在奥斯坎文学,但没有最终结论。这也与我们对"奥斯坎人"这个古代概念的理解完全一致,它不是指具体的种族意义上的民族,而是不同民族通过语言统一在一起的共同体。奥斯坎语的影响在罗马历史上也发挥着作用。奥斯坎语作为政治交流手段在公元前91—前89年,所谓同盟者战争的准备阶段也明显有使用(也许甚至带有某种复兴的特点),这在硬币和铭文中都得到证明。亚提拉剧演出(fabula Atellana,一种出自奥斯坎的戏剧种类),在公元前1世纪的罗马非常流行。这一时期,罗马早已是小亚细亚和西班牙之间地中海地区最重要的强国。但在本土，离罗马城仅仅几公里的地方，罗马殖民城市、拉丁语联盟城市和同盟者（socii）之间的政治关系异常复杂。至少在意大利中部，一场战争才促成了统一的国家组织。语言的多样性反映了这种政治的多样性。这差不多就像是征服了印度之后在英国引起的讨论：埃克塞特居民是否是真正的英国公民，以及相比威尔士人，其享有何种政治地位。

宏观上来看，罗马帝国的语言状况在两千年后，仍然表现出一种相当惊人的事实：罗马人从不排挤一种在他们到来之前已经有着固定书写传统的语言。由此，罗马的扩张明显不同于阿拉伯的扩张。后者使叙利亚语、科普特语、希腊语以及至少到公元 10 世纪的波斯语等旧的书写语言受到排挤。今天罗曼诸语分布在欧洲从西西里岛经意大利直到阿尔卑斯山、伊比利亚半岛、法国和巴尔干部分地区——恰恰就是那些在罗马人到来之前没有自己的书写文化的地区。在这些地区，拉丁语成为民众语言。伊特鲁里亚语以及（部分的）希腊语在意大利南部和西西里岛受到排挤，显然只是一个特例：因为这两种语言都不是意大利本地固有的。希腊语是随着殖民化运动，自公元 8 世纪才传播到意大利的，而伊特鲁里亚人也绝不是意大利本土居民，他们的起源以及语言的确切归属直至今日还处于争论之中。在本土居民的语言已经书面化的地区，尤其是在那些已经发展出伟大的书面文化的地区，其语言在罗马入侵以后仍然被使用。不仅希腊语是这样的（希腊语对于罗马人来说，无论如何是一种杰出的文化语言），其他语言尤其是埃及语以及巴勒斯坦地区和亚洲的诸多语言也都如此。耶稣十字架上的铭文是用三种语言刻写的：拉丁文、希腊文和希伯来文——但这三种语言中没有一种是当时主要说阿拉姆语（古代闪族人的语言——译者注）的民众的"一般"语言。此外，在拉丁语作为文学语言，直到古代晚期仍然有着特殊重要性的北非西部地区（参见第 81—82 页），古迦太基语在奥古斯丁时代仍然很有名并且被使用。当大普林尼在他的《自然史》（第 3 卷第 39 章）中颂扬罗马人通过赋予众多蛮族一种共通语言而把他们联合起来时，他自然指的是高卢的凯尔特本土居民，而不是希腊人、埃及人或者其他有着伟大书写传统的民族。

但这一点与拉丁语最终成为罗马人的"正式"语言这种论断如何统一呢？显然，罗马人没有推行在深受民族国家观念影响的现代强国普遍流行的语言政策，比方说规定在学校（或有学校的地方）只能说拉丁语。如果我们把罗马帝国看作是多语言帝国，那么我们更接近真实情况。在这个多语言帝国，可以清楚地区分出三个层面的语言构成。

第一是每一个民众的自然语言：拉丁语一开始只是罗马及其周边地区的自然语言。后来拉丁语传播开来，但正如我们看到的那样，在唯独拉丁语具有基本优势时——贸易活动、较高级文明产品的获取、写作能力和知识文化——拉丁语才会排挤其他语言。今天罗曼诸语地区在很大程度上也正是这样的。除此之外，每一个地区的民众则随其所愿说各自的语言。

第二是军事控制和管理层面：在这一层面，拉丁语事实上是不可缺少的统治者的语言。对士兵发号施令用的是拉丁语，帝国管理是建立在拉丁语基础之上的，并且拉丁语是罗马法律用语。

第三是文学语言，准确地说是一切较复杂的以书本形式传播的文本语言：在这个层面，直到古代晚期，拉丁语与其他大多数古代书面文化都存在显著的差别。因为罗马人在这个方面最初什么新内容都没有增加。虽然他们很早就能够书写，但他们"较高的"文化技能（由于缺乏更准确的术语，那么使用这个源于 19 世纪，今日已经过时了的价值思想词汇就是允许的）一开始就完全依赖其统治区域内更古老的书面文化。首先是伊特鲁里亚文化，它极大地影响了宗教传统和早期戏剧表演，但接着罗马人完全处于希腊人的影响之下。在 19 世纪，缺乏独立性的罗马书面文化作为劣等精神的标志不被重视，在此之后自20世纪起，人们公正地恢复了罗马的精神成就，并注意到与希腊文化的接触是富有创造性地吸纳，带来了令人惊叹的独特成就。但罗马人的语言和文化状况，极其深远地受希腊人的影响，这一事实根本无法否认。这一直表现在，对古代拉丁语文学的科学研究，在通常情况下是以对古希腊语的研究为前提的。

因此，罗马帝国语言史无法忽略希腊语。这不单单因为希腊文化在时间上的优先性，以及它的范式功能，也因为多个世纪里，在罗马帝国存在一种共同的希腊语—拉丁语文化。这种共同的语言史如此长久持续，也是因为这两种语言长久以来都不具有平等的权利，相反，它们的社会和文化功能是完全不同的。当罗马在公元前第二个世纪，取得对希腊的统治而成为世界霸权时，希腊语是一种世界语言，而拉丁语不过是一种地方方言。由此而产生的两种语言长期的交错关系影响了罗马帝国差不多600年，而拉丁语后来作为世界语言的发展，如下一节将要阐释的那样，差不多直到罗马帝国灭亡，一直处于与世界语言希腊语的纠缠中。不过，语言传播的不同层面——"自然的""政治的"和"文化的"——呈现出来的决不是同一的发展，有时甚至是相反的发展。

2.2 对希腊文学的接受

公元前240年可以看作拉丁语文学划时代的转折点。根据传说，这一年来自泰伦特的希腊人李维乌斯·安德罗尼库斯（Livius Andronicus）第一次在罗马上演由希腊语翻译过来的戏剧。出自这个李维乌斯的荷马《奥德赛》的拉丁文译本，是在这年之前还是之后产生的，无法进一步确证。罗马人在这之前当然也写作，他们甚至写书：监察官阿庇亚·克劳狄乌斯·卡阿苏斯（Appius Claudius Caecus，今天仍然闻名于世的阿庇亚大道的建造者）在公元前4世纪末已经撰写了箴言集和诗歌集，并且书面记录了各种演讲。自李维乌斯·安德罗尼库斯以来，罗马文学的本质特点是以希腊文学为本源。我们所知的最早的罗马文学（有极少数的特例，其中包括讽刺作品）是对希腊著作的翻译或者比较自由的改编，即使较晚期的作者显然也不断在回归希腊本源。文学作品的种类、文学概念、哲学体系、修辞学方法、历史编纂的特点都主要以希腊人为先导。

在古代世界，书面文化接受其他文学传统显然是相当普遍的事情。重要的佛教文献最初是用梵文书写的，保存下来的译本只有汉语和藏文；日本人接受了汉语文献，这对他们来说不是很难，因为他们只需要用日语读汉字符号；阿拉伯人非常关注希腊的哲学和科学文献，希腊人自己则从古代东方的书面文化中大量学习。自劳尔·施罗特（Raoul Schrott）关于《荷马史诗》的著作引起广泛的公众讨论而闻名于世之后，人们才了解到这些情况。不过，罗马书面文化从希腊书面文化中发展而来的方式是独一无二的。

考虑到希腊物事在罗马的大量存在，那么令人惊讶的是，为何至今人们很少去思考究竟是什么驱使罗马人去接受希腊文化作品。一般认为，当罗马人在公元前3世纪权力扩张中进一步接触到意大利南部的希腊城邦文化时，他们为希腊文化中的远见卓识所深深吸引，于是决定要吸收这些优秀的文化传统。换言之，罗马人对希腊文学的接受一直只被看作是罗马人和希腊人之间的双边活动。

然而，我刚刚概述过的早期意大利文化整体状况，在我看来，它使得另外一种解释更加可信。人们更应该从如下观点出发，即希腊文化的影响是整个意大利的普遍现象，而不仅仅发生在罗马人身上。这种文化不只出现于希腊居民点：许多完整保存下来的希腊花瓶是在伊特鲁里亚和意大利的坟墓中发现的。希腊诸神有在伊特鲁里亚出现；据说，伊特鲁里亚人曾上演伊特鲁里亚语译本的希腊悲剧；意大利南部卢卡尼亚的墓穴绘画在本地风格中融入了希腊原型。因此，希腊文学文化（die literarische kultur）在意大利土壤上是完全孤立的而首先由罗马人发现，这一点就是完全不可能的。相反，我们要看到，在希腊人实际生活的地方，希腊文学——更具体些，希腊戏剧活动和希腊史诗——和意大利文化形式之间的联系在罗马人到来之前就已经存在。因此，罗马人的革新不在于接受希腊文学，而在于努力以拉丁语转换希腊文学。将希腊文学转换成为各种意大利语形式，这在其他地区已经存在。

确实没有一个较古老的罗马诗人来自罗马或者将拉丁语作为自己的母语，这个非常惊人的事实说明了这样一系列的事件。李维乌斯·安德罗尼库斯可能是一个希腊奴隶。之后的著名作家有来自奥斯坎语区坎帕尼亚的奈维乌斯（Naevius，公元前3世纪），来自梅萨皮亚的恩尼乌斯（Ennius，公元前239—前169年，不过他也说奥斯坎语）和他的侄子，即来自布林迪西、因此也来自奥斯坎语言区的帕库维乌斯（Pacuvius），来自翁布里亚地区萨尔西纳的普劳图斯（大约公元前250—前184年），喜剧诗人凯基利乌斯·斯塔提乌斯（Caecilius Statius，大约公元前230/220—前168年）可能是来自今天意大利北部的凯尔特人。泰伦提乌斯（Terenz，大约公元前195/185—前159/158年）似乎是一个特例，他出生于迦太基。为什么罗马人允许外来人写作他们的诗歌和戏剧？诗歌和戏剧——如老加图（Cato）已经断定的——在恪守道德准则的早期罗马并没有什么特别的声望，这种解释是无法令人满意的。另一种解释更加可信。上面提到的著作家都具有丰富的希腊文学知识，否则他们不可能将希腊文学翻译成拉丁文。虽然他们在自己的故土学习的是希腊文，但罗马人因为他们丰富的诗歌和戏剧实践才能而让他们为意大利民众创作希腊戏剧，不知这是否可能？我们已经提到伟大的叙事文学作家和剧作家恩尼乌斯说自己有三颗心：希腊语的、奥斯坎语的和拉丁语的。难道我们认为他的"诗人之心"只为希腊语和拉丁语而跳动,而在他 40 岁到罗马之前,只是为了平淡的日常生活不得不使用出生地的奥斯坎语吗?来自翁布里亚的普劳图斯的喜剧,显然是对希腊剧本的改编并混合了非希腊(可能是意大利)即兴剧的各类情节,重建细节的努力在近几十年带来了完全独特的研究。难道我们真的认为普劳图斯作为戏剧实践家是到罗马之后才开始改编希腊剧本的吗?如果他来罗马之前就懂希腊语,那么他很可能已经改编过希腊剧本;而如果他到罗马后才不得不除了学拉丁语外还要学习希腊语,那么从翁布里亚吸取文化就是毫无意义的。更有可能的看法是,戏剧实践家不是到罗马后才利用希腊文本进行各意大利母语剧本的创作,而是来罗马之前就开始从事这项工作。如果真是这样的,那么罗马人实际上就没有直接模仿希腊文学,而是从他们的意大利邻居那里学习了用某种意大利语转换希腊文学的技巧。我们一直完全归功于罗马人的文化转换的成就,很有可能在此前已经由其他意大利民族完成。我们必须记住,虽然公元前 2 世纪以前拉丁语也许是最重要的意大利语言,但绝不是说它就占据着独一无二的地位,而其他语言只不过是不重要的方言。不排除奥斯坎语作为意大利南部的共通语,在公元前 3 世纪有着和拉丁语同样重要甚至还更重要的跨区域的意义。这一切表明,罗马人对希腊文学的接受是远远超越罗马城和拉提姆地区的更加广泛的希腊语—拉丁语文化交流过程的一部分。

因此,这实际上意味着在罗马文学之前必然已经存在奥斯坎文学。如上面所言,这个问题几百年来由于某些其他原因一直被讨论。虽然由于没有任何流传物而无法提供实际的证据,但我们仍然能够阐明其根本的方法论结构。现存的主要证据,首先是铭文上没有任何关于奥斯坎文学或者其他文学的迹象。但这根本说明不了什么。因为假如我们不了解中世纪罗马文学直接的传统进程,那么也就无法从留存下来的铭文推断出古拉丁语文学的存在。如果我们考虑到罗马人事实上对他们的意大利邻居几乎什么都没有讲述过，那么古代的著作家对这种文学一无所知也就不再奇怪了。如果我们关于罗马文学史的认识有赖于希腊人，那么我们的认识将会非常少，尽管希腊人和罗马人之间的交流非常紧密并且是持久的。但这样一种"文学"是否存在过，这个问题的提出首先就过于简单了。就此我们一定不能理解为拥有图书贸易和广大读者的规范的图书业。对希腊文学的接受主要集中在戏剧和史诗的领域，它们半文学的、保留有口语痕迹的特点，在留存下来的拉丁语文学中也是显而易见的。在拉丁语剧本可能有的奥斯坎语或者翁布里亚语的剧本原型中，必然也不会去考虑读者，这完全是不言而喻的。在用奥斯坎语改编希腊剧本时，为上演做准备，只需要考虑呈现剧本本身而无须考虑以书籍形式去传播。对于用意大利语改编史诗也同样要想到口头表演实践。不过，这里似乎也有可能是，这样的文本——类似于希腊语写作课上使用的以《荷马史诗》为基础的典范作品——一开始就被用作学校教材甚或因此被改编过。我们已经提到的李维乌斯·安德罗尼库斯的《奥德赛》——公元前3世纪中叶最古老的拉丁语史诗——拉丁文译本至少也属于此类。可惜关于所有这些问题的证据非常少，以致无法期望得到更多的说明。但将希腊文学的最古老的罗马译本置入公元前4—前3世纪意大利—希腊文化关系这个更宽广的背景中，是理解拉丁语文学起源的根本前提条件。

2.3 拉丁语取得一种稳固的形态

从开始到古典时期

必须再次强调，一般认为拉丁语和希腊语在这个早期阶段最重要的差别不是希腊人拥有文学，而罗马人（还）没有文学。关键在于某种更基本的情况：希腊人拥有跨地区的标准化的书面语，人们可以在学校借助文学作品学习这种语言，而且这种语言在发展过程中差不多已经固定下来。在意大利南部剧场曾上演过的欧里庇得斯（公元前480—前404年）的戏剧，当罗马人在舞台上观看到首个拉丁语改编剧本时，至少已经是200年之后了。在塔伦托和那不勒斯的希腊殖民者，其一般日常口语与文学剧本语言的差别有多大，这一点今天无法再确定，但可以肯定两者之前确实有差异。不过，希腊书面语在当时已经是一种世界语言，借此人们可以跨地区进行交流。由于这一原因，罗马第一位历史学家昆图斯·法比乌斯·皮克托（Quintus Fabius Pictor）在公元前3世纪末用希腊语撰写他的著作，正如今天的自然科学家如果想要被注意到，就用英语出版著作一样。甚至西塞罗在为罗马诗人阿基亚斯（Archias）辩护时说，罗马文学仅有罗马人读，而希腊文学到处都有人读（《为阿基亚斯辩护》，第23篇）。

这种状况在最早期的拉丁语文本中得到清楚的证明：拉丁语不仅没有文学，而且根本没有书写形式。正如保存下来的铭文所展示的，每一个新撰写的文本都是一定语言状况的瞬间拍照（Momentaufnahme），而这种语言状况迅速地发生变化。最古老的拉丁语铭文再也无法完全理解，而罗马人自己在公元前2世纪也已经很难准确地辨认公元前509—前508年与迦太基人缔结的一项和约的记录［波利比乌斯（Polybios）《通史》，第3卷第22篇第3章，以及第7卷第27篇第2章］。除了公元前451年颁布的十二铜表法外，没有其他任何文本在经历了好几个世纪后还被普遍使用，因此没有必要去了解早已过时的语言形式。但是在古典时期传播开来的这个法律——对此我们只认识一些文字片段——流传下来的是原始形式，还是语言经过后来的修订，甚或是完全的重写，这一点是不清楚的。另一个古老的文本，在公元3世纪铭文中保留下来的，所谓的阿尔瓦尔兄弟（Arvalbrüder）祭祀团的赞美诗，词形非常奇特，直至今日都无法解读。那么很有可能，这个文本大致的语音形式作为一种礼拜仪式被流传下来，而它的内容被忽略。阿尔瓦尔兄弟同现代语言学家一样，可能对其所唱赞美诗的文本几乎没有任何历史的和语言学的了解。无论如何，拉丁语直到公元前1世纪都在生机勃勃地发展着。我们可以区分出"较古的"和"较新的"语言阶段，并且这一语言为确定文本写作年代提供了明确标准，尽管风格化很早就已经在发挥作用。即使我们没有关于喜剧诗人普劳图斯和泰伦提乌斯的生平说明，仍然可以仅仅根据他们作品的语言结构马上推断出泰伦提乌斯肯定更年轻。

在罗马，随着对希腊文学的接受也同时开启了语言标准化的过程。某个戏剧实践者写作剧本的书面文稿仅仅是为了辅助演出，而没有想着要创作"文学"，这一点当然是可想象的。但事实是，随着第一个剧本，李维乌斯·安德罗尼库斯的《奥德赛》译本，拉丁语文本开始源源不断地出现。正如有人猜测的，这部拉丁语史诗可能不可避免地也被用作学校教材。西塞罗时代这部著作仍然非常有名，贺拉斯（Horaz）在学校也一定读过它。但在当时流传的是原始文本还是后来加工过的文稿，这一点还有疑问。后来的著作，例如公元前2世纪上半叶恩尼乌斯的史诗，我们则认为流传下来的和我们读到的是未改动的原始文本。那么，经历数十年仍然受到重视的文学作品，无形中对活的、迅速发生变化的语言必然是一种调节和稳定的因素。公元前2—前1世纪之交，当年轻的西塞罗开始学习写作时，罗马人已经拥有以恩尼乌斯为代表，包括一大批著名的喜剧作家、悲剧作家、演说家和历史学家的某种"古典"文学。

但即使公元前2世纪的文学作品显示出书面语言逐步固定下来，一种统一的标准语言仍然没有形成。每一部著作记录的都是语言的不同历史发展阶段。此外，还出现了极其不同倾向的各种风格化。今天我们知道，拉丁语文学作品肯定没有真实再现民众的实际语言。连普劳图斯也是如此，他的喜剧语言之前一直被看作是"白话拉丁语"

（Umgangslatein）——但这不会否定，相对而言他仍然是认识当时那个时代白话拉丁语的最好的源泉。借助过时了的语言形式以产生古朴的色彩，这在当时也已经出现。例如，李维乌斯·安德罗尼库斯的《奥德赛》拉丁文译本现存不多的残篇已经展示了某些细节，就我们所知，它们不再属于公元前3世纪中叶活的语言。公元前2世纪早期西皮阿家族（Scipionenfamilie）成员坟墓上的两块著名的铭文表明，更晚近的铭文语言反而比更早期的铭文语言更加古老。文本语言总是特殊的，但并不首先因为文学（如在19世纪的资产阶级文学）针对的是有教养的阶层，而是因为写作本身是某种特殊的事情，我们根本无法期望书面文本与口头交流完全一致。因此也很容易理解，为何戏剧在罗马民众中取得如此辉煌的胜利，而其作者是在说其他意大利语的环境中成长，或如泰伦提乌斯竟然说完全不同的母语。在诗歌作品中对陌生化效果的容忍度在当时与现在完全不同，并且不该以在诗歌中表现出来的有关民族灵魂的浪漫观念来衡量。另一方面，在撰写政治演讲（这早已有之，可以在流传下来的文学作品中发现）和编纂史料（罗马精英用于记载各种纪念活动）时，掌握完美的即纯正的罗马语言是必须的。因此，毫不奇怪从一开始这两种文本类型就牢牢地保留在罗马城上等阶层中，而没有发现来自意大利其他地区的作者，尽管他们差不多直到西塞罗时代都在罗马诗歌和戏剧领域占主导地位。

因此书面拉丁语真正统一的标准化也就绝不是必须的，因为早期罗马文学根本上是罗马城的事情。文学作品是罗马作者（可能是罗马人或者移居而来的意大利人）主要为罗马城内的读者（或者听众）所写的。当然，这不排除拉丁语文本或者戏剧在罗马城外也可能被接受。但这是创作时没有想到的次效应。跨地区的文化传播，当时在希腊已经是很常见的，但在意大利却不曾出现。现代对"罗马人"和"希腊人"的对比源于现代民族构建的错误视角，不适用于罗马的状况，至少是古典时期之前的罗马状况。"这些"罗马人当时有罗马城内的居民，以及罗马城外个别聚居点的定居者，或者是享有罗马公民权的个别人。正如罗马帝国直到公元前1世纪，在根本上仍然保留着城邦国家的组织形式，意大利的语言景观在很长一段时间里也一直是丰富多彩的。

公元前 1 世纪古典文学语言的产生

大约公元前 80 年到公元元年，这几十年历来被看作拉丁语文学的繁盛时期。这一时期的著作家建立起古典拉丁语言文学的法规。这些著作家有演说家、政治家、哲学家、信函作者、修辞学理论家，（应该强调）诗人西塞罗，散文作家恺撒（Caesar）、内波斯（Nepos）、萨鲁斯特（Sallust）以及李维（Livius），诗人卡图卢斯（Catull）、卢克莱修（Lukrez）、维吉尔、贺拉斯、奥维德（Ovid）、提布鲁斯（Tibull）以及普罗佩提乌斯（Properz）。后来世界历史上重要的文学作品都集中产生于这一时期。在经历了短暂但可觉察的停滞后，在公元 1 世纪的后半叶，拉丁语文学的下一个繁盛期突显出来。塞涅卡（Seneca）、卢坎（Lukan）、昆体良（Quintilian）、塔西佗都是这个时期的著作家。然而，罗马历史在这一时期所经历的巨大变革——即有将近 500 年历史的古罗马共和国走向终结，由奥古斯都统治的以君主制为核心的新的国家形式建立——并没有在公元前 1 世纪的古典文学内部带来明显的停滞。古典时期的所有文学家，甚至那些私人写作者，都积极加入到当时的政治生活和社会生活中去，反过来变化多端的文化条件和政治条件也深深影响到他们的文学创作活动，这是确定无疑的。但这些转变——最明显的是维吉尔和贺拉斯——经常发生在著作家的生平活动中。就这里考察的问题而言，罗马共和国最后那些年同奥古斯都统治的最初二十年，不管怎样都可以看作是统一的。

在这几十年里，正如今天普遍认为的那样，拉丁语到达了不再进一步发展的阶段。换言之：拉丁语变得固定化了。这一固定无疑是由于公元前 2 世纪文学语言的巩固而逐渐产生的。在普劳图斯时期和西塞罗早期之间，也就是公元前 200—前 100 年之间，拉丁语较之前几百年已经很少发生变化了。这时的变化大多数是在一些细节上，比如某些古代屈折形式最终消失（如 ausim "我想冒险", faxim "我想做"等形式，这是在拉丁语中消失而在希腊语中保留下来的第三种语态 "祈愿式"在语言史上的残余），某些单词的某一特殊屈折类型得到进一步确定（例如"材料"除了 materia 这一形式，在古拉丁语中还有后来不再使用的另一种形式 materies）。还有著名的 cum 引导的从句——它的不同的直陈式和虚拟式结构是现代拉丁语课堂上受人欢迎的主题内容——是在公元前 1 世纪才最终取得现代语法教学意义上的规则。但这些微小的变化至少一直都存在，而在西塞罗之后，即使是如此微小的变化也不再看得到，或几乎不再看得到。名词变格形式和动词变位形式的情况，自西塞罗之后几乎没有什么变化，同样，西塞罗和恺撒以及维吉尔和贺拉斯时的句法规则直到今日也通用。即使后来的进一步发展带来了新的句法结构或者新词，旧的结构和词汇也仍然在使用。西塞罗时代的某些"仍然"正确的东西，今天则已经过时，这种说法之后不再作为语言正确性的标准提出。正如语法学家帕尼尼确立下来的梵语形式一直有效一样，在拉丁语古典著作家作品中隐含的核心语法要点，直至今日都是拉丁语课程的基础。

为何拉丁语的固定恰恰是在这一时期以这样的状态出现？这是一个需要认真考察的文化历史问题。因为，没有任何外在必然发展可能建立起拉丁语在罗马国家的新作用。而在希腊则不然，亚历山大大帝之后，阿提卡语成为马其顿王宫的语言，多元中心的文学活动组织产生。拉丁语在罗马的发展无疑与这个过程同步：本质上是城邦国家的共和制结构转变为奥古斯都统治下的体制化的帝国管理。帝国中心同它广大范围的外省之间的关系也因此发生变化，并且开始迈向有序整体，在这个整体中，外省也发挥着新的作用。赫尔弗里德·明克勒干脆把这一步看作是帝国发展的典型一步，冠之以"奥古斯都时代之转变"（augusteische Wende），并且也把这个术语用于世界历史上的其他帝国。但是我们不知道奥古斯都是否规定拉丁语是帝国的标准语言，并且赋予它重要的新作用。首先，拉丁语的标准化过程在这之前已经开始，其中西塞罗发挥了根本性的作用。西塞罗于公元前43年在屋大维（Octavian）即后来的奥古斯都的默许下被谋杀，这一事实表明他不再被看作奥古斯都时代之转变的一部分。奥古斯都时代的语言发展只是语言史变革中的一部分。此外，我们还得记住，行政管理语言和文学、文化语言之间的区别在罗马帝国，较之在我们所熟悉的欧洲民族国家要大得多。但拉丁语的固定化起因于文学，而不是行政管理的需要。

因为找不到外在的原因，后人就很容易将拉丁语的固定归因为古典文学及其不容置疑的伟大艺术成就。因此，人们就转向语言接受史去找拉丁语之固定的原因，而这看来只是附带效果，古典著作家肯定根本就没有预料到。近几年，维尔弗里德·斯特罗最积极地拥护这种解释，他甚至赋予语言历史进程一种目的论转变：西塞罗和他的同时代人使拉丁语变得如此完美，以致他们充满激情的继承者最终将这种语言视为一种典范，而无须再做任何改变。斯特罗的表述也许有些夸大，他说拉丁语因此"死于"它自己的美丽。

这种唯独以接受为导向的观念，尽管可能会使那些对古典文学之美着迷的人文主义者感到十分满意，但它对这一过程的本质的认识不正确。因为即使没有十分明确的语言政策，文化的活力还是可以辨认出来的，它使得拉丁语的固定化变得可以理解，并且被置入包罗万象的文化历史背景中去。因此，古典著作家卓越的美学品质绝对不能被贬低。它们是前提条件，缺少了这些品质，古典文学的典范（Klassikerkanon）就不可能在两千多年里产生如此重大的影响。但是这一发展的产生却另有原因。

对公元前1世纪伟大转变的语言史的分析，必须以哪种拉丁语是最好的这个恰好在当时非常有现实意义的问题开始。许多记载表明，罗马人自己——即罗马城上层社会中对文学感兴趣的小团体——在公元前1世纪中叶对他们自己语言的完美和标准化进行过深刻的思考。"古典"拉丁语创作不是西塞罗、恺撒、维吉尔和其他著作家无意识的天才行为，而似乎是当时公开宣称的目标。正如意大利文学语言是从公元16世纪初关于语言问题（Questione della lingua）公开的和书面展开的讨论中所产生，公元前1世纪同样也有关于拉丁语语言问题的讨论。

社会中的语言稳定过程是在公开的讨论中推进的，这个过程在重大政治变动长期影响到文化意识或者带来新的认同感时总是可以不断觉察到的。这样一种变革期在罗马可以说肯定不是在公元前44年恺撒被谋杀、内战爆发时才开始，而是至迟自苏拉（Sulla）时期（约公元前138—前78年）——以独裁统治（公元前82—前78年）告终——就开始。多数现代欧洲文学语言史都表明，这样一种变革期是同有意识的语言讨论相伴随的。刚刚提到的意大利16世纪关于语言问题的讨论也是不可想象的，如果不是公元1500年前后的政治状况和法国的优势力量（这对意大利人而言更确切地说是难以忍受的），它们为建立共同的意大利人身份意识准备好了思想条件。新近出版的一部有关近代相似语言讨论文集——其中，土耳其语言改革同1930年凯末尔·阿塔图尔克（Kemal Atatürks）的政治改革联系在一起——副标题是《"第一国会"现象》。

不否认这些进程中任何一个的独特性，公元前1世纪拉丁文学语言的形成也属于这一模式，尽管当时在罗马没有出现关于拉丁语的"第一国会"。但引人注目的是，当时语法研究被越来越多地关注。尽管在西塞罗之前罗马已经存在希腊学术传统意义上的语法，即对语言正确性的讲解和对诗歌的阐释，但公元前1世纪的语言研究情况完全不同。因为当时——然后直到古代晚期都不再有——社会上处于主导地位的人物都为语法费尽心力。西塞罗在其修辞学著作的页边处也有对语言问题的论述，这可能并不奇怪。恺撒也写过一本题为《论类比》（De analogia）的语法书。写有类似著作的还有：以作为西塞罗和恺撒的老师而闻名的安东尼乌斯·格尼弗（Antonius Gnipho），暗杀恺撒的布鲁图斯（Brutus）和卡西乌斯（Cassius）的老师斯坦贝利乌斯·爱洛斯（Staberius Eros）。历史学家西塞纳（Sisenna）——他的历史著作后来被萨鲁斯特的《罗马史》接替下去——尝试对当时保留下来的拉丁语形式进行有目的的修正。阿西琉斯·波里奥（Asinius Pollio）是恺撒和安东尼乌斯（Antonius）的支持者，公元前40年担任罗马执政官，维吉尔在《牧歌》第四首中赞扬了他。他以语言批判和文体批判而闻名，甚至还写过语法著作。他对这一问题的关注还可以通过其他著作家都将自己的语法著作献给他这个事实得到证实。列蒂的瓦罗（Varro von Reate）也是公元前1世纪罗马一位重要的，虽然不是处于领导地位的人物（这使他可以免遭当时政治精英通常被谋杀的命运），他在公元前1世纪中叶撰写了《论拉丁语》（De Lingua Latina），其中有几篇保留了下来。还有其他一些语法著作，可惜我们仅知道作者的名字。有趣的是，甚至希腊学者也用希腊语撰写关于拉丁语的文章。

　　语法学家各自著作的内容，比他们在语法学家协会中占据的高位还要重要得多。就我们所能推断的，这些著作关注的不是语法理论，而首先是这样一个问题：拉丁语的正确而完美的形态应该是什么？恺撒的《论类比》——可惜完全失传了——和瓦罗的《论拉丁语》最清楚地证明了这点。恺撒认为在拉丁语中要尽可能为了规则性，而根据类比原则去调整不规则的屈折变化——这里也许能看到军事策略家的秩序理念。人们之前认为,恺撒因为这部著作加入了在希腊科学中心亚历山大里亚建立起的、有着悠久传统的学者讨论中,在讨论中,类比原则的拥护者同其他维护不规则性(即在历史中产生的语言"异常现象")的学者对立。然而,今天研究表明,这一讨论恰恰在恺撒时代具有特殊的现实意义。顺便提一下,从恺撒著作中偶然流传下来的一些细节,展示出了同德国最近的正字法改革惊人的一致性。例如,恺撒建议Pompeius的属格以三个i(Pompeiii)结尾,以区别发音相同的主格复数形式(两个i)和呼格形式(一个i)。瓦罗在他的著作中也讨论了拉丁语屈折词形的细微调整问题。但不同于恺撒,他建议按具体情况,时而遵从异常的不规则性,时而遵从类比原则,因此持一种比较中和的立场。从其他语言学家的著作中没有得到任何具体内容。不过可以确定的是,像《论拉丁语》(*De semone Latino*)这样的标题暗示出,这本书是关于语言正确性和语言规范性问题的。不管怎样,随后几百年再没有出现过此类标题的著述,这是时代特色。

这一时期的文学实践也展现出对语言问题的密切关注。当贺拉斯建议诗人们首先要润色他们的作品时,他不但是指要整理思想,而且恰恰也指如何运用语言去表达这些思想。西塞罗的表达艺术不仅是自然天成的天才创作,而且是有意识训练的结果。在奥古斯都时代,某些诗人的著作里直接可以看到对语言学理论的研究。他们在自己的诗歌创作中,运用当时语言学研究所揭示的词源来进行意味深长的暗示。

然而,公元前60—前10年间文学创作的最显著特点是它与希腊文学的奇特关系。只有这一时期的著作家们要求将希腊古典文学史上的某一著作或某一类著作和相应的罗马著作进行对照。这很可能是从卢克莱修开始,他的教育诗《物性论》(*De rerum natura*),就其文学形式而言是对恩培多克勒(Empedokles,公元前494—前434年,要知道他是当时被广泛阅读的古典作家)的《论自然》(Peri physeos)的改写。西塞罗的《论雄辩家》《论共和国》和《论法律》等对话都是模仿柏拉图的和可惜已经完全失传的亚里士多德(Aristoteles)的对话传统,并且他希望凭借自己的演讲成为罗马的德摩斯梯尼(公元前384—前322年),他不仅在思想内容上模仿这位伟大的希腊演说家,而且还具体引用其文本。他生命中最后那些年撰写的哲学著作主要不是为了将希腊哲学著作介绍到罗马(许多对希腊哲学感兴趣的人已经读过希腊文读本),而是要证明哲学问题也可以用拉丁语来阐释。维吉尔的《埃涅阿斯纪》就是罗马的《伊利亚特》和《奥德赛》,这有成千上万个结构和内容方面的证据。他的被称作《牧歌》的田园诗受忒奥克里托斯(Theokrit,大约公元前360—前320年)的启发,他的《农事诗》使人想到赫西俄德(Hesiod)的《工作与时日》(公元前7世纪上半叶)和我们未知的希腊典范。历史学家萨鲁斯特和古希腊历史学家修昔底德(公元前464—前400年之后)之间的关联是明显的。贺拉斯自诩将阿尔凯奥斯(Alkaios)和萨福(两人都生活于公元前600年)的伊奥利亚诗引介到罗马,并且还将自己的《长短句抒情诗》与阿尔齐洛科斯(Archilochos,约公元前650年)、希波纳克斯(Hipponax,约公元前540年)的著作相比。普罗佩提乌斯主要关于罗马建国传说的第四卷哀歌使我们想到卡利马科斯(Kallimachos,公元前305—前240年)的诗集《起源》(Aitia)。真正的罗马哀歌,尤其是普罗佩提乌斯《哀歌集》的前三卷和《提布鲁斯文集》(Corpus Tibullianum),在何种程度上是以希腊著作为原型甚或有相似的著作,这个问题直到今日都由于缺乏希腊文学史方面的知识而无法最终解释清楚。最近莎草纸的发现使得罗马哀歌同较古的希腊哀歌之间的文本关联,较之我们之前所认为的,很可能要更加紧密一些。李维同希腊著作家的关系比较松散,但昆体良仍然将他同希罗多德(公元前490—约前420年)并列。只有奥维德的著作(他的著作无论如何归不到任何传统）说不出任何希腊的"对等物"。不过出生于公元前43年的奥维德在时间上也差不多超出了我们这里的考察范围。

如果我们更明确地强调，这些作家绝不是在向罗马"输入"某种类型的作品，而主要是在进行个人创作，那么同希腊人进行的这场文化竞争的特点就会变得更加清楚了。贺拉斯如他自己所声称，不仅是第一个将伊奥利亚抒情诗和阿尔齐洛科斯的抑扬格引入罗马的人，而且也是它们的最后实践者。萨鲁斯特，往往被认为是罗马历史专题著作的创始人，但在这个方面他后继无人。奥古斯都时代最值得注意的诗歌类型也许是"爱的挽歌"，但在公元17年奥维德死之前早已经没有人再写了。奥维德是撰写"爱的挽歌"的最后一位作家。甚至西塞罗的哲学著作也首先是个人成果，而人们通常却认为他的这些哲学著作是将希腊哲学引入罗马文学。只是在几百年后才出现明显受西塞罗影响的著作。公元前1世纪与希腊古典著作家展开的这种竞争，不是文化由希腊转向罗马过程中的一个发展阶段，而只是这个时期的一种独特现象。

不过，古典著作家的这种竞争不仅仅局限于古希腊文学。就我们所能够考察到的一切（可惜由于糟糕的流传状况，资料远远不够），表明公元前1世纪的拉丁语古典著作家在多种多样的文本关联中，也会吸收公元前2世纪的希腊化文学和古罗马文学。维吉尔"改编"了阿波罗尼奥斯·罗蒂奥斯（Apollonios Rhodios）和恩尼乌斯的著作，贺拉斯模仿卢基里乌斯（Lucilius）的讽刺作品。文化史上的这个三位一体（Dreiheit）的参照（古希腊、希腊化和古罗马——译者注）至少可以用来说明奥古斯都时代的诗人。对于仍然受共和国最后阶段影响的较年长的著作家卢克莱修、卡图卢斯和西塞罗来说，古罗马文学作品很少再发挥典范作用。尽管如此，可以确定公元前80年到公元前10年这几十年间的一个共同倾向是，人们努力在罗马建立起结构上类似希腊古典文学典范的罗马古典文学典范。我们从西塞罗（例如，在他的哲学著作的前言中）、贺拉斯《歌集》或者奥维德《变形记》(*Metamorphosen*)那里获取的证据清楚地表明，这种努力是作家们有意为之的，他们希望为自己的著作赢得同希腊古典文学作品同样伟大的创作声誉。海德堡的拉丁语言学家、奥古斯都时期文学研究专家维克托·波舍尔（Viktor Poeschl）在几十年前已经强调指出，这些著作家试图维护自己作品的典范作用。最后属于那个时代文化领军人物的有西塞罗、贺拉斯和维吉尔，很可能还有卡图卢斯等人。为了进行自我宣扬，他们生前就认真编辑出版自己著作的"各版本"，甚至按照艺术原则去编排部分作品。亚历山大里亚的语言学家（第27页）努力为希腊著作家编辑"各版本古典作品"，他们则亲自为自己编辑"各版本古典作品"。西塞罗甚至在出版有关他任执政官那年（公元前63年）发表的演说和他的《反腓利比克之辩》(*Philippischen Reden*)时，在结构上模仿了德摩斯梯尼的两本演讲集。

在拉丁语言和文学方面所付出的努力，是对那几十年罗马文化更加彻底的自我反思的一部分，其重点是同希腊文化重新展开论争。如考古学家保罗·赞克（Paul Zanker）在他的重要著作《奥古斯都和图像的力量》中所言，这场论争始于公元前1世纪之交，罗马上层社会的希腊化，而终于重大政治转折即内战之后，一种将希腊和罗马联结起来的奥古斯都时代独特图像化语言（Bildersprache）的形成。我们需要注意从文化历史角度区分这个一直延续到共和国时代的过程本身，以及这个过程最终在奥古斯都文化中取得的内容上的表现。如果恺撒没有被谋杀，如果公元前42年反对恺撒谋杀者的腓利比之战或者公元前31年反对安东尼的阿克提姆（Aktium）海战完全是另一种结局，那么也许就永远不会出现奥古斯都文化。不过罗马同希腊的重新论争早在之前就已经开始。这场论争不仅涵盖语言领域，而且更加彻底。它的主要特点是罗马文化的自我反省，其最终结果是走向对一直以来占主导地位的希腊文化的独立。李维乌斯·安德罗尼库斯翻译了荷马的《奥德赛》，而维吉尔则想要取代《奥德赛》。他在著作中很少提及希腊的典范作品，这正是拒绝文化借鉴，积极尝试文化罗马化的标志。在本质上，西塞罗的修辞学著作不过是在尝试摆脱对希腊理论遗产的单纯接受而发展独立的罗马修辞学。西塞罗之后不久，奥古斯都时代的诗人们集中反思了自己的诗歌作品。他们或者如维吉尔和奥维德，以一种比喻的、有时只有博学的读者才能理解的方式进行诗学的反思；或者如贺拉斯，直接将诗学问题作为自己诗作的对象。除了亚里士多德的《诗学》，贺拉斯的《诗艺》是流传下来的最重要的古代诗歌理论著作，它出现在这一时期绝非偶然。甚至连罗马国家形式这个公元前1世纪中叶最重要的政治问题，也在理论上得到了详尽的讨论：除了西塞罗主要持保守立场的《论共和国》，还有恺撒在高卢军中一个叫奥卢库勒乌斯·科塔（Aurunculeius Cotta）的军官关于这个问题的著作，希腊哲学家菲洛德慕斯（Philodem）有关国家理论论文的残篇。这是他献给公元前58年的执政官、恺撒的岳父、他的主人和房东卡尔普尔尼乌斯·皮索（Calpurnius Piso）的。（菲洛德慕斯住在皮索位于赫库兰尼姆的豪华庄园里，今天加利福尼亚州举世闻名的保罗·盖蒂博物馆的主建筑就是这个庄园的复制品。）此外还有题为《三首领》的瓦罗的政治小册子，这很可能跟建立三巨头政治有关。

　　那么，对罗马文化进行重新反思的努力对于拉丁语的发展，其意义何在？为何拉丁语恰恰是在其发展的这一时期固定了下来？答案的获取很少是通过重建历史的进程，而更多地是要通过系统反思语言在当时社会建立起来的条件。

　　首先要强调的是，这里所说的一切语言和文学的进程仅仅指文学语言（自然是在极其普遍意义上，而不是在现代文学意义上）。至少，我们没有理由去假定有关语言和文学的讨论和罗马军事管理、民政、罗马帝国的交流系统，或者当时意大利、西班牙和法国南部迅速发展的民众的罗马化有直接关系。罗马的语言问题是一个小小的精英圈的事情，他们重视的是精细的风格，以及与希腊语并列的拉丁文学语言的建立。正因此，相比公元 16—17 世纪由西班牙、法国和英国国王发起的作为政治权力表现的语言标准化进程，这个问题在精神实质上更接近于 16 世纪同样以文学语言为目标的意大利语言问题。

第二点需要说明的是，古典著作家的文学拉丁语绝没有带来某种不同于民众语言的、人为的语言。现代关于拉丁语的说明，尤其是那些非拉丁语言学家作出的说明，偶尔会认为拉丁语是人为的语言。在这样一种观念背后是自 19 世纪才提出的现代观念："真正的"语言只可能是没有经过规范化的民众的语言，以及拉丁语不是一种"自然的"语言这样的历史经验。就公元前 1 世纪古典时期的情况而言，这种说法是绝对错误的，尽管当时罗马的诗人圈表现出某种深奥的倾向，但西塞罗和恺撒想要培养的语言是绝不能同民众相分离的自然语言。事实上，如果一个罗马演讲者在元老院、法庭，或者在公民大会上想让人信服自己，那么建立语言障碍就是不利的。西塞罗对公民的演讲和他的其他著作一样都是"古典的"。

但即使我们假定古典作家的拉丁语就意识而言是"自然"语言，而且就其作者的意志而言也必然如此，语言的固定化还是完全无意的，可以说是自然而然地从古代交流环境中产生出来。换言之，建立一种与希腊语享有同等地位的作家语言的尝试，不可避免地带来了拉丁语的固定化。

前面已经讨论过（第 27 页及之后几页），西塞罗时代希腊语已经是一种主要内容固定几百年，并且具有多个文学中心的语言。在这个广阔的空间里，语言的统一是由于在文学中书面保留下来的语言基本形式，经由学校教育在一切领域永远确立下来。在古代的交流条件下，一种文学语言根本不可能在狭小的地区之外拥有影响力，并在不同世纪的文本中流传下来。自公元前 1 世纪兴起的雅典语风运动，带来了更加统一的、更多领域语言材料的、更加广泛的标准化，并且加深了公元前5—前4世纪的古典著作家的典范作用。希腊的雅典语风源于罗马，以及公元前40年罗马的一小群拉丁语演讲者要求成为"雅典语风者"，这些事实提出了一个至今仍未最终解答的问题，即古典拉丁文学语言的产生与这一进程有何种关系？

在罗马建立起与希腊文学规则势均力敌的拉丁语文学规则，这个要求自然暗含着这样的观念，即在拉丁语中，语言标准和文学的关系能够而且必须完全像在希腊语中一样发挥作用。古典文学作品是被广泛阅读的著作，甚至是在说其他语言的地区，即便在这期间，民众的语言发生了变化，这些著作几百年后仍然被阅读。古典文学作品还是人们在学校借以学习书面语言的著作。这是希腊人的经验，而罗马人如果想要效仿，自然就暗含着要发展语言。当西塞罗努力完善拉丁语时（尤其在他的修辞学著作《论演说家》的许多段落中都有说明），不言而喻，他必然是从罗马上层社会使用的活语言出发的。但西塞罗以演说家德摩斯梯尼为直接榜样，把自己的演说作为典范出版，并且努力在罗马取得像德摩斯梯尼在希腊所具有的重要意义，由此他开启了一个进程。这个进程最终使得罗马上层社会以西塞罗的语言为准则，而不是演讲者以罗马上层社会的语言为准则——正如希腊人以德摩斯梯尼和其他雅典语风者为标准来培养他们的修辞学和语言。这就是公元前1世纪的关键性转折点。文学为完美拉丁语确立准则，古典著作家对于这一结果是否清楚，这是值得怀疑的。不过，拉丁语的固定化是在建立旨在取代希腊文学规则的拉丁语文学规则过程中不可避免产生的。

让我们对比一下在希腊和在罗马固定化标准语言的起源，那么其差别就会更加清楚。公元前5—前4世纪，雅典的古典著作家并不是为了给一切时代确立古希腊语言标准而写作的。就整个欧洲精神史来看，悲剧和喜剧、历史著作、演讲和哲学著作都是未曾预见的奇迹，这些著作被奉为典范，以及作为语言标准的典范作用是更晚阶段的事情，是由亚历山大大帝以来希腊政治的发展而确立下来的。相反，罗马古典文学写作从一开始就是有目的的，即要再次实现希腊奇迹，成为希腊文学之后的典范，由此与希腊典范具有同等地位。罗马古典文学取得如此辉煌的成就，以致欧洲两千年来都深受其影响，这实际要归功于罗马古典著作家们的天赋。对古典语言之美的赞美——这是斯特罗重点提出的——就事实本身而言是完全有理由的。但这恰恰不是没有前提的奇迹，而是——在公元前1世纪罗马文化和政治的广阔而引人入胜的背景下——对一个问题，即罗马的语言问题的回答。

拉丁语作为有教养阶层的语言和罗曼语言的产生

后来被称作"古典时期"的公元前1世纪中叶的几十年，是罗马文化史上的转折点，这一点之后立即就被认识到，尽管像希腊那样跨地区的正规语言教学可能要到公元3世纪末才形成。拉丁语仍然是罗马城的语言，它的居民明白在罗马街上说的拉丁语本来就是他们的语言。但拉丁语的历史十分清楚地表明，拉丁语从这时起是一门固定的语言。屈折形式和主要句法构成，除了微小的变化外，已经达到今天一切拉丁语语法教学所讲授的那种形态。自公元1世纪以来，再也不可能根据作品的语言形态来大致确定它的写作时间。历史学家库尔修斯·鲁弗斯（Curtius Rufus）撰写过有关亚历山大大帝历史的书（绝非罗马文学史上无足轻重的著作，直到公元19世纪甚至在学校中还很受欢迎），他的生活年代认定，被今天的学者从公元1世纪推后到公元6世纪。《维纳斯不眠之夜》（*Pervigilium Veneris*）的写作日期仍然无法确定，这是一首关于维纳斯（Venus）女神非常优美的诗作，在一部诗歌集中匿名流传下来。以昆体良的名字保存下来的所谓《伟大的雄辩术》（*Größeren*

Deklamationen）是一部讲授修辞学教育的著作，今天一般而言也无法确定它的具体写作时间。

同时应该注意到，西塞罗之后的几十年，文学活动和语言教育在罗马上层社会——他们由于新的、类似君主制的国家政体而失去了相应的政治权利之后，有更多的时间从事该项活动——赢得了重大意义。西塞罗在《论演说家》中还不得不进行根本性辩护的正规修辞学教育，现在对于上层社会人士来说则成为必需的；正规的训练，所谓的"雄辩"在上层教育中起着重要作用。哲学家塞涅卡的父亲，演说教育家老塞涅卡（约公元前 55—公元 40 年）流传下来两本摘录集，从中我们可以洞悉西塞罗死后不久、奥古斯都晋升之交，修辞学训练看起来是什么样的。一个世纪之后，小普林尼（约公元 61 年—公元 117 年之前）在他的书信集中展现了当时的社会图景，其中修辞学训练和风格化书信的撰写完全成为身份的标志。文化意识中的这一转变在公元 1 世纪末，修辞学教育家昆体良的著作中表现尤其明显。他的广博的《演说术原理》（*Institutio oratoria*）不仅在狭义上是演说技巧指南，而且是全面的语言培养计划——对希腊语-拉丁语两种语言统一的培养。早期教育就以新生儿必须交给发音正确的乳母来照顾为开端，进一步的语言训练主要基于阅读典范的文学读本。昆体良首先为男孩选择了读本类型，然后在第十卷中对希腊罗马文学史作了全面的概述。这个概述显然不是以著作在内容上的价值，而是以这些著作是否能够成为语言典范为指导的。

西塞罗死后到《演说术原理》的撰写，这 140 年之间，对于西塞罗语言的流传没有起到任何作用。我们必须从西塞罗往后退 140 年到公元前 3 世纪的上古文学时期，以便清楚地认识这一事实在语言史上的意义。相反，昆体良认为西塞罗的著作是完美拉丁语的绝对典范——"谁喜欢西塞罗就应该知道他已经取得了伟大的进步"。不过，昆体良还坚持认为，语言的使用必须基于活的语言共同体，他甚至拒绝以过去的语言为指导。但他显然不认为这种现实的语言使用是源自一般罗马民众,而是来自博学之士的共识(consensus eruditorum),也就是来自有教养阶层的共识。但这种共识是通过文学的和修辞的培养产生的,而这又要以西塞罗和维吉尔的著作为基础。这反映出社会身份同语言的关系发生根本性变化。西塞罗时代还强调拉丁语教育很可能伤害一些对文学还不是很了解的高贵的罗马人。几代之后,掌握正确的拉丁文学语言的能力则成为高贵地位的标志。这种高贵地位不是生来就有的,或者是家庭的社会地位带来的,而是通过语言培养取得的。因此,在罗马,通过学校教育培养出来的语言能力就成为赢得社会声望的要素。拉丁语实质上为古代晚期罗马帝国的社会上层赋予了身份价值。此时在罗马,拉丁语散文尤其是演讲术第一次不仅被罗马人,而且也被来自帝国偏远地区的著作者们拥护——塞涅卡父子和昆体良都来自西班牙,大小普林尼都来自科摩,塔西佗(约公元55—120年)可能也来自意大利北部,甚至有可能来自高卢——这表明这时不再仅仅是首都的"母语使用者"掌握高水平的拉丁语。

有教养阶层语言的确立必然引起的一个后果是,它与民众的日常语言的差距越来越大。当然,拉丁语一直是多样化的:在城市和乡村之间的语言差别,在不同民众阶层之间的语言差别,在不同交流环境下的语言差别。现代语言学所使用的细致划分社会语言的整个谱系在古代罗马就已经有了,而且不管文学语言还是社会精英阶层的语言,都不同于民众语言,在这个意义上,"通俗拉丁语"在罗马也一开始就存在。但现在一个新的因素产生。第一次有障碍阻止在民众语言中出现的变化被有教养者采纳。由此固定的拉丁语和罗曼诸语分道扬镳的进程最终展开。一开始这个差别并不是很大——也许不像今天在法国、捷克或者芬兰这些国家中,文学语言和日常语言之间的差别大。但这个差别不断加大。流传下来的不多的文献使我们对这种通俗语言(其文学形式没有流传下来）有所认识，并由此得出结论：向罗曼语言的发展很早就开始了。在庞贝古城维苏威火山灰中保存下来的墙壁上的铭文，已经记载了公元 79 年之前没有受过教育者的即兴之作，预示了罗曼语言的发展。例如，介词 cum 从最开始到古典时期只有夺格，这时建立起了宾格（cum iumentum, cum sodales），由此暗示了拉丁语变格体系后来的缩小，或者把完成形式 -avit 写成 -aut，在古代 au 就发 o 的音，这差不多带来了后来意大利语的过去形式 -ò（正如 curò"他曾关心"）。

衍生出罗曼诸语的日常语言（Spontansprache），其发展历程一百多年来都是罗曼语言文学研究的重点。近几十年，除了狭义上的语言史问题——变格体系的缩小和冠词的出现等等——社会语言问题逐渐成为关注点。在诸多研究者中有代表性的是约瑟夫·海尔曼（Josef Hermann）、米歇尔·巴尼亚特（Michel Banniard）、赫尔穆特·吕特克。可惜这种研究至今无法与以公元 1—2 世纪的文学语言和教育文化为对象的古代文化研究相协调——于此而言，这实际是直接的补充现象——这里还需要大量的材料进行跨学科的研究。

在此背景下需要指出尤其重要的一点是，自公元 1 世纪以来，著作家的语言形式越来越多地表现出个体的结构特点，并且展示出同日常语言（Alltagssprache）的有意分离。有研究者干脆说日常语言是一种"禁忌"（Tabuisierung）。然而，这不仅是词语选择的问题，而且还指示出了对后来拉丁语历史具有根本意义的发展，即后古典时期，自然的日常交流用语在拉丁语文学中不再出现，而这之前则是完全书面化的：不考虑语言的一切风格化，公元前 2 世纪前半叶普劳图斯和泰伦提乌斯的喜剧作品，已经是日常惯用语和使用未规范语言自然交谈时轻松语调的重要来源。西塞罗书信中的许多段落，同样也让我们看到他和他最亲密的朋友之间实际大概是如何谈话的。他的哲学对话的许多片段虽然有点风格化，却仍然忠实地再现了实际的交谈过程。最后，贺拉斯的书信和讽刺作品也不仅包含许多会话体措辞，而且其整个艺术风格和遣词造句都明显受到日常用语的影响，尽管无疑经过诗意的改写。不过自西塞罗之后，对话用语就从文学作品中消失。因此，一切重构或者是上溯至公元前1世纪中叶的文本，或者是追溯到之后无意中使日常用语准则表露出缺乏技巧的写作者。只有公元1世纪后半叶佩特洛尼乌斯（Petron）的小说是个特例，小说以个体对话的日常用语风格来具体表现角色的特点。

语言的这种片面性不单是遣词造句和风格的问题，同样是交流环境的问题。通过进一步仔细考察，我们可以确定，自这一时期起，拉丁语文学几乎再没有出现过鼓励使用随意的日常交流文风的情况。在西塞罗的很多书信里是假设了德语中亲切的"你"，而在普林尼的书信中，人们则感觉更适合"您"这一称谓。之后的整个拉丁语文学差不多都是这种情况。这使人很容易想到罗曼语言文学专家科赫和奥斯特莱克在"近语言"（Nähesprache，与亲近之人的自然交流）和"远语言"（Distanzsprache，与陌生人的交流、官方交流等等）之间作出的区别。拉丁语越是变为有教养者的事物，越是远离自然语言甚至上层社会，它反而与社会表现、官方交流以及成为正确语言的要求之间的联系越紧密。如果出错就会使自己出丑，在拉丁语言历史上如此典型的这一担忧实质上开始于这一时期。语法上完全正确的拉丁语成为"远语言"，而且在书面上和口头上都是如此，因为毫无疑问，有教养的精英也要去说这种在语法上得到加强和规范的拉丁语。

将正确而完美的拉丁语还原到"远语言"的交流环境中是欧洲拉丁语言史上最重要的发展。因为它根本不是历史文化语言发展中必然会产生出来的，所以更加值得注意。罗马上层社会说从学校习得的拉丁语，但也可能用正确的拉丁语进行自由的日常交流，这在根本上是可以想象的。后来欧洲民众语言的标准形式完全也是这样。欧洲醉心于法语、英语和德语等语言正确性的精英们无疑过去能够，现在依然能够以他们各自的标准语言去娱乐、谈恋爱和争吵，而无须诉诸于方言或者通俗语言。我们当然不知道罗马精英们当时实际是怎么交流的。无论如何，在他们的文学作品中，自然的"近语言"不再是当然之事。值得注意的是，公元2世纪雅典语风的鼎盛时期，在琉善（Lukian）的著作中发现了用希腊语（在走向文化语言之路上早于拉丁语几百年）成功模仿"近语言"交流情况的文本。当然这不是使用日常语言进行表达，而是在展示处理学术性语言材料的精湛技巧。但大量希腊日常用语表达保留了下来。语法课堂上讲授的标准语言被极度简化为"远语言"显然是拉丁语的特点。这种特点在古代晚期继续存在，甚至延续到中世纪。除了极其少数的例外，日常拉丁语先是在文艺复兴时期的《对话小册子》中，然后又在大量的拉丁语惯用语著作中才变得重要起来。直到鹿特丹的伊拉斯谟（1466/7—1536），才完善了古拉丁语喜剧作品和西塞罗作品中文雅对话的风格，正如琉善为希腊语所做出的这种贡献。

2.4 从公元1世纪到3世纪的希腊语-拉丁语双语制

整理后古典时代的拉丁语文献（不管是流传下来的作品，还是失传作品）得出一个奇怪的结论：文学史分裂为两个几乎互无关联的时期。继共和国晚期至奥古斯都早期的文学作品高产阶段之后，大约公元50—120年是文学作品的第二个高产时期，塞涅卡、塔西佗、普林尼和苏埃托尼乌斯（Sueton）以及诗人马提亚尔（Martial）、卢坎、佩尔西乌斯（Persius）、斯塔提乌斯和尤维纳利斯（Juvenal）都属于这一时期。在这两个鼎盛期中间有一个小小的停滞期，在此期间没有多少拉丁语文学作品出现，尽管我们确实知道少许作家和作品。比如维莱伊乌斯·帕特尔库鲁斯（Velleius Paterculus）的历史学著作，或者之前已经提到的修辞学教师、哲学家塞涅卡的父亲老塞涅卡的修辞学摘录，都属于这一时期。但自塔西佗之后的拉丁语著作越来越少。约公元 100 年讽刺诗人尤维纳利斯之后，诗歌创作大体上暂时终结。一些在古代已经被看作是不重要的公元 2 世纪的诗人，被称作 poetae novelli（近似于"新派蹩脚诗人"），似乎只留下了艺术试验品。散文体创作方面，在公元 2 世纪到 3 世纪早期，只有一种类型是真正生机勃勃的，即法律著作。罗马法律的主要成就产生于这一时期，它通过古代晚期的法律汇编《狄奥多西法典》（*Codex Theodosianus*）和《查士丁尼法典》（*Codex Iustinianus*）一直影响到现代的法律实践。此外，公元 2 世纪的拉丁语散文体著作家也非常少。我们首先还能说出的几个比较熟悉的名字有：弗洛鲁斯（Florus）、格里乌斯（Gellius）、阿普列乌斯（Apuleius）和弗朗托（Fronto）。公元 2 世纪末，拉丁语文学最终走向终结。公元 3 世纪初，塞索里努斯（Censorinus）《关于生日》（*De die natali*）的小册子是一个孤独的落伍者。从这时起，经公元 3 世纪整个中叶一直到公元 284 年戴克里先（Diokletian）执政，实际上再没有拉丁语文学作品出现。只有基督教文学的情况比较好，这一时期的著作家有米努西乌斯·菲利克斯（Minucius Felix，大约公元 2 世纪）、德尔图良（Tertullian，约 200 年），最后还有西普里安（Cyprian，死于 256 年），也许还有康茂德安（Commondian），虽然他的生活年代是否是公元 3 世纪一直有争论。然而这些著作家们大多不是生活在罗马，这在拉丁语文学史上是前所未有的事。拉丁语文学的中心由罗马完全转移到北非，弗朗托（约公元 100—约 176 年）和阿普列乌斯（大约生于公元 125 年）就来自这里。

拉丁语文学史上这一惊人的中断（不过，这一点是近几十年前才由于拉丁语言学家曼弗雷德·富尔曼而被人们意识到），一个主要原因自然在于公元 3 世纪是一个伟大而艰难的转换期。这一时期是陷入"帝国危机"，还是仅仅陷入困境，这个问题一直在被讨论，这里先不考虑。

从公元234年到284年这半个世纪里，罗马内政方面差不多更换了24个皇帝，其中多数是被谋杀的；外政方面，帝国许多边境都遭到进攻，不过从未威胁到帝国的状况。对于德国早期历史而言，在这几十年间，罗马帝国的边界防线被取消，罗马帝国东到莱茵河、北到多瑙河的霸权结束，德国由此摆脱了罗马帝国三百多年来的统治。

在如此混乱的时代，显然无法期待文学和文化繁荣发展。但外在的历史对此也无法提供充分的解释。首先，拉丁语文学并不是随着公元3世纪的危机才消失的，而是在罗马皇帝哈德良（Hadrian，公元117—138年）、安东尼乌斯·庇护（Antoninus Pius，公元138—161年）和马可·奥勒留（Mark Aurel，公元161—180年）统治时期，也就是在那些经济繁荣和政治稳定时期，已经逐渐走向消亡。此外还需要注意的是，拉丁语文学创作能力的丧失并没有同样影响到希腊文学创作。在奥勒良（Aurelian）皇帝的统治下，罗马于公元275年为了反对蛮族部落的进攻，几百年来第一次修建了城墙，而正是在这一年罗马城出现了普罗提诺（Plotin）的伟大著作，由此揭开了柏拉图主义历史上的新篇章。希腊历史编纂学著作也因为赫罗狄安（Herodian）而一直到公元3世纪都有出现。

曼弗雷德·福尔曼已经指出，不考虑希腊文化就无法解释拉丁文学和语言的奇特发展。我们必须清楚，当公元2世纪罗马帝国领土扩张到最大时，语言管理非常特殊。在帝国东部，世界语言希腊语仍然是第一语言。尽管拉丁语对于帝国管理是不可或缺的，并且许多希腊人学习拉丁语且阅读拉丁语文学著作，例如普鲁塔克（Plutarch），但是口头语言和书面语言当时是并且一直是希腊语。相反，在帝国西部，因此也包括罗马城本身，精英们无一例外都掌握拉丁语和希腊语两种语言。有教养的罗马人甚至是受双语教育长大的，昆体良广泛推荐（今天的双语教育也是这样推荐的）在罗马城并非首要口语的希腊语应该作为学校教育的优先语言。自公元1世纪中叶以来，罗马对希腊总体而言明显持更加肯定的态度；哈德良皇帝亲希腊的态度是人所共知的。希腊语言文化和拉丁语言文化这时至少对于帝国西部教育来说是统一的，而且两种文化相互渗透，以至于在现代研究中已经提出"希腊-拉丁语言联盟"（griechisch-lateinischen Sprachbund）。古典语言学者阿尔布雷希特·迪勒写有专著《帝国时期的希腊语言文学和拉丁语言文学》讨论这个问题，因为他认为，在这个时代，独立的希腊语言文学或者拉丁语言文学根本是不存在的。我们知道的公元2世纪的重要拉丁语著作家，像弗朗托或者阿普列乌斯，其实他们同时写希腊文和拉丁文著作。

公元2世纪以后，拉丁语文学的消失也必须归入这种文化背景中。显然，西塞罗及其同时代人尝试建立起与希腊文学对等的独立的罗马文学，并由此取而代之，这一努力没有取得预期的成功。拉丁语作为文学语言只能部分取代希腊语，公元1世纪时，相对于拉丁语，希腊语似乎又赢得了发展。这在与希腊有着特别联系的哲学方面最为显著。西塞罗为拉丁语开辟了哲学道路，这个被一再提出的观点并不十分正确。在西塞罗时代以及西塞罗之后，瓦罗、恺撒的谋杀者布鲁图斯和历史学家李维也都撰写过哲学著作，不过关于其内容我们几乎一无所知。但接着即使在罗马，哲学又回归希腊语。公元1世纪中叶，罗马人穆索尼乌斯·鲁弗斯（Musonius Rufus）和阿奈乌斯·科尔努图斯（Annaeus Cornutus，讽刺诗人佩尔西乌斯的哲学老师）以及在罗马长大的弗里吉亚人爱比克泰德（Epiktet，穆索尼乌斯的学生），都用希腊语写作他们的哲学著作。有影响力的希腊哲学家虽然主要都生活在罗马，但是他们不接受拉丁语。公元1世纪中叶塞涅卡的哲学著作是一个例外现象，因为它们是用拉丁语撰写的。一百年之后罗马皇帝马可·奥勒留用希腊文写作他的《沉思录》，这不是对希腊人表达特别的敬意，而仅仅是当时罗马人的习惯做法。

此外，希腊文学也处于繁荣时期。普鲁塔克和普鲁萨的迪昂（Dion

von Prusa)〔由于他精湛的语言技能，被称作"赫里索斯托莫斯"（Chrysostomos），即"金嘴"〕是公元100年前后的著作家。公元2世纪的著作家有琉善、伽林（Galen）、埃利乌斯·阿里斯提德（Aelius Aristides）、阿皮安（Appian）和阿里安（Arrian），公元3世纪的著作家有阿特纳奥斯（Athenaios）、菲洛斯特拉托特（Philostrat）和赫罗狄安。他们的作品单就篇幅，已经超过从荷马到希腊化时代结束流传下来的所有希腊文学作品许多倍，并且深深地影响着后来欧洲精神史的发展。希腊文学作品是多产的，而罗马日益成为它的中心。公元1—3世纪，我们知道姓名的150多位希腊语著作家中，有40%以上都被证实在罗马居住过，而且其中有不少在几年或者几十年的创作时期都是在罗马度过的；对那些被证实与罗马城没有任何联系的著作家，我们则往往一无所知，即使他们可能在罗马城工作过。在希腊语著作家中有一些并非希腊人，如来自高卢阿尔勒的演说家法沃里努斯（Favorinus，公元2世纪），他的著作还有一些传世。至少在狭义的文学领域，罗马帝国广泛的通用语是希腊语而不是拉丁语。

希腊重新占据统治地位可能有其政治的和文化的原因，这里不做进一步考察。但如果不考虑拉丁语和希腊语的不同状况，那么这种统治地位就是不可理解的。在公元1世纪，尤其是2世纪雅典语风鼎盛时期，希腊语是一种有着固定标准的语言，在整个大罗马帝国的学校里都在传授这种标准。通过一种以古典希腊文学为讲授重点的标准化课程，这一语言得以在罗马以及其他无数城市被习得；而说阿提卡希腊语的本土人早已灭绝，希腊语成为一种历史文化语言。拉丁语还没有达到这个水平，尽管它已经在朝这个方向发展。拉丁语仍然不是一种跨地区的语言，而仅是罗马城的语言。公元1—2世纪的著作家们，如塞涅卡、斯塔提乌斯、佩尔西乌斯、尤维纳利斯、普林尼、塔西佗、苏埃托尼乌斯等人虽然不是土生土长的罗马人，但他们的创作高峰期主要都是在罗马。尽管帝国各个地区都有拉丁语学校,但是在罗马城和罗马城外不可能学习到同样"好的"拉丁语,在迦太基或米兰的居民与在罗马城的居民,其拉丁语言能力也是无法相比的。公元2世纪随着阿普列乌斯和弗朗托的出现,著作家们才不再完全聚居于罗马。

另外,如果说上面提到的著作家有某种共同之处,那就是他们风格的多样化。恰恰是在较晚期的著作家那里——由塔西佗开始,在弗朗托和阿普列乌斯身上尤其明显——还可以看到对语言有意的夸张改造,这表现在大胆的新词创造和对句法的极端扩展(并不改变句法规则)。西塞罗绝不再具有明显的优先地位。某个著作家如果在自己的书信中以西塞罗的风格为典范,甚至会因为这种古老的风格而遭到指责。公元2世纪,古典之前的(vorklassische)拉丁语文学,尤其是老加图(公元前234—前149年)的散文赢得了新的意义,它是带有悦耳动听声音的、讲究的古拉丁语的来源。但这只关系到色彩效果,而不涉及贯穿始终的典范风格。那么,著名的拉丁语文学家爱德华·诺登(Eduard Norden,1868—1941)一直以来的解释,即这是要回归结构上可比拟雅典语风的古典语言,今天就不再可信。文学领域表现出来的多种多样的语言现象,不如说是由于拉丁文学语言摆脱了民众的日常语言,而成为由文学组成的人为的创作品。不过,拉丁语还没有成为完全独立于地域,拥有全帝国统一标准的语言。虽然现在希腊语和拉丁语之间的关系不再是世界语言和地方方言这样的对立关系,但它们之间依然存在着地位的差别:希腊语具有为整个帝国所接受的标准,而拉丁语则仍在为之努力。罗马人更容易接受这种说法,因为希腊语——人们总归掌握了这门语言,可供如此使用。原因和结果在对立中如何互为条件,人们的看法可能不同;但不管怎样,在罗马这个严格的双语空间,两种语言几乎成反比例交错发展。

然而,这种情况唯独与文学语言相关,这点非常重要。对于文学语言来说，标准化问题和准则问题由于文本的复杂性及其强烈的美学要求，具有特殊的意义。我们绝不能说拉丁语当时在罗马之外不起任何作用。相反，我们认为罗马帝国某些核心地区民众的罗马化是在西塞罗之后才完成，并且拉丁语在整个帝国的军事和民政管理中被广泛使用。下面的事实尤其清楚地证明了这一点：公元2世纪拉丁语文学衰败，拉丁语历史编纂学、修辞学理论以及演说术几乎不复存在，而这一时期却是罗马法学的繁荣期。正如今天经常看到的，语言的功能划分显然形成。当时贝瑞托斯（今天的贝鲁特）著名的法学学校堪称拉丁语小岛。从整个罗马帝国来看，日常生活管理是由拉丁语来完成的，而修辞学训练或者文学则是以希腊语为先。

从公元2世纪中叶到3世纪末，拉丁语文学的这种惊人的"空白"得出这样一种结论：由西塞罗到贺拉斯这一古典时期，以如此独特方式彰显出的文化上罗马化的努力，一开始并没有达到人们期望的显著成果。建立与希腊古典文学法规并列的罗马古典文学法规的这场竞争，并没有能够真正取代希腊古典文学法规本身，哪怕是在将希腊语作为第一文学语言的帝国西部。

但是这时罗马帝国的一部分地区脱离了这种发展。从迦太基一直到今天摩洛哥的北非西部，自公元2世纪末成为罗马帝国实际唯一产生拉丁语文学的地区。来自非洲的著作家，之前有阿普列乌斯、弗朗托和格里乌斯，之后有基督教作家米努西乌斯·菲利克斯以及约公元200年的德尔图良。最后在公元3世纪，当帝国其他地区的文学创作完全停滞，非洲仍然有基督教作家西普里安，他于公元258年殉道，（也许）还有康茂德安。即使古代晚期在戴克里先统治下（自公元284年）帝国开始改革之后，北非在拉丁语文学史上仍然发挥着突出的作用。拉克坦提乌斯（Laktanz，约公元250—325年）和奥古斯丁（Augusitnus，公元354—430年）都来自北非，奥古斯丁生命的后半段作为希波主教

（Bischof von Hippo）也是在非洲度过的。

文学史和语言史早就开始研究非洲的独特地位。虽然今天人们不再相信曾经存在独立的"非洲"古典拉丁语和文学，但我们无疑有理由认为，在我们考察的这个时间段里，北非绝对是一个经济和文化繁盛的地区，而且公元 3 世纪，帝国危机前最后一个伟大王朝的建立者塞普蒂米乌斯·塞维鲁（Septimius Severus，公元 146—211 年）也出生在北非。在危机四伏的公元 3 世纪，罗马帝国皇宫内的谋杀阴谋，以及日耳曼边境防线的斗争都远离非洲，因此那里的文化生活没有受到什么影响，这种说法是完全正确的。

不过，如果我们现在来看看那一时期的希腊—拉丁语言史，那么除了这些毫无争议的正确理由，我们还可以更加准确地指出真正的问题所在。因为，北非人是否是更加有才华的文学家，或者经济的繁荣是否更加有利于文学的兴起，这些根本都不重要。真正的问题在于语言方面：我们必须看到，自公元 2 世纪以来拉丁语在文本中的使用，在北非远比在意大利本土范围广大。为什么会出现这种情况，不考虑这个地区实际的语言状况是无法做出判断的。非洲的这一地带实际上地位特殊：除了地处边缘，它也是后来西罗马帝国民众唯一没有彻底罗马化的地方。这是我们根据伊斯兰教引起的变化能够作出的判断。我们甚至知道，古迦太基人马戈（Mago）的农业著作，一共包括 28 本，甚至被翻译为拉丁语，而且古迦太基书面语一直到古代晚期几乎都在使用。与此同时，在北非西部没有希腊人的殖民城市，因此也就没有说希腊语的民众。那里的人们有关希腊语言和文化的知识都是在与希腊的直接交流中，以及希腊—罗马双语的学校体制中获得的。即使人们必然会假设在大城市的语法学校里会有希腊语课程，但完全可以想象，不同于在意大利和高卢的情况，在非洲没有同样地兴起希腊语—拉丁语双语文化热潮；不同于帝国其他地区，拉丁语在这一地区各个阶层的交流中都具有重要意义，由此成功地被确立为民众的第二语言。作为由恺撒新建立起的、有人口定居的强大权力中心，作为可以说是首个人为建立起的外部文化中心，迦太基对罗马帝国的作用是否如同五百年前亚历山大里亚对希腊世界所起的作用？从语言史的角度来看，这个问题直到今天都没有得到解决，值得进一步深入研究。

2.5 古代晚期

新时代的开始：拉丁语成为世界语言

今天普遍认为，随着公元284年戴克里先执掌政权后发起的帝国改革，一个新的时代开始了。这个时代不能简单地理解为没有独创性的罗马帝国晚期阶段，而是需要做独特的考察。表面上看，它是在紧紧追随遥远的古代罗马，实际上，它所发展出的文化在许多方面都是创新性的，预示了后来欧洲的发展。

拉丁语言和文学尤其如此。在最终经过一百多年的停滞后——这在意大利的拉丁语文学中有记载，恰恰是在戴克里先的统治下，拉丁语文学重新开始蓬勃发展。事实上这远远不只是蓬勃发展：古代流传下来的所有拉丁语文本，大约有80%出自公元3世纪晚期至公元6世纪中期。因此在历史悠久的《古代文化研究手册》中，新版的拉丁语文学史有充分理由将古代晚期的时间界限准确地划定为公元284年。

古代晚期的文学在主要方面都不同于之前的一切文学。首先，它现在经常表现出以古代语言为标准，而且主要是公元前1世纪作家数量不多的古典主义典范，首先是西塞罗和维吉尔，然后是萨鲁斯特、贺拉斯、李维以及（后面还要谈到的公元前2世纪的例外）泰伦提乌斯。基督教护教论者拉克坦提乌斯在约公元 300 年致力于模仿西塞罗的语言，以致得了绰号"基督徒中的西塞罗"（Cicero christianus）。几年之后，圣经诗人尤文图斯（Iuvencus）则主要改编维吉尔的作品。拉丁语不再展示出从塔西佗至阿普列乌斯期间所具有的多样化个体风格。就古代晚期伟大著作家作品的整体状况来看，不再有独特的语言，至多带有一些风格特点。

其次，拉丁语言和文化不再主要集中在罗马，而是分布在帝国各个地区。这自然主要是帝国权力不断分散的结果，罗马在大约公元 2 世纪就已经开始失去其重要地位。戴克里先推行的将权力分散给四个摄政王，即"四帝共治制"以及由此开始的东西两帝国的划分，使得米兰、阿奎莱亚、在凯尔特地区建立起的特里尔［奥古斯塔·特雷维尔姆（Augusta Treverorum）］和东部的尼科米底亚四个城市同罗马并列，取得了帝王府邸的职能。戴克里先的继承者君士坦丁大帝（Konstantin der Große，公元 306—337 年在位）于公元 330 年重新将博斯普鲁斯海峡边上的古希腊城市拜占庭建立为"君士坦丁堡"，把它装饰得富丽堂皇，由此使得它一千多年来都是地中海东部地区最重要城市，并且成为后来东罗马帝国的中心。其他北非城市，如古迦太基或者因其海港而变得重要的拉文纳城在文化和经济方面也经历了巨大的发展，高卢地区的城市波尔多（Burdigalum）——公元 4 世纪诗人奥索尼乌斯（Ausonius）曾在这里生活——里昂（Lugdunum）和欧坦（Augustodunum）成为重要的文化中心。这时，一直主要以罗马为中心的拉丁语文化第一次成为真正意义上的多元中心。

这是拉丁语发展成为完全独立于活的语言共同体的历史文化语言最后的关键一步，正如几百年前希腊语的发展。公元 4 世纪中期，奥古斯丁在古迦太基完成修辞学教师培训后，很快就在罗马找到了工作，在非洲繁盛的文化历史背景下（见第 81—82 页），这非常清楚地说明，罗马人不再对拉丁语占有优势地位。即使自17世纪以来对语言的标准化投入很多精力的法国人，在19世纪也没有委任过来自法国在北非殖民地的法语语言和文学教授到巴黎大学任教。如果要同希腊语进行比较，那么古代晚期拉丁语的发展同希腊雅典语风的兴起最接近。雅典语风以同样方式对希腊语进行明确的标准化，重点是制定严格的古典法规，并且带来可以说是整个帝国统一的教育活动，而另一方面，没有受过教育的民众，其通俗语言则日益与此偏离，并由此逐渐出现了弗格森意义上的双语关系（参见第30页及之后几页）。

这也许是一百年的发展中一开始没有被注意到的一步，其意义怎么评价都不为过。确切地说，拉丁语这时才成为一种世界语言。在谈论希腊语言史时已经强调过（见第29页及之后几页），标准语言固定下来变得不可改变的关键一点是，不同的相互分离的交往中心的存在，其中没有一个中心再有资格去建立一个普遍有效的语言规则。从现代经验世界出发，尤其可以同近来在各自社会环境里经历了类似发展的两种语言（英语和西班牙语）进行比较。这两种语言同拉丁语一样，都是在经历几百年后才于某个中心地（伦敦和马德里）固定下来，并且在这里建立起具有固定语言标准的独特的文学文化（literarische Kultur），然后在后期阶段发展出多元中心的文化状况。

英语作为不列颠帝国的语言，在19世纪已经是一种在世界范围内被使用的语言，并且在差不多和今日一样的那些国家里作为第一语言或者最重要的第二语言使用。不过，当时不存在全球语言标准问题，因为在关乎什么是"好的"英语这个问题上，英国尤其大都市伦敦是终审机构，这是无可争议的。不属于英帝国的美国同样说英语，它当时对于语言史还不是真正至关重要的因素。伦敦对不列颠帝国在各方面都发挥着类似罗马城直至3世纪对罗马帝国发挥的重要作用。不过，随着不列颠帝国的瓦解和美国崛起为世界霸权，北美、澳大利亚、新西兰和印度发展成为同英国并列的英语语言区。在这些地区，英语独立作为第一语言使用，而没有像是共同的教育体制或者媒体机制这样的联合体。

西班牙语经历了类似的发展。它是整个南美洲的和中美洲的西班牙殖民地——除了说葡萄牙语的巴西，以及菲律宾民众的语言。尽管这些国家中的多数在19世纪脱离了西班牙的统治，但直至20世纪，至少就意识形态的要求来看，在西班牙说的西班牙语公认处于首要地位。之后，1936年的西班牙内战很可能带来了重要转折，所有这些国家在文化和语言上都赢得了独立，从此同它们之前的宗主国西班牙处于平等地位。古代晚期拉丁语言文化多元中心的形成，可以同这一进程相比。

20世纪在全球范围内，西班牙语世界和英语世界中各个民族国家相互分离，而古代晚期的多元中心不过意味着像罗马、米兰和拉文纳这样一些相对紧邻的城市的相互并列。但这不影响比较。因为将这样的地区联合为一个统一的语言区，像现代意大利那样，在古代实际的交流条件和教育条件下是根本不可能的。这样一种具有共同语言标准的跨地区使用的民众语言形成——后面还要进一步讨论（见第193页及之后几页）——必然以整个地区范围内的语言教育为先导，包括普遍的义务教育和像公共日报，尤其是公共电视节目、广播节目这样的新闻媒体。在古代的交流条件下，罗马和米兰作为两个不同的语言区而分离，它们所谓的"相互"交流，只是指某人写信或者去另一个城市旅游。而这种交流过程，相比今日例如印度人和英国人之间的交流过程，对于维护一种共同语言标准，其语言学意义还要更小。古代晚期的拉丁语完全有理由更多地被看作是多元中心文化背景下的语言。

不管是在英语世界还是在西班牙语世界，多元中心的语言状况的后果很快就表现出来。正如可能料想到的那样，在不同的语言中心，地区的特殊语言形式产生，它们现在不能再被看作是不充分的变体，而拥有自己独立的权利。从一种英语中衍生出多种"英语"——这时多种"英语"之间的矛盾经常在相关专业文献中出现,而"英语的所有权",即今天谁真正能够规定英语成为公开讨论的问题,几乎每一个英语教师都会遇到。同样,在西班牙、墨西哥、阿根廷等国家所说的不同西班牙语之间的明显差别,对于西班牙语的标准表述问题也是一个巨大挑战。在其他有资格要求获得世界语言地位的语言中,如汉语、俄语或者法语,不存在类似的讨论。

在两种现代世界语言中展开的讨论是完全不同的,这主要是因为多元中心发展的外在条件也是完全不同的。英语不局限于传统大英帝国的范围,而如今在世界上首先是由没有任何部分属于大英帝国的美国传播开来的。今天英语在全世界最重要的功能首先是在非母语使用者交流环境下作为第二语言和通用语(lingua franca)(后面第137页及之后几页还会详细说明)。相反,西班牙语差不多只在那些从前属于西班牙世界帝国的国家中作为第一语言被使用,从全球角度来看主要是在那些说西班牙语的国家和地区的交流中或在与它们交流时使用。

因此,毫不奇怪,尽管在西班牙语世界已经实现了不同民族语言平等,罗曼语族地区的统一(将说罗曼语言的各个国家统一起来)的更高意识仍然存在。存在一种维护并突出语言之间相互关联的共同意志。语言科学院在这里起到了重要的作用。西班牙语标准最初是由1713年仿效法兰西皇家科学院建立起来的西班牙皇家科学院制定的。自19世纪起,在其他西班牙语国家也建立起各自的科学院,承担监管语言和制定语言标准的任务。1951年这些科学院组成西班牙语科学院协会,到今天,科学院协会在西班牙科学院领导下,由22个国家科学院组成。它们记录每一个国家西班牙语的独特之处。然而,总体上它们努力将这些独特之处作为某一国家可能的典型变化,融入某种广泛的基础标准中去,同时保持民族语言的灵活可能性,并且以这样的方式说明西班牙语的统一性及其在作为"多元中心标准"这个层面上的多样性。

英语的变化当然也都被详细记录下来，这些变化有在说英语的各个国家出现的，也有在将英语作为世界语言来使用时新近产生的（见第138—139页）。不过并没有人试图建立超越国家界限的共同语言准则，至多是分析在什么情况下，不同"英语"之间的分歧会带来交流问题。分歧最多的是在发音方面，就此有人提出建议，为了确保国际交流通畅，需要思考共同语言的最低标准——"核心通用语"（lingua franca core）。不过，英语一般而言是否可能或者应该有一个全球标准，这个问题也仍然没有解决。英语语言学家戴维·克里斯特（David Crystal）撰写了现今最为广泛阅读的关于英语发展为世界语言的专题著作。他甚至将各种"英语"现今的分歧和由古代通俗拉丁语发展而来的罗曼诸语之间的区别进行类比，并且详细比较了英语作为世界语言的作用和拉丁书面语言在古代晚期的作用。对于这种"世界英语"，他认为超国家的语言标准——"英语口语世界标准"（他还曾用缩写"WSSE"）的建立已经近在咫尺。此外，他还预测——这对于比较拉丁语和英语的历史尤其有意义——未来这种世界英语和区域英语将发展出弗格森意义上的双语关系。未来英语真的会是这样子吗？我们拭目以待。克里斯特的思考方法也引起反对，而且在根本上自然需要注意到，电子远程交流以及相比古代远远提高的个人流动性，这些现代世界的交流条件为语言在全球的动态交流过程，创造了完全不同于使用马车和手抄书籍的古代所认识的交流条件。不过，克里斯特在现代英语基本状况和古代晚期拉丁语的基本状况之间提出的类比显然是正确的。从拉丁语言史这个漫长发展视角来看，有两个问题比克里斯特等人所作出的说明更突出。第一，如果英语的全球形式在发展中同一切地区形式——包括现在（仍然）占主导地位的美国英语——相区别（克里斯特也这样认为），那么人们就不是一出生就开始学习这种语言的，而是在学校才开始，正如克里斯特提出作比较的希腊标准语和阿拉伯标准语。第二，我们需要去思考，这样的世界英语是否也必然会成为固定的语言。现代的各种交流机会是否充分，由此"世界英语"无须外在的指导而固定下来？或者如同古代的世界语言，词形的基本结构和基本的句法会保持不变？因为没有负责团体和管理机构能够在全球范围管理这些变化。这些思考无法预测某些确定的发展，而只能提醒人们注意，就五千年的人类书面文化经验来看，在多元中心的环境下，语言发展共通的基本条件是什么。

让我们回到古代晚期的拉丁语。拉丁语文化新的中心并没有分散在不同的政治单元，而是出现在由戴克里先和君士坦丁大帝刚刚重组起来的、罗马帝国境内有着重要意义的多个地区。这是完全不同于西班牙语和英语世界的政治状况。在西班牙语和英语世界，地区语言形式之间的实际分歧，附带地引出有关这些形式相互之间的关系，以及是否必须存在共同的标准化管理的问题；而在拉丁语世界，这个问题是一开始就包含在内的、确定的。拉丁语根本没有机会去发展多元中心的语言的多样变体。不过，多元中心的力量兴起是可以同英语和西班牙语发展相比的。如果想要避免语言的地区差异的话，这些多元中心的力量现在就需要新的规则。在古代的交流条件下自然会产生进一步的发展：在这个发展道路上先于拉丁语几百年的希腊语这个直接的典范，以及公元前1世纪"古典时期"拉丁语固定化至关重要的一步已经实现这个事实，极其自然地使得拉丁语现在也像希腊语一样成为独立于地区的语言，其语言规则在帝国统一范围内由学校的固定课程来传授。古代晚期拉丁语的核心内容已经固定下来，相比不久之前，实践中的变化估计也不是很大。现在经过漫长的发展，对于帝国境内所有居民来说，正确的拉丁语只能通过学校教育习得，这一步通过官方基本实现。

这一发展具体有哪些步骤完全不清楚。例如我们不知道，对于这一新的学校规则（Schulnorm）的确立，是否存在明确的管理措施或者其他帝王的命令。戴克里先和君士坦丁想在说希腊语的帝国东部地区也推广拉丁语,这个事实表明某种语言计划是存在的。另外,公元前1世纪罗马帝国处于一种变革状况,这给它带来新的政治自我认识,从这一角度来看,这一发展自然也会在语言中反映出来。

古代晚期学校规则的形成对拉丁语和希腊语的关系产生影响。公元2世纪这一关系在帝国东西部完全不同(见第76—77页)。在东部,希腊语——而且是已经固定下来的阿提卡希腊语——是统一的标准语言,拉丁语则不怎么盛行;在西部,拉丁语虽然是普遍被使用的语言,但西部精英都是受双语教育长大的,他们使用希腊语是平常的事情,而且罗马也许是希腊语著作家最重要的中心。拉丁语(自然一直是皇宫、军队还有法律使用的语言)相比作为文学语言的希腊语地位低很多,基本上只在罗马才有拉丁语文学。随着公元395年狄奥多西(Theodosius)最终将罗马帝国划分为东西两部分,两种语言的分布也发生了变化。在西部,对希腊语的学习急剧变少。直到公元3世纪一直作为西部基督教会语言的希腊语,这时就被拉丁语取代。公元4世纪,神学家哲罗姆和来自阿奎莱亚的鲁菲奴斯(Rufinus von Aquileia)已经开始翻译希腊著作,目的是让西部有所了解。与此同时,如刚刚所言,拉丁语上升为独立于地区,通过语法课程巩固下来的跨地区的西部标准语言。公元4世纪末,东西帝国之间的对峙更加强烈,两帝国各由一种以相似方式建立起来的历史文化语言统治着,而不再是东部的希腊文化中心和西部的双语文化。尽管东西帝国各自一开始都保留有另一种语言的某些残留,希腊文学在西部没有马上被忘记,反过来拉丁语仍然是东部皇宫,以及某种程度上东部政治的语言,但以希腊语为主导的东罗马帝国和以拉丁语为主导的西罗马帝国,这种划分在文化层面上已经形成。希腊语在西罗马帝国的遗失——这是中世纪"拉丁语"极其独特的发展,直到欧洲文艺复兴才得到补正——不能简单归因为日益遭受民族大迁移影响的西罗马帝国的文化遗失问题,而是在根本上同罗马帝国的语言重整(Neuorganisierung)

以及拉丁语在古代晚期新的意义有关。"拉丁人"这个概念发展为（政治色彩各异的）帝国西部人的总称。如果说公元2世纪罗马人用希腊语写作，那么现在情况反了过来，第一次出现了用拉丁语写作的著名希腊人：历史学家阿米阿努斯·马尔切利努斯（Ammianus Marcellinus，约330—约395年）和诗人克劳迪安（Claudian，约公元400年），他们来自希腊语区，而他们的拉丁语著作是古代晚期最重要的著作；克劳迪安一开始甚至是希腊语诗人。

东西罗马帝国的语言划分也要求对古代晚期希腊语言文学和拉丁语言文学之间的联系进行重新评价。相比之前，这种联系应该更多地从东西帝国之间可以说是横向的关系去理解，而不是在维护古老的文化统一的意义上去理解。语法学家普利西安（Priscian）于公元6世纪在君士坦丁堡，第一次将希腊语法学家赫罗狄安和阿波罗尼奥斯·狄斯克鲁斯（Apollonios Dyskolos）的语法体系翻译成拉丁文，以及科里普斯（Coripp）在查士丁尼大帝（Justinian，527—565年在位）和查士丁尼二世（Justin II，565—578年在位）统治时期于君士坦丁堡创作拉丁语史诗，这些都必须在这个背景下去看待：君士坦丁堡努力将整个罗马帝国再次统一在一个拉丁语化的皇宫。查士丁尼一世在位期间，将罗马法学传统整理汇编为后来法学史上具有普遍意义的《学说汇纂》，无疑也是这种努力的结果（尽管后来的《新律》是用希腊语写的，正如在贝瑞托斯的传统拉丁语法律学校，古代晚期也逐渐转向希腊语）。从语言史的角度仔细研究古代晚期最重要的哲学流派——新柏拉图主义的历史会是极其有趣的，但这至今没有实现。新柏拉图主义是由可能出生于帝国东部的普罗提诺［（Plotin，约205—约270年），他的真正拉丁文名字Plautinus总是使人推想到他的出生地（翁布里亚地区的姓氏——译者注）］于公元3世纪帝国危机达到高潮时在罗马建立的。这次危机对希腊文学的影响显然不如对拉丁文学的影响更深。普罗提诺最重要的学生柏菲里奥斯（Porphyrios，死于305年）一直生活在罗马。但这之后，古代新柏拉图主义史和一般哲学史在相当多的哲学家之间做出了明显的区分：那些在东部（雅典、小亚细亚、叙利亚，也许还有亚历山大里亚）生活并用希腊文写作的和那些在西部生活并用拉丁文写作的［奥古斯丁、马里尤斯·维克多里努斯（Marius Victorinus）、马克罗比乌斯（Macrobius）、卡奇迪乌斯（Calcidius）］。在东部出现了大量关于亚里士多德和柏拉图著作的高水平的学术评论文，甚至还发展出专门的哲学家课程。波伊提乌（Boethius）于公元6世纪初，在拉文纳计划把柏拉图和亚里士多德的著作翻译成拉丁文，撰写有关亚里士多德理论著作的注解，并且依照希腊文本撰写通识教育（Artes liberales，包括算术、音乐、几何）导论。这个对西方哲学史极有影响的伟大计划，并不是如通常所说那样，试图保护古代文化免遭衰落（波伊提乌使古代文化"再次"推向高潮），而明显是要将在东部已经扎根的希腊哲学活动传播到以拉丁语为主要语言的西部。在公元6世纪早期环境下，这个计划甚至包含着极其明显的政治因素。我们都知道，波伊提乌受到东哥特皇帝狄奥多里克（Theoderich，死于公元526年）的控告和处决，因为他被指控同罗马元老院元老阿尔比纳斯（Albinus）一起密谋勾结拜占庭帝国。这个不幸事件的政治方面是众所周知的。世人将波伊提乌死前为了自我慰藉而写下的哲学和文学杰作《哲学的慰藉》（Consolatio philosophiae）归功于此事件。波伊提乌专注于东罗马的希腊哲学著作，难道与这种政治环境一点关系都没有吗？或者由于波伊提乌翻译希腊文著作，及其总体上对新柏拉图主义的希腊式的评注，而在文化上表现为"东罗马人"，由此使得狄奥多里克对他产生怀疑，而不管政治事实可能是什么样的。拉文纳及其周边地区在狄奥多里克死后（公元526年）直到公元751年，作为"东罗马帝国的总督辖区"又成为东罗马帝国的行政区，这些后来的历史发展与波伊提乌著作中表现出的思想主旨明显一致。

语法课程和语言规则

语法理论史通常主要是语言学家感兴趣的专业事情。但历史文化语言的情况则不同。它们的某些方面是通过语法才首先明确下来的,因为至少语言的形态和基本的语言结构是由此规定下来的。没有帕尼尼就没有历史文化语言梵语。至于拉丁语,生活于公元 4 世纪中叶的多纳图斯(Dona)对于欧洲传统而言是语法的化身。他不仅在总体上代表着——至今没有被充分认识到——古代语法,而且同帕尼尼一样代表着这样的转折点:当语言的继续存在无法再通过自然的语言传播来实现时,对语言的保存。不过罗马历史是比较多样化的。

语法作为希腊遗产自然早已经在罗马确立下来。马洛斯的克拉底(Krates von Mallos,公元前 2 世纪末)是历史上第一个在罗马教授语法的人。罗马教育体制中相对统一的、普遍的一步是从教学生读和写的小学教师开始的,这也同样是从希腊人那里借鉴而来的。接下来一步与语法学家(grammaticus)有关,他的任务不仅是传授"语法的"知识,而且主要还有所谓的讲解"典范的"诗歌文本。这种体制设置最终追溯到这样的事实:书写艺术(而这是希腊语 grammatike techne 的字面意思)是以荷马或者其他诗人的文本为依据习得的,因此所有语言理论研究也都是依据这些文本来进行的。语言正确性的问题也在语法学家的任务之列。

换言之,古代晚期的语法学家是悠久的专业历史的一部分,完全可以证明他们所运用的专业术语和语法体系也是很早就在古代发展出来的。因此他们经常被指责没有独立性,被看作是较古老时代知识的机械汇编者。不过对这个问题不应该过早下结论。对流传下来的语法著作和作者的辨识已经非常让人担忧。因为公元 3 世纪之前的语法著作全部遗失了,一些作者我们只知道姓名,而自戴克里先以来的大部分拉丁语语法学家在随后几个世纪则被热情地接受，并且其著作得以流传下来。最后在19世纪，被编辑到一起的这些著作的全集版本包括七大卷，共计数千页。显然，对于欧洲古代晚期拉丁语言和文学传统而言，较古老的语法著作可有可无，而古代晚期的语法著作则是必需的。

这尤其是指西欧千年来最重要的两个著作家：普利西安和多纳图斯。普利西安于公元6世纪生活在君士坦丁堡，对于拉丁语历史的重要意义首先在于，他对大量拉丁语词汇的发音、特殊形式、性、变格和变位等方面进行了讨论。由于这些词汇在整体上类似词典一样的系统安排，因而是可以查找的，所以普利西安——不管是在直接的历史传统中，还是作为其他语法著作的样板——是编纂整理拉丁语语言材料极其重要的来源。关于他的著作有上千份中世纪手稿保存了下来，有的是完整的，有的是零散的。

不过，对拉丁语历史更加重要的是我们已经提到的埃利乌斯·多纳图斯（Aelius Donatus），他是公元4世纪中期罗马城的语法学家，并且还是教父哲罗姆的语法老师。除了对泰伦提乌斯的注释外（保留下来的只有残本），还流传有一部他的拉丁语语法著作，一千年来这部著作在总体上代表了全部语法著作。他的地位在5世纪早期就非常突出，以至于维吉尔的注释者塞尔维乌斯（Servius）也对他做出注解，随后在古代还出现有大量其他注解及各种版本。公元600年之后，当教皇格里高利以"上帝的言词不受多纳图斯语法规则的制约"而为违反语法规则的情况进行辩护时，他已经基本上将多纳图斯和语法相提并论。

可惜我们现在无法将这些语法著作同更早期的语法著作进行比较。不过有许多情况表明，这些著作之所以成功是因为它们考虑到了实际的语言状况，并且在拉丁语的正确形式无法再由口语传统或者母语传统来确保时，它们承担起语言仲裁者的角色。换言之，拉丁语语法这时处于一个交汇点：一方面是对于母语使用者而言的，进行语言反思的旧功能

（至多在个别情况下有标准化的功能），另一方面是作为学习第二门语言拉丁语的教科书的新功能。

这种功能的转换长久以来都没有被发现，因为日常拉丁语的新的"通俗化"发展只在旁注中偶尔被提及。当然罗曼语言学对这些证据极其感兴趣。不过，对发生变化的语言环境的真正反应隐藏在对历史材料的合理整合中，以及一开始不显眼的简短评注里。一个系统的分析尚未出现，但应当注意一些细节。

大多数古代晚期的语法学家，例如夏利修斯（Charisius，公元4世纪）、狄俄墨得斯（Diomedes，公元4世纪）和普利西安（公元6世纪）都花费大量时间去仔细研究词法。不过，多纳图斯——最开始是牧师普罗提乌斯（Plotius Sacerdos，公元3世纪末）——根本没有将这一部分作为语法体系去阐述，而是简化为纯粹的屈折变化表，这在今天所有拉丁语语法中都能找到。虽然正确的屈折变化也是较古语法的主要研究对象，但至少在多纳图斯这里，新的教学目标表现为：他将屈折变化表放在语法的最前面，由此学生有机会学习巩固在日常语言中部分已经消失（至少是在口语中被忽略）的正确的词尾变化形式。这些词表是多纳图斯的小语法（Ars minor），在历史传统中保留下来，它的原始文本和各种不同版本从中世纪直到15世纪都无比辉煌。第一本印刷品不是著名的古腾堡（Gutenberg）的《四十二行圣经》，而是多纳图斯的《小语法》。古腾堡经过正确的市场估算，希望能够向学校推广这部著作。语法学家康森提乌斯（Consentius，估计生活于公元5世纪）也使词尾的屈折变化成为教学内容。他在研究变格形式时不断制订规则，试图能够借此推断出未知的形式，例如他说："这些是单数的不同变格形式，它们从方法上帮助我们推导出夺格，反过来我们又由夺格推断出复数变格形式。"这种方法论上的屈折变格理论，其目的经常被称作"改善说话"（emendatio loquendi）；也就是说，康森提乌斯假设，拉丁语是在被说，但所说的并不是正确的形式。

除了屈折词形变化外，名词的格和不规则动词的基本形式在罗曼语言的发展中也产生问题。一个可能生活在公元5世纪的，我们只知道叫福卡斯（Phocas）的语法学家，他的一篇简短的论文出色地表述了这里可能出现的不确定之处。他系统考察了名词不同格和性的一切词尾变化类型，同时阐述了动词形式，包括一切不规则动词的基本形式。[他的研究同详尽的现代拉丁语教学语法几乎完全一致。]正如作者自己指出的，这种研究对于母语使用者毫无意义，它带有教学特点。例如他以这样的评论介绍动词部分：这里所有问题的关键在于认识正确的动词变位形式和完成时态的形式。某个动词属于哪种变位，它的基本形式是什么，这同样是今天拉丁语学习者遇到的问题。

还有一份简短的文本也属于这种文化历史背景，它于公元8世纪以单篇手稿形式偶然保存下来，因为它当时是附在某个名叫普罗布斯（Probus）的语法书后面的，所以今天称之为普罗布斯的附录（Appendix Probi）。手稿就像一部词典，通俗拉丁语的形式和正确的书面语形式并列编排。例如：speculum non speclum（对比意大利语的 specchio，镜子），或者 columna non colomna（对比意大利语的 colonna，柱子）。罗曼语言学对这个文本做了大量研究，因为这似乎是古代晚期流传下来的语法著作中为数不多的，对通俗拉丁语进行详细考察的一个文本。但就此，人们很少注意到，事实上古代晚期语法学家的所有著作，在本质上都被看作是潜在的针对通俗拉丁语发展而设立的正确标尺。这些语法学家在民众的日常交流语言已经远远偏离历史文化语言的时代，为作为历史文化语言的拉丁语提供了明确固定的词形。在这样的视角下仔细阅读各种文本，有希望对古代晚期拉丁语的状况做出新的重要探讨。

典范作品和对语言的信仰

人们不能只从语法学家那里学习拉丁语。对于他们所不能传授的——句法、词义、典型用法，由被看作"古典"拉丁语权威的典范著作家来负责；换言之，古典著作家的典范作品是"隐含着的规则"。但这不是说古代晚期已经像今天的拉丁语课堂一样，仅仅学习语法并阅读古典著作家的作品。拉丁语在当时是被积极地使用着的，就此而言存在着鲜活的语言规则。只是有关语言正确性的最终权威不再取决于活着的使用者，而是取决于已经逝去的曾经的使用者。其中西塞罗和维吉尔具有绝对的主导地位，其次，普劳图斯、泰伦提乌斯、贺拉斯、萨鲁斯特和李维也意义重大。亚历山大里亚的语言学家在开列规范的希腊文学清单时所遵循的，以及新约正典形成过程中出现的明确、严格的法规界限，在罗马人这里是没有的。奥维德、爱情诗人普罗佩提乌斯、提布鲁斯，古典时期之后的著作家斯塔提乌斯和卢坎，这些著作家的作品还广为诵读，尽管他们在语法课堂上不发挥什么作用。幸运的是，后来人们并不对正统作品十分感兴趣，这样甚至使得一些并非古代晚期语言课堂上的典范作家也得以留名。例如塞涅卡，我们也可以把他看作是基督教思想家，据称他在公元4世纪曾同使徒保罗通信。还有老普林尼的《自然史》，仅仅因为其专业知识，这部著作都是不可或缺的。但总的说来，我们关于全部罗马古典文学很可能将一无所知，如果这些文学作品在作为古代晚期语言教育核心的典范作品中没有占据一席之地的话。

不幸的是，同样的发展使得古典时代之前的拉丁语文学——包括恩尼乌斯的史诗，以及公元前2世纪的悲喜剧——几乎完全遗失。如果古典时代之前意义重大的著述保留了下来，那么我们对罗马文学史和思想史的认识将完全不同。正如在希腊语文学中，那些语言偏离了公元前1世纪标准的著作家们的作品在学校里不再读得到了。公元前2世纪，两位古典时代之前的喜剧作家泰伦提乌斯和普劳图斯被列入学校典范,这仅仅是时代选择的一个明显特例,因为两位作家早在古代就被认作是拉丁语风的典范。可以想象,直接模仿希腊语典范作品对于喜剧作家纳入千年典范也起着重要作用:在希腊语文学中,公元前5世纪"旧喜剧"的代表人物,尤其是阿里斯托芬就是地道的阿提卡语,首先是口语的重要典范。

这些很有限的典范作品的独特意义表现在,其作者在古代已经被广泛评注过。诗人在这里处于重要地位,这一点也不奇怪,因为正如已经提到过的那样,对诗人作品进行解读是语法学家的主要任务。要去了解这种教学活动的细节是不容易的,因为这种语法教学单纯规范语言的功能和纠正语言的功能与专业评注紧密地结合在一起,并且两者很难区分得开。但至少相当肯定,在古代晚期的语法课堂受欢迎的诗人:首先是维吉尔,然后是泰伦提乌斯和贺拉斯。甚至有关这些著作家的古代评注也流传了下来,最重要的是语法学家塞尔维乌斯对维吉尔的意义深远的评注。此外,古代语法学家大量引证的还有西塞罗、李维、萨鲁斯特,较少引证的有卢克莱修、卢坎、佩尔西乌斯和尤维纳利斯。上述最后提到的三位作家的著作,在中世纪的手稿中存有丰富的解释性旁注,即所谓的注疏(scholien),从中可以推断,这些著作家在古代可能也已经被评注过,并且其中部分注疏可能出自这些古代的解释。

古典拉丁语文学在古代晚期的精神生活中绝对占据中心地位。公元1世纪,在罗马上层社会中表现出来的对语言文化的不断规范化,最终成为一种狂热,带着这种狂热,罗马上层社会试图唤回罗马辉煌的过去。罗马历史意识、罗马文学和罗马语言在它们的内容和社会体制建立方面,都紧密地相互结合在一起。

西塞罗无疑是最重要的散文作家,他的著作具有典范的作用,甚至没有一个希腊人能够达到这种程度。昆体良有句名言,"西塞罗不是一个人的名字，而是雄辩术本身"（*non hominis, sed eloquentiae nomen*，昆体良《演说术原理》）。这绝不是夸大其词，至少在古代晚期这是符合事实的。这里特别强调了，雄辩术在当时不单纯是巧妙的遣词造句和论证说明的问题，而主要是要掌握好古典拉丁语。因此，我们看到当时对西塞罗的兴趣差不多主要在语言的形式方面。无论是历史文献价值（这对我们现代人尤其重要）还是思想意义（这是今天才刚刚认识到的）都不重要。奥古斯丁受西塞罗一贯可能风格化的自述《霍尔藤西乌斯》（*Hortensius*）的启发，对生命的意义做出了思考（《忏悔录》第 3 卷第 4 章），他抱怨西塞罗这部著作的内容在学校课堂上被忽略，只有语言形式得到重视。

但在这些典范中，维吉尔的作品比西塞罗的还处于领先地位。"民族的"史诗超越其文学功能而担当起语言的、修辞学的、甚至哲学—伦理学的、地理学的，以及其他众多教学对象的重要文本，这是从希腊人那里继承来的遗产。对希腊人来说，荷马史诗扮演着类似《圣经》的角色。但对罗马人的自我认识来说，维吉尔的特殊地位显然还要超出希腊先例。古代晚期的语法学家几乎对每一个要考察的语法现象，都以维吉尔的文句为标准来进行证明。在某些圈子内，差不多能够背诵维吉尔的全部作品很可能是必须的。不管怎样，在对尤维纳利斯的注疏中经常提及维吉尔的诗作，这仅仅是因为维吉尔文本的标准评注（塞尔维乌斯的评注给我们提供了大致的证明）对于解释尤维纳利斯是有用的。显然老师假定学生都了解维吉尔的文本及评注。因此，我们完全可以想象得到，在吟诵时，古代晚期博学的诗作（例如克劳迪安的诗作）中众多文本间的暗示，不仅学者，而且学识渊博的听众也直接就能理解并且欣赏。

维吉尔的作品不仅是典范文本和语法教学对象，而且是罗马文化的象征。这在大约公元 5 世纪同时以新柏拉图主义哲学家著称的作家马克罗比乌斯的《农神节说》（*Saturnalia*）——古代晚期一部特殊的文学作品——中表现得最为明显。马克罗比乌斯在约公元400年的神农节上——这个异教节日在当时已经具有基督教精神的罗马是一种自我信仰的声明——与有影响、有教养的罗马人会面，进行了一场学术对话，其中有元老院元老西马库斯［Symmachus，一位重要的古典著作家，在这不久前同米兰主教安布罗修斯（Ambrosius）就古罗马教廷中的异教女神维多利亚（Victoria）的雕像展开过争论］和维吉尔著作的注释者及语法学家塞尔维乌斯。这部巨著的内容几乎是对维吉尔文本的注解，以及其中所包含专业知识的广泛讨论。与此同时，这部著作还讨论了修辞学、罗马教宗法、天文学、哲学、维吉尔同希腊文学的关系，以及大量细节问题。即使马克罗比乌斯和对话参与者奥尤安格鲁斯（Euangelus）在谈话中都把维吉尔视为对手，整部著作也不过是在颂扬作为精神世界核心的维吉尔。

维吉尔的卓越地位也反映在流传下来的手稿中。古代晚期书本开始出现，在公元2—4世纪期间，之前一直作为书籍一般形式的容易损坏的莎草纸文卷，被耐用的羊皮纸古抄本取代。作为学校教材的罗马古典作品自然也以大开本被大量出售。而且由于这些文本在中世纪也广为人知，并且广为诵读，所以在幸运的情况下，某种历经几百年的手稿以残篇甚至完整的形式保存了下来。公元4—6世纪，维吉尔有不少于九本手稿为人所知，尽管只有五本以残篇形式流传下来。其中还有两份珍贵的，几乎带完整插画的古抄本［今天被称作"梵蒂冈维吉尔抄本"（Vergilius Vaticanus）和"罗马人维吉尔抄本"（Vergilius Romanus），两份古抄本都保藏在梵蒂冈图书馆］，这是古代罗马流传下来的最重要的艺术遗产。就公元4—5世纪完整或者部分流传下来的手稿篇数而言，有四份维吉尔古抄本甚至超过了拉丁语《圣经》流传下来的数量。即使就外在形态来看，古代晚期的诗人手稿，尤其是维吉尔的，也是独特的。因为公元1世纪的通用书写字体发生了变化，一种现今被称为"安色尔字体"（Unziale）的圆形字体流行起来；而诗歌，以及某些情况下《圣经》文本中使用的，仍然是西塞罗时代开始使用的罗马旧书写字体，即今天所谓的大写字体，同我们现代的大写字母非常接近。但是在整个古代，维吉尔的文本，就我们所知，都是用旧的大写字体书写的，没有一个片段是用安色尔字体或者其他字体。这种书写字体显然象征了"典范"作品的突出意义。除了维吉尔，这种字体主要在诗人中使用，也许是因为这种字体以一种独特的方式成为语法教学（因此与保护传统有关）不可或缺的一部分。在维吉尔的文本中，人们甚至创造了一种仿石刻的艺术字体（非常不方便书写），所谓的方体大字（Capitalis quadrata）。这样一种字体在其他古代著作者那里完全不存在，由此可以推测，这种充满敬意的高级待遇，事实上只限于维吉尔一个人。

  从各个角度综合考虑，以维吉尔为核心的古代晚期的古典文化，带有明显的文本宗教（Schriftreligion）的特点，但这种宗教不是为了超越尘世，而是现代意义上的语言人文主义的萌芽与罗马历史传统的紧密结合。学校教育中的典范著作带来了文化认同，并且为世界的普遍认识和文化实践奠定了重要的基础，这些都是完全由书本汲取而来的。这些文本所使用的语言不仅是一种手段，而且本身就是膜拜的对象。在不断引用维吉尔等古典作家的过程中（像《圣经》一样，通过背诵去掌握），如克劳迪安或者西马库斯这样的古代晚期的著作家更像是基督教作家。基督教作家的表述完全不是论证性的，而是在一定程度上以《圣经》文本为说明的依据。古典文学不仅给作为历史文化语言的拉丁语确立了有效的使用范围，而且是古代晚期文化生活的根本。对世界的理解就是在对古典文学的认识和评注中展开的。由此，古代晚期的罗马文化和基督教文化作为不同的信仰相对立：对罗马传统及其诸神和哲学世界解释的信仰，相对于对基督教创世者上帝的信仰。但它们拥有一个重要的共同点：都聚焦于历史的典范作品。正如维吉尔和西塞罗的著作，《圣经》

也是一部需要注解的历史著作。奥古斯都大帝时代发挥了独特的作用，对这一点，它们甚至表现出了一致看法。

如果我们对古代"各经典版本"的设计同《圣经》编排的关系有更多认识，那么《圣经》作为基督教"经典著作"的特点对我们而言就会更加清楚。《圣经》手稿的编排在根本上是以古代晚期异教的经典为基础的，这非常明显。其具体情况长久以来都处于研究讨论中。这里需要一提的是，在中世纪大量福音书手稿中发现的、取自古代晚期的著作家画像类型，同上面提到的带插画的维吉尔手稿《罗马人古抄本》中保存下来的著作家画像完全一致。我们看到著作家手拿一本卷轴书坐在讲桌前，双脚放在踏板上，旁边是一个放书的储藏箱。另一幅是我们熟知的著作家泰伦提乌斯的画像（卡洛林王朝的副本），出自所谓的维也纳的第奥库里德（Wiener Dioskurides，公元512年，希腊文），代表了完全不同类型的画像。福音画像是否不仅普遍与古代文本文化有关，而且还展示出与其他宗教的"古典著作家"画像原型有特别关系？例如，在这方面，维吉尔与福音传教士之间的关系是否较之与其他古典作家的关系更加紧密？这些问题值得进一步思考。可惜保存下来的原始材料太少，无法获取更确切的认识。

哲罗姆关于拉丁语双重标准之梦

要想了解古代晚期拉丁语言历史的发展，就不能只停留于对古典作品的狂热崇拜以及修辞学技巧方面。拉丁语《圣经》和早期基督教的语言是完全不同的，它更加质朴，更加接近民众。即使今天人们不再认为当时存在一种基督教的特殊语言，但只提古代晚期的"那种"拉丁语风也会过于简单。

公元5世纪最著名的著作家希多尼乌斯·阿波利纳里斯（Sidonius

Apollinaris）在一封信中描述了他做客的两座农庄。他认为其中一座农庄的图书馆具有值得称颂的优势，它被分为两部分：一部分，即"女人一面"，排列的是"宗教风格"（stilus religiosus）的书籍；另一部分，"男人一面"，排列的是古典风格的著作。作者对这种风格的著作做出独特的描述：这些著作由于拉丁语文辞的崇高风格而变得高贵（cothurno Latialis eloquii nobilitantur）。作者接着补充说，其中还有基督教著作家，并提到奥古斯丁和普鲁登修斯（Prudentius），他还明确为尤西比乌斯（Eusebius）的教会历史拉丁文译本的文风进行辩护。

除了古代晚期的风格模式外，希多尼乌斯在这里还论及一个对拉丁语乃至对全部历史文化语言的历史发展都具有根本意义的问题。让我们首先从古典文学和基督教精神的关系开始。

历史文化语言的发展通常是从具有典范意义的文学整体开始的，这个整体的中心内容是不同的文化传统。因此，梵语与吠陀文化紧密联系，埃及象形文字给古埃及礼仪文本提供了稳固的基础，而古典阿拉伯语没有《古兰经》和伊斯兰教传统就是无法想象的，即使不存在完全的一致。但是希腊语，尤其是拉丁语的发展完全不同。

拉丁语作为历史文化语言的出发点是公元前1世纪的"古典"文学。这种文学的本质特点是它的审美要求。考究的用词和语音语调，散文中华美的套叠长句和句子的韵律，以及最后还有诗歌的诗律节奏，这些都是著作家们极力追求的目标。事实上，古典作家们带来了世界级的艺术作品。然而，语言培养的目标并不仅仅是取悦于人，它归根结底是更加广泛的、人文主义本原意义上的、与人相关的文化的一部分。这种文化在语言和思想的培养中，将人的自我实现看作是唯独人才有的能力。如此创造出的文化—宗教在某种程度上是人类自我发展的宗教。上一节有关罗马古典文学神圣化的论述，在围绕文本本身性质方面得到了补充。

当这种文化已经在历史上稳固下来，并且拉丁语早已发展为一种文化语言时，宗教由于基督教的兴起而发生了根本性的转变。作为一切都由上帝的恩赐推导出来的一种恭顺的宗教，基督教必然认为在语言的自我培养中完成人类最高的实现，这个要求是错误的。因此在古代晚期，基督教首先同古代其他宗教的语言文化发生激烈的斗争。如我们所知，最终其他宗教传统融入基督教传统。像奥古斯丁这样的早期基督教神学家，不仅认识到其他宗教的哲学也可能包含永恒真理要素（尤其是新柏拉图主义使得基督教神学和哲学的融合变得更为容易），而且认为其语言在某些范围也能为基督教文学和布道活动所接受。即使奥古斯丁皈依基督教而放弃尘世修辞学教师的工作时，他与此相关的能力仍然展现在他的伟大著作中。就希多尼乌斯的认识而言，即使奥古斯丁作为基督徒，他仍然喜欢待在图书馆里看古典风格的著作。这种融合是古代文学可能继续流传下来的前提条件。

不过，在古代从未出现过完全的融合。哲罗姆那个著名的直到近代早期都有着重要影响的梦（第22封信），象征性地概括表达了主要问题：斋戒期间，哲罗姆一直阅读西塞罗和普劳图斯的著作，他沉迷于美妙的语音语调，以致一点都不再喜欢基督教著作的笨拙语言。于是他病倒了，在高烧恍惚中看到自己被拖到上帝的审判席前。上帝问他（如讲授基督教教义的老师问受洗者）："你是谁？"哲罗姆回答说："我是基督徒。"而上帝大声说："你是西塞罗主义者，不是基督徒。"然后哲罗姆被痛打一顿。当他醒后，发现这是一个梦。这种对语言之美的喜爱是一种感官欲望，是一种罪恶而受到诅咒。基督教真理是一种质朴的真理，它不需要华丽的修辞、和谐悦耳的词语搭配或者创造性的遣词造句。拉丁文《圣经》文本、圣徒的生活和传奇、宗教会议卷宗以及《圣经》注解，其语言都是朴素的，不仅得去容忍，甚至还成为禁欲主义的理想。

尽管罗马人更多地是以其实际伟业，而不是文学美学（Literaturästhetik）成就而赢得世界声望的，但奇怪的是这种对立在拉丁语中比在希腊语中更明显。在希腊语中，很少有像在哲罗姆梦中表现出的概念的对立。这也许是因为，在拉丁语中，感性的修辞和严格的克制容忍之间的紧张关系，不是通过基督教精神才产生的，而是在更古老的罗马就有其根源。因为，一方面，罗马人较之希腊人在某些层面更加沉迷于语言的悦耳动听。华丽的声音效果，极端的拟声，在较古老的罗马诗作中比在希腊诗作中更加典型。古典诗人中，首先是维吉尔、贺拉斯以及提布鲁斯利用辅音和元音来创造虽不引人注目，却永恒美好的悦耳艺术作品。尤其是西塞罗的作品，由此有许多地方几乎都无法翻译，因为叠词、形容词或者补充说明之处不是按照句子内容上的需求，而仅仅是为了整体效果才使用的。另一方面，恰恰是罗马人早就对希腊修辞文化的魅力极其不信任。老加图的名言"抓住议题，言词就会随之而来"（rem tene, verba sequentur），是古罗马人对真实质朴的宣称，这完全可以看作是道德命令。罗马人在古代提出了反对华丽文风的最广泛的法则，这不是没有道理的。因此，在罗马古典文学方面首先表现出的语言文化的全面胜利，在古代晚期又受到基督教思想的明确质疑，这实际上也许是罗马的特点。

然而，奥古斯丁时代出现这两种倾向的综合，并没有能够消除人文主义对人类的自我赞美和基督教的谦卑这两者之间的对立。它一直潜在地伴随着整个中世纪。不过，它更多地表现在广泛接受哲罗姆之梦的单个表述中，而不是在不同群体之间的激烈论争中。随着意大利文艺复兴的兴起，古典文化传统又展现出独特的生命力。文艺复兴文化中对人的价值的重估就是对人的语言能力的重估。但在这里——这是与古代的重要差别，它不再与基督教的谦卑截然对立。人文主义的语言理想和基督教教义的融合，没有哪个时代能像文艺复兴时期那样容易，而且令人惊异地横贯一切宗教派别：严格的人文主义教育、拉丁语练习以及耶稣会高级中学的古典阅读教材，几乎与同时期的新教学校的教学大纲没有什么差别。直到18世纪至19世纪的新人文主义，古典人文主义文化才最终又取得旨在反教会的替代宗教的地位。19世纪普鲁士人文主义高级中学的建立，以及体现着这种类型学校的语言学家阶层的形成，都完全公开表明了教育事业的世俗化。

在概览了之后几个世纪的状况后，我们再次回到古代晚期。拉丁语基督教的和古典的双重标准不仅体现在伦理学方面，也体现在语言学方面。它对古代晚期整个拉丁语文学都具有根本意义。

如果考察一下古代晚期一般的殉难记和"古典的"代表作，比方说波伊提乌的《哲学的慰藉》在语言方面的差别，那么就可以更进一步认清事实。就用词来说，殉难记更加朴实，它不会使用复杂的句法手段，并且在修辞方面也没有古典式的细致刻画。然而，差别实质上——这是关键点——不在于质朴的文本较少遵守语法规则。词序、简单的句法结构，有时还有用词本身，就这些而言，殉难记更接近民众的日常语言。但是形式本身以及句法联结仍然是符合规则的，即使在出自非语法学校和修辞学校专家之手的文章中经常会有"通俗拉丁语"出现，但这是由于缺乏知识，而不是为了建立拉丁语的新标准。另外，拉丁文译本《圣经》中（最古老的翻译，比哲罗姆更加专业更加流畅的译本，即武加大译本更经常出现）非标准的拉丁语也并非真正是"通俗拉丁语"，尽管由于译者缺乏教育而使译本掺杂有一些日常用语。在代表罗曼语言发展特点的最早期罗曼语言著作家作品选集中，很少收入拉丁语《圣经》，而且大多数"质朴的"基督教文本也根本不收入。总之，古代晚期的基督教拉丁语和日常拉丁语，与修辞学校教授的古典拉丁语一样，都是一种以过去为标准的固定语言。参加语法课程，学习正确的词语形式和基本句法，这些不是事关博学和修养的问题，而根本就是一个人能够写和读的前提条件。"语法"标准和"通俗"标准的混合书写形式，之后几个世纪在希腊语和阿拉伯语中经常出现，但是在拉丁语中从不被认可。

但最好还是在两种标准之间做出区分：一种是基础标准，它维护固定语言的外在形式，同时给语言的其他特点的发展留有相当大的空间；一种是严格的古典主义的标准，继续模仿西塞罗以及其他古典著作家。就此，语言的基础标准，只要在语言规则的可能范围内，就可以更多地借用日常语言。但它不一定意味着我们可以这样设想：这一基础标准自身也能建立起自己的文学语言规则，这种规则经由文本流传，并且在文本中形成自己的书写标准。换言之，语言的固定化限于语言的基本特点并不意味着"基础拉丁语"是在建立过程中被缩减的语言形式，而不过是指确立与拉丁语的其他形式一致，而又能朝不同方向发展的核心内容。拉丁语《圣经》文本就此提供了例证：在拉丁文《圣经》中同古典标准偏离的语言不都是"民众语言"，模仿希腊语和希伯来语也是圣经语言的特点。这种词语在《圣经》中到处都有，某些结构类型也在其他基督教文学作品中出现，并且尤其影响着中世纪拉丁语。

严格遵守规则的"最大"固定化，以及仅核心内容固定而其他方面有充分自由的"最小"固定化，两者之间的区别不仅对古代晚期非常重要，而且伴随着拉丁语文学的发展一直到今天。中世纪晚期的学术拉丁语同17—18世纪的证书、大量医学论文所使用的拉丁文，还有科学拉丁文，都算是"最小固定化"的拉丁文。在拉丁文被积极使用的地方，对具体语言标准的确定在这两级间来回摆动，哲罗姆的梦中对此有清楚的描述。

"古典拉丁语"和民众语言

古代晚期，帝国罗马化地区的语言处于一种分裂状况——历史上固定下来的"学者语言"和没有规则的"日常语言"——正如希腊语至迟自阿提卡语风时期以来，以及阿拉伯语直至今日都是这种情况。因为后来的罗曼诸语在根本上是由日常语言发展出来的，因此罗曼语言研究根据就此所能获得的材料，对日常语言的各个发展过程进行了极其详细的解释。近几十年来研究重点不再是语言史的发展，而是对拉丁语和日常语言的分歧进行语言变体研究，与此同时还深入研究了弗格森的双语现象模式。可惜的是，罗曼语言文学的研究和古典文化的研究走向完全不同的道路。

两种语言形式的相互作用，是否符合弗格森用来说明现代阿拉伯语的"双语现象"的条件，这个问题今天经常被讨论。相比弗格森所描述的19—20世纪的现代希腊语、阿拉伯语和瑞士德语这些双语现象的例子，可以断定这里明显不同的是，一方面，两种语言形式的差别在古代晚期还不像现代这么大。至少直到公元600年，即使没有受过教育的民众也能够很好地理解朴实无华但语法正确的拉丁语。这当然不是指贺拉斯或者维吉尔的文本。这些文本在古代晚期也是高等教育的参考书目，质朴的拉丁文布道的语言形式与之的差别，正如同今天电视主持人的语言与里尔克（Rilke）的语言差别。另一方面，在弗格森所描述的双语现象案例中，两种变异体相对稳定。阿拉伯地区语言和瑞士德语方言，尽管它们相对书面语言变化更多，但却表现出在大部分地区相当稳定的某些标准。而这在罗马古代晚期的日常语言中恰恰是不可能的。它不是一成不变的，而是在三到四个世纪里发生了剧烈的变化，因为向罗曼诸语的发展总是在向前推进（是连续性的还是间断性的，我们无法得知）。地区间的差别也是必然存在的，而不仅仅是那些后来导致罗曼诸语分离的差别。最后，独力维护着标准语言的语法学校的教育体系也慢慢发生变化，并最终走向崩溃。如果我们看看公元4世纪的罗马，我们更容易想象出一个类似母语拉丁语的共同体，其中大多数民众都非常精通书面文化，并且标准语于日常生活中无处不在，以至于它独自影响着全社会的语言。如果我们再看看公元7世纪的梅罗文加帝国，那么对标准语的积极掌握，就成为一门只由少数人费力获取且无法完全掌握的艺术。这不排除，学者语言和日常语言这种二分法的最后残余，仍然在口语中对社会发挥着作用。最后，关于语言状况，我们只能说在学者语言和日常语言之间存在着巨大的鸿沟，这以不同方式得到表现。

不过，如果做相应的变通，并考虑到历史条件，弗格森的双语模式仍然是最适合用来说明古代晚期拉丁语状况的。无论如何可以确定，弗格森以阿拉伯语为例区分"高等变体"和"低等变体"的准则也适用于拉丁语古代晚期的语言结构：拉丁语作为"高等变体"是书面语言，具有固定的标准和崇高的声望，并且只在官方交流环境下使用；"低等变体"（正是在这种情况下不是真正的变体，而只是一个处于发展中的体系）与口语相关联，没有多高的声望，是日常交流语言。这里，必须从以下两个基本事实出发。

第一，拉丁语和日常语言（Spontansprache）的对立不等于书面语言和口头（mündlich）语言的对立。日常语言没法写出来，这是真的。但无疑学校讲授的正确拉丁语可以被那些掌握了它的人说出来，就像今天标准阿拉伯语在某些情况下也在口语中使用。日常语言的发音是否也经历了某些变化（正如今天的法语，拼写和实际的发音相互之间差别很大），这个问题也许可以同时用是和不是来回答。我们有充分的理由认为，至少部分发音这时仍然是古典主义的发音。例如，奥古斯丁抱怨（《忏悔录》第 1 卷第 29 章），语法学家要求 homo（人）这个开头的 h 发送气音，而这在日常语言以及后来的罗曼诸语中（意大利语，uomo）都早已消失了。

第二，拉丁语同日常语言的对立不能归结为有教养者和没有教养者之间的社会对立。没有教养的人无法掌握正确的拉丁语并积极使用，而相反却可以认为，有教养者在适当的时候也可以掌握和使用日常语言。当我们再次借用科赫和奥斯特莱希创造的词，假定拉丁语是"远语言"，日常语言是"近语言",那么两者的差别得到了最好的描述。然而,人们据以使用某种语言形式的规则再也无法具体地推断得出来。我们自然能够假定,在罗马元老院、上层人士之间的正式谈话,以及公开演讲中必然说的都是正确的拉丁文,而两个雇农之间的对话则与此截然不同。不过,两个上层人士之间是如何私密谈话的?有教养的一般罗马人是否训练有素,能够一连几个钟头毫不费劲地使用古典语言,还是他们只能在"正式"场合——如今天在阿拉伯经常出现的情况,费力地说出几个规范的拉丁语句子,然后很快又退回原有的语言水平?主人日常是如何对他的奴仆说话的?学者在做爱时说规范的拉丁语?还是这是可笑的?上层社会的妇女到底应该在何种程度上掌握标准语言[基督教神学家哲罗姆曾顺带提及的一个问题(第22封信)]?对这些问题我们没有答案。

这里关系到的肯定不是"二者择一"。人们在远交往中坚持统一的标准语言准则,即使这样的假设也是极其有问题的。这不仅是因为书面语言本身展示出了一种内在的对立:即在上一节提到的作为"最高形式"的古典主义的标准和作为"最低形式"的更加基础的固定化。更重要的是从德语和阿拉伯语的标准语与方言之间获取的经验表明——至少是在口语中——完全纯粹地使用书面语或者方言更多的是一种特例,在这两者之间存在一种语言学上的连续性。每个人都根据自身的能力和具体交流环境的要求而在两者之间来回摆动:有教养者在许多情况下都会对方言表示认可而加以利用,而没有教养者有时则会极力模仿"规范"语言的具体特点。古代晚期拉丁语的情况也类似。

这样的语言环境几乎没有留下任何痕迹,这没有什么奇怪的。一方面,自然存在某种巨大压力要将这种混合形式限制于口语,否则拉丁语也不可能是一种书面语言。在现代阿拉伯语中也一定会发生这种事情,比方说,政治家们在公开场合出于一定原因更多地用方言发表讲话,而接下来在报纸上发表的却是"经过修改的"标准版本。但即使我们假定,在书写教育不像现代这样发达的古代，没有受过良好教育的个人也经常使用这种混合语言形式，例如私人便签和备忘录，但这些资料在流传中都彻底丢失了。作为证据保留下来的，唯有那些坚固石碑上的文本（尤其是私人墓碑上的文本），或者由于偶然事件，或者由于事物有着特殊的趣味而流传下来。这些数量极少的文本构成了"通俗拉丁语"文献的现代主体。显然即使是在这些文本中也没有只看到单纯的口头语言，还有某些不完美的书面语言，因此是"混合语言形式"。如果乘坐时间机器回到古代游览一下就会看到，公元4—5世纪，罗马或者米兰的语言现实是非常多样化的。如果可能跟随年轻的修辞学教授奥古斯都从早到晚（也许还可能一直到第二天晚上）在米兰参与他的日常活动，那么我们一定能够获得有别于"文学拉丁语"和"通俗拉丁语"这样简单的区分可能提供给我们的有关古代晚期语言状况的完全不同的图画。

3

三

欧洲的千年拉丁语：
从中世纪初到 1800 年

3.1 卡洛林文艺复兴

语言和帝国：强权下的拉丁语

法兰克国王查理大帝（Karl der Große）借助他的著作《关于维护科学的书信》（约785年）和《一般劝诫》（789年）推行的，至少是坚决推进的教育改革，使拉丁语接下来的历史进程迎来了根本的转变。教育改革使得拉丁语这一早就以传授语法为要义的语言，没有同其他古老世界语言如巴比伦文学语言一样，遭受走向灭亡的命运，而是再一次成为了西欧千年来最重要的语言。通过卡洛林文艺复兴后涌现出的大量文献（参见第2页及之后各页），我们可以看出，拉丁语的辉煌才刚刚开始。斯堪的纳维亚半岛、东欧甚至一些从未归属于罗马帝国的区域和从未使用过拉丁语的地区皆以拉丁语为尊。很难想象，查理大帝早就已经考虑到拉丁语的长期发展。但是，自查理大帝在公元800年的圣诞节加冕起，查理帝国就以拉丁语为尊并延续着罗马帝国的传统。查理帝国也就成为了拉丁语王国。1806年，随着德意志神圣罗马帝国的最后一位皇帝弗朗茨二世退位，这一国家政体正式宣告结束，拉丁语也失去了在欧洲作为普遍交流工具的地位。

如果我们不考虑卡洛林拉丁语改革同古罗马帝国的关系，而是在早期中世纪欧洲的背景下去审视，那么它的地位将变得更加清晰。因为查理帝国并不是几个世纪以来唯一新建的政权，地中海周围的前罗马帝国到亚洲之间的这一范围进行了政治重组。与在西罗马帝国（公元476年）结束后首次出现的部分短命过渡帝国相反，它们有着更长的政治寿命。

东面是以君士坦丁堡为中心的拜占庭帝国，它虽然在形式上是古东罗马帝国的延续，但与西方一样，存在着巨大的危机并于9世纪在政治和文化上得到巩固。以巴格达为中心的伊斯兰阿拔斯王朝在欧洲的边界之外，经历了辉煌的繁荣并向欧洲辐射。公元864年，东部的保加利亚王国在鲍里斯一世（Boris I.）的统治下开始接受基督教，并在9世纪得到发展。9世纪下半叶，在阿尔弗雷德大帝（Alfred der Große，848—899年）统治下的盎格鲁—撒克逊人的王国经历了短暂的兴盛。所有这些帝国的建立影响了语言和文化的历史，当然也包括查理大帝的拉丁语改革。

同拉丁语在西部的地位一样，古希腊语是拜占庭帝国的标准用语。正如前面提到的那样（参见第28页及之后各页），古希腊语最晚自公元前1世纪起就在阿提卡地区成为一门学校借助希腊经典作品（本质上同今天的课堂经典名篇一样）教授的语言，这种语言与人类在此期间通过语言发展产生的日常语言不同，因此出现了双语现象。前罗马帝国东部的语言状况与已经罗马化的西部基本一致。接近于罗曼语的民众语言［笼统地用"通俗拉丁语"（Vulgärlatein）这个不充分概念来表示］与学校教授的标准拉丁语并行。在卡洛林文艺复兴时期，尚未完全掌握的古代晚期学校规则再次得到巩固。因此，正如人们在8世纪所能认识到的那样，这一时期的语言改革不仅是对古代晚期拉丁语也是对东部希腊语的回归。因为，那里的文学文化以及对标准语言的了解没有像6—7世纪西部拉丁语那样在危机中走向崩溃。相反，以其中心人物主教佛提乌斯（Photios）命名的所谓的9世纪拜占庭"佛提乌斯的"文艺复兴，可以说在根本上与卡洛林教育改革相似。在这场文艺复兴中，希腊语及其文学复苏。

在7世纪以来迅速扩大的伊斯兰势力范围内，阿拉伯语是主要语言。8世纪，伊斯兰文化已经蔓延到古东罗马帝国的绝大部分地区，包括北非、巴勒斯坦和部分小亚细亚地区，并在西班牙境内取代了在拉丁语帝国传统中具有崇高地位的西哥特人文化。希腊—拉丁语区和阿拉伯语区的发展不尽相同，但是它们通过一个共同点联系起来：在当时的交流条件下，为了确保以书面形式进行跨区域交流，需要一种严格规范的书面语言。除了拜占庭外，当时的大国没有能够真正长期处理文化事务的中心。几个世纪以来，在伊斯兰地区，如麦地那、大马士革、巴格达和其他几个城市，甚至包括西班牙科尔多瓦都交替承担过主要中心的功能。同样，哪里是法兰克、古保加利亚抑或是英国的"首都"？这一问题也并没有给如何建立各自的权力和文化提供建设性的意见。查理大帝在亚琛最重要的皇宫更像是一个标志而不是帝国的真正中心。然而，越倾向于多元中心文化，就越迫切需要一种基于普遍接受的文化习俗的共通书面语言。

希腊语的这种情况以及拉丁语向古代语法和古代文学的追溯意味着什么？阿拉伯人在两个世纪内通过强力推行对语言重新编纂解答了这个问题。7—9世纪，不仅出现了被后世尊为"经典"的阿拉伯文学，而且众多理论著作也对阿拉伯语的基本特征进行了思考和定义。最重要的是，在辞典中（其实际功能对学校而言与"阿提卡语"辞典对古希腊语的意义相当）说明了词汇的形式和基本含义。通过这种方式，这一在当时还年轻的文化语言不仅被编纂，而且被固定下来，其词形和句法特征也得到保留。这些特征是"古典阿拉伯语"延续至今的要义并对当今标准阿拉伯语产生影响。

这种编纂形式的间接后果就是形成至今仍存在的阿拉伯语双语现象。这是因为，民众的日常语言不断发展，逐渐偏离使用的书面语言。首先将阿拉伯语作为第二语言学习的作家们早已开始使用阿拉伯语。阿拉伯语同希腊语和拉丁语一样已经成为在文学作品和学校中广泛使用的语言，在很大程度上甚至完全独立于其他实际的语言区。它不是哈里发或小规模群体的语言，而是伊斯兰世界的共同语言。唯一与拉丁语和希腊语的不同之处在于，多个世纪以来这两种语言都在罗马帝国占据着重要地位（以及拥有相关的规范文献），而形成标准文学作品的伊斯兰语言世界被重新创建并具有古罗马帝国在其漫长的历史中也未曾拥有的语言政治活力。阿拉伯语如今在前罗马帝国部分区域的传播清晰地显示出伊斯兰教如何有效地将曾经使用的文化语言（希腊语和拉丁语）驱逐出去：北非几乎成为了一个只使用阿拉伯语的区域；在埃及、巴勒斯坦和小亚细亚，其他书面语言仅在基督教少数群体中得以保留。10 世纪，新波斯语作为一种书面语言出现，随后仅在伊朗重现了萨珊王朝失传的文化和语言，从而建立了阿拉伯世界延续至今的文化自治。规范的阿拉伯语在波斯文化中作为宗教、神学和科学的语言保留了其意义，拉丁语之于西方亦是如此。

另一种通过固定文学语言来重组语言的情况发生在中世纪早期东欧的保加利亚帝国。在 9 世纪，保加利亚帝国是卡洛林帝国和拜占庭之后的欧洲第三大权力中心。发展斯拉夫书面语的第一个举措与梅福季（Methodius，生于 815 年）和康士坦丁（Konstantin）——即基里尔（Kyrill，生于 825 年或 827 年）——这对兄弟有关。基里尔兄弟被称为"斯拉夫人的教师"，他们创造了以基里尔名字命名的基里尔字母的前身格拉哥里字母。他们的目标首先是使斯拉夫语成为教会语言。早在 893 年，旧教会斯拉夫语就成了保加利亚帝国的一种官方语言。在沙皇西蒙（Symeon，864/5—927 年）的统治下，大量希腊文献被翻译成斯拉夫语，这大大超出了教会礼仪所需的范畴。这种"旧教会的斯拉夫语"被记录下来，并逐渐显示出落后于口语斯拉夫语的状态。这一事实引起了同拉丁文的比较。然而，与希腊语、拉丁语或阿拉伯语相比，教会斯拉夫语的发展有些许不同。特别是教会斯拉夫语从未有过真正的标准化和对语言文字规范化至关重要的准则。这使得教会斯拉夫语经历了历史和地理上复杂的演变。斯拉夫语的地位并不像拉丁语和希腊语那样，除了作为教会用语之外，它完全没有用武之地。但是为了这有限的目的，它作为"特殊交流系统"的地位愈加坚固。尽管如此，教会斯拉夫语同拉丁语、希腊语和阿拉伯语仍有共性。它面向过去的准则，完全不遵照民众的日常语言，而是与之形成一种双语现象。

　　第五个有类似情况的国家是 9 世纪的英格兰。爱尔兰文化始于 7 世纪，传教士高隆邦（Columban）诞生在这里。古老的爱尔兰文学语言自 8 世纪起就在众多文献中有迹可循，这表明，标准化过程必然早已开始。在一篇名为《学者读本》（可能写于 7 世纪）的小论文中有计划地使用了民众语言，甚至连爱尔兰语的语法问题也得到了改善。古英语可能也在 7 世纪有了文字记载。用古英语写成的史诗《贝奥武夫》大概直到今天仍然是其最著名的文学作品。这些都是语言标准化最好的证明。与古代保加利亚和伊斯兰地区的目标语言政策进行比较，古英语在盎格鲁—撒克逊国王阿尔弗雷德大帝（847/9—899 年）的倡导下得到了发展。他在执政期间不仅推动了拉丁语的巩固，而且在很大程度上促进了古英语向书面语发展。至少，这些发展远远超过了卡洛林帝国中德语和法语文学的发展。一系列古拉丁语作品被系统地翻译成盎格鲁—撒克逊文学。古德语最初主要是一种受个人和地区限制的语言形式，当这一事实得到证实并开始形成一种合理且可识别的书写标准时，当人类语言早已发生改变时，古英语在很大程度上已经成为了一种相对统一的书面语言。这一传统经历了诺曼征服（1066 年）一直持续到 12 世纪。拉丁语言学者阿尔弗里克（Aelfric）于公元 1000 年用古英语撰写了建立在多纳图斯和普利西安作品基础之上的拉丁语语法著作。这证明即使是古英语也应在学校中占有一席之地。无论如何，同古高地德语相比，古英语在阿尔弗雷德大帝的倡导之下，并不是一株努力生长的幼苗，而是与斯拉夫语的诞生更为相似。在东欧，它一开始就不是与希腊文学语言共生，而是取而代之。今天，在英格兰的这种发展对我们来说没有什么意义，这是基于以下事实：阿尔弗雷德大帝之后200年，诺曼征服创造了全新的政治局面，在英格兰，语言朝着截然不同的方向发展。众所周知，今天的英语源于英格兰的日耳曼语和征服者的罗曼语。因此，使古英语成为该国的长期书面语言并与教会斯拉夫语和阿拉伯语有着类似发展的这种可能性被破坏。

不同文化领域间的比较清楚地说明：查理大帝通过恢复古拉丁语，不仅重新建立了罗马帝国的政治和文化传统，而且还满足了人们基本的交流需求。无论当时各主权国家的传统如何，这种交流需求都会导致类似的发展。卡洛林语言改革的发起者是否已经直接考虑到伊斯兰统治者的语言政策，他们是否再次成为拜占庭和保加利亚帝国的标杆，抑或是共同的需求引起了完全独立的发展，这些可能都无关紧要。无论如何，事实证明，一种标准语言足以满足中世纪早期帝国的书面和口头交流需求。掌握这种语言，除了通过语法学习和学校的官方教授之外别无他法。拉丁语和希腊语这种古老的文化语言早已拥有这种地位，而阿拉伯语和斯拉夫语作为"新"语言也开始成为超越地域的书面语言。以至于几个世纪后，人类的日常语言继续发展，教会斯拉夫语和古典阿拉伯语的书面标准语言的固定内容现在仍然保持在历史上形成的语言发展状态。

因此，9世纪被证明是欧洲语言史上的一个根本转折点。在这个背景下，我们也将阿拉伯语的历史包括在内，因为在历史上它与欧洲有许多联系。超国家的固定文化语言的形成或是再形成限于9世纪，它以这种形态差不多又被继续使用了一千年。10世纪，在欧洲边境附近，波斯的重建再次用同样的方式产生了一种超越国家的语言。而欧洲的所有其他语言在此之后都成为书面语言并发展为民众语言。对于中世纪的欧洲而言，一种固定文化语言的存在显然是拥有崇高地位的文字文化的先决条件。

在中世纪早期西欧的语言体系中，拉丁语是"学者语言"，古法语、古德语、古英语等不同语言形式是"民众语言"。这一观念在关键点上得到了纠正:"学者语言"和"民众语言"的对立存在不是语言发展的合理评估范畴。阿拉伯语以及西里尔发明的斯拉夫文字,作为书面语言传播之初非常接近民众语言,但它们很快就达到了与拉丁文相似的地位。在思想实验的基础上,可以最好地理解中世纪早期书面语言构成的最重要的基本条件。我们假设,查理大帝(在这个问题上是不可能的,正如我们将在下一节中看到的那样)实际上要么尝试了通俗拉丁语(lingua Romana rustica)的特定表达——当时这种罗马化的民众口中的语言是法语的雏形——要么甚至将其母语法兰克语称为帝国的语言。人们可以确信,这种语言很快就会在发展中被固定下来,并且从长远来看,会出现一种双语现象,就像希腊语和阿拉伯语一样。虽然在细节上,接下来的语言发展史可能会走向不同的道路,但是可以确定的是,与所有其他类似案例一样,民众的标准语言和日常语言在朝着不同的方向发展。如果将希腊语和阿拉伯语的双语现象放在今天,那么很可能会出现这样一种场景:当我们在超市中熟练地用日常口语购物时,电视新闻、政府声明和大学课堂中仍在使用古德语或古法语。

更为重要的是通过这场思想实验而更加闻名的卡洛林语言改革的另一个结果:欧洲民众语言惊人的发展本身,相比拉丁语并不是这些语言"生动性"的证明文件。我们能够在几个世纪的书面记录中追寻到这种发展,并且这种发展为19世纪的历史语言学提供了丰富的材料。它只能以这种形式存在,因为直到现在语言都没有社会功能,这些功能需要通过语言编纂或是固定才能得到实现。拉丁语就是为此而存在的。民众语言最初并不承受确保能够进行跨区域交流的压力,在科隆书写的德语与维也纳的不同是没有问题的。同样也很少有必要历经几个世纪以后仍然使用证明文件。我们关于德语和法语文学史的现代观念,以及这些语言近千年"活跃"的发展,实际上只有通过19世纪的历史重建才能实现。这种重建模拟了不具备的连续性。欧洲民众语言历史上的决定性时代，即从古德语到中古高地德语再到新高地德语的转变，从古法语到中古法语抑或是从古英语到中古英语的转变，都与这样一个事实有关：所有用旧语言形式写下的文本或多或少被人们搁置或遗忘。文学传统，即从古高地德语的《希尔德布兰特之歌》到中古高地德语的《尼伯龙根之歌》和瓦尔特·冯·德·福格尔威德（Walther von der Vogelweide）的诗歌，再到今天的作品，都促进了语言的蓬勃发展。这种文学传统和丰富的古法语、普罗旺斯语及古英语文学代表了书面文化的较短阶段。然后，这种文化完全崩溃，并让位于新的书面文化。如果旧文本的个别手稿在图书馆中没有被保留，那么对我们来说，今天德语的历史会以路德（Luther）的圣经译本开始，法语则以 16 世纪的诗人为开端，唯独意大利文学史可以追溯到但丁。几个世纪以来可读性强，长期使用的所有文本，即圣经、礼仪文本、法律文本、科学和文学文本，都用拉丁文书写且随处可见。

语言和权利：拉丁语在查理曼帝国的特殊地位

如果将卡洛林的拉丁语改革与其他在 9 世纪形成或经过改革的语言进行比较，可以看出一个重要的区别：希腊语由希腊人推动；阿拉伯语虽然很快就拥有了超国家的意义，还是由阿拉伯人推动；教会斯拉夫语由斯拉夫人推动。古英语则是由盎格鲁—撒克逊人推动发展的，如果想将它也包括在内的话。当然，标准希腊语同拉丁语一样依赖于学校传授，古典阿拉伯语也在这方面取得飞速进展。但不管怎样，产生出统治者的民众群体，其语言孕育出——在学校固定下来的——书面语言。然而，查理大帝并不属于罗曼语族人，而是讲法兰克语，因而也就是一种日耳曼语，这是同拉丁语（尽管同属印欧语系）从根本上就完全不同的语言。

于是就出现了一种情况，就好像波斯王朝统治了阿拉伯地区，并在那里推动了阿拉伯语文化。

卡洛林文化改革产生的政治和文化状况值得仔细研究。随着卡洛林帝国的出现，中心也逐渐从前罗马帝国的边界转移。这体现了语言新的特殊性。最重要的皇宫在亚琛，重要的文化中心是修道院和主教区富尔达、赫斯费尔德、洛尔施、穆尔巴赫、圣加仑、赖歇瑙、萨尔茨堡、弗赖辛和今天的法国圣里基尔。至始至终，位于前罗马帝国边界或以外的地方，以及7世纪以来的新兴国家与古典时期的中心，例如（仍然重要，但不是唯一的）罗马、米兰、图尔、巴黎或罗马帝国的德国城市美因茨、特里尔和科隆，没有或者很少有历史连续性。至少，古罗马人的代表并没有在卡洛林改革中起主导作用，这一主要角色属于其他民族。阿尔昆（Alkuin）来自约克，保罗·迪肯（Paulus Diaconus）出生于伦巴德［可能还有比萨的佩特鲁斯（Petrus von Pisa）］，奥尔良的迪奥多夫（Theodulf von Orléans）是西哥特人。当人们关注文学传统时，类似的不平衡就会变得明显。当然，人们不能说在当今法国南部或意大利，也就是卡洛林帝国区域，同时也是罗马帝国核心区域，没有卡洛林文化。但是，当人们细数幸存下来的从人文学科到神学领域的诗歌作品和科学作品时，日耳曼语国家文化中心的某种主导地位就会浮现出来。在东罗马帝国，这种权力和文化中心的转变从未存在过。主导一切的君士坦丁堡中心早在古代就已经具有这一功能。

现在可以说，查理大帝别无选择，只能遵循拉丁语传统。他在由君士坦丁于公元324年后在罗马建造的圣彼得大教堂内举行了皇家加冕典礼，帝国在名义上遂成为古罗马帝国的延续。此外，当时的卡洛林帝国包括使用不同语言的许多地区：一方面是罗马化区域，在这些地区，不同罗曼语言的分化早已开始；另一方面是凯尔特人居住区；最后还有比重很大的日耳曼人区域。随着新帝国的建立，古拉丁语作为帝国境内理所当然的通用语言得到了延续。

然而,如果不考虑罗马帝国之后几个世纪的史前史,就不可能对这一过程在历史上有充分的认识。古代晚期西罗马帝国的一个特点是,与罗马人接触的其他民族成员在很大程度上融入罗马帝国行政管理和权力机构中。早期最著名的例子是切鲁西首领阿米尼乌斯(Arminius),条顿堡森林战役(公元9年)的日耳曼胜利者。他作为罗马人的反对者,并非以日耳曼的自由斗士成名,而是背叛了罗马的社会化,成为日耳曼辅助部队的指挥官。在古代晚期,一批日尔曼人如阿波加斯特(Arbogast)和斯提里科(Stilicho)在罗马军队和帝国政府中占据高位。公元476年,最后一位西罗马帝国皇帝罗慕路斯·奥古斯都被废黜之后,先是图林根的奥多克(Odoaker),然后是意大利北部的东哥特人、西班牙的西哥特人,最后是高卢的梅罗文加人和意大利北部的伦巴第人,建立了由日耳曼人领导的国家,但在语言和文化的连续性上并没有出现明显的断裂。与之相反,卡西奥多罗斯(Cassiodor)和波伊提乌生活工作的地方、狄奥多里克大帝(Theoderich der Große)位于拉文纳的东哥特王宫,以及7世纪西哥特王国的西班牙,都是古罗马文学再次兴盛的文化中心。甚至在之前帝国的核心地区,讲日耳曼语的精英统治着罗马化的民众。这一统治一直以来同这一事实一样正常:精英自身不一定罗马化,却提倡古老的拉丁语文化并因此将自己视为古代晚期罗马文化的合法继承人。4世纪,乌尔菲拉的哥特语《圣经》翻译单纯是为了礼拜而用,并没有建立起更广泛的哥特语书面文化。

随着民族迁徙所创造的条件,在罗马帝国时期(直到476年)和此后的一段时间内,强权政治领域同文化和语言传统已经开始分离,而这在附近的政治区域内都没有出现。在接下来两个世纪的民族迁徙变革时期,罗马和意大利中部不再是拉丁文化的传承者,这一事实在很大程度上进一部强化了这种分离。罗马在鼎盛时期是人口超过100万的世界级大都市，随着人口的明显减少成为了一个中等城市。自554年起，罗马城正式成为东罗马帝国的一部分，隶属于君士坦丁堡。另一方面，如果不是伊斯兰征服的出现使得拉丁文化突然结束，毫无疑问，拉丁文化传统会在东哥特的西班牙蓬勃发展，并继续发挥影响。最终，爱尔兰和英格兰，也就是很少受罗马权力影响的地区，成为民族迁徙时期最重要的拉丁语文化中心，但爱尔兰人本身从未罗马化。从6世纪到8世纪，这种"孤立的"（insulare）文化不仅对古代拉丁语文学的传播做出了决定性的贡献，而且通过科拉姆或博尼费斯（Bonifatius）的传教活动，也为欧洲大陆本身传播古代文化创造了新的基础。墨洛温和卡洛林世界的许多修道院都是在这个时代建成的：富尔达、赫斯菲尔德、圣加伦、赖歇瑙和许多其他修道院都是爱尔兰的杰作。值得注意的是，即使是在古老帝国的罗马化的核心地区，爱尔兰人建立起的修道院，像法国的罗希和科尔比，甚至意大利米兰南部的博比奥，都成为重要的文化中心。相比之下，古罗马中心——罗马、米兰、拉文纳、比萨、阿尔卑斯山北部、特里尔、美因茨或里昂——在我们看来对古代与中世纪的文化连续性没有任何明显的贡献。我们知道，许多古代拉丁语作家的作品都只是通过北方新的文化中心（例如富尔达）流传下来（最著名的例子也许就是历史学家塔西佗的著作），但很少有拉丁语作家的作品被证实是在意大利保留下来的。

早在卡洛林文艺复兴开始之前，拉丁语与罗马人或意大利人之间的唯一联系进一步被解除，尽管拉丁语源于其中。而其他民族很久以前就展示出，他们可以继续传承古老帝国的文化和语言传统。即使不能做到更好，也至少与罗马人一样。卡洛林教育改革发端于日耳曼民族，它改变了帝国的观念，后来德意志民族神圣罗马帝国由此得以产生，这一事实绝不是早期发展的不合逻辑的延续。

对进一步的拉丁语言史而言这不仅仅是历史的巧合。拉丁语对某一特定权力和特定民族的依附程度极低，这一事实为拉丁语作为科学、文学和宗教语言，在后来的欧洲国家形成过程中长期以来一直是欧洲的共同语言提供了重要的先决条件。如果拉丁语仅与意大利人联系在一起，就像希腊语同拜占庭帝国的核心地区相关联一样；如果帝国的日耳曼人没有在古代很早时期就完全接受拉丁语作为文化语言，那么，欧洲的语言史可能会有不同的走向。然而，拉丁语不仅就其语言地位，而且就其政治锚定性（Verankerung），更确切地说它的非锚定性，是一种广泛意义上的现实的世界语言。

3.2 拉丁语的新地位

拉丁语在多语言的欧洲

从查理大帝时期到18世纪末，拉丁语在欧洲盛行千年。而其与古罗马帝国时期最大的不同就是拉丁语不再是唯一的书面语言。正如前面提到的那样（参见第37页及之后各页），语言呈现出"世代变化"的特征。因为，不管是同一语言在历史上不断发展的语言形式，即罗曼语，还是其他语言，特别是德语，都成为了书面语言。前一节中提到的新的权力领域也出现分化：在希腊，以前的双语现象保留了下来，伊斯兰地区出现了同希腊语相似的双语现象。而英语的大胆尝试形成了完全不同的语言史。仅在斯拉夫国家，新的斯拉夫语，主要是俄语，成为书面语言，与此同时旧教会斯拉夫语也仍在使用。拉丁语和教会斯拉夫语虽然有明显的差异，但在结构上一次又一次地被进行比较并非巧合。

其他语言的文本化并不是卡洛林文艺复兴时期的首创。继公元4世纪孤独的先驱乌尔菲拉翻译哥特语《圣经》之后，6—7世纪的爱尔兰和盎格鲁—撒克逊文化已经将民众语言提升到了书面语言的等级。事实上，有计划地推广民众语言也是卡洛林改革的一部分。有记载表明，查理大帝还致力于德语语法［艾因哈德（Einhard）《查理大帝传》29 节］，图尔宗教会议（813 年）决定将后来法语的前身通俗罗曼语（lingua Romana rustica）应用于布道。842 年，出现了第一部流传于世的用通俗罗曼语写成的文献，即著名的《斯特拉斯堡誓言》。在卡洛林帝国分裂的过程中，查理的孙子日耳曼人路易（Ludwig der Deutsche）和秃头查尔斯（Karl der Kahle）结盟，反对他们的兄长洛泰尔一世（Lothar I.）。尽管最初拉丁语仍是主导语言而民众语言在接下来的几个世纪中才拥有了真正的地位，但在 19 世纪和 20 世纪民族独立取得胜利之前，欧洲后来的文化发展以同时使用世界语言拉丁语和众多其他民族语言为特征。这一发展可以追溯到查理大帝时期。

　　这种发展使拉丁语的地位发生了根本性的变化。只要拉丁语是罗马精英们唯一的不可替代的标准语言，那么它作为在学校通过标准化课程习得的固定语言就有着明确的标准：语法教师和罗马的有教养者使用拉丁语。虽然这种拉丁语是以西塞罗和过去时代其他著作家为准则的，但是使用它的人们就像使用自己的语言一样交流和写作。我们可以假设，罗马古代晚期受过教育的阶层没有人为地让他们的孩子远离拉丁语，也不限制他们只能在六七岁的时候才能接触拉丁语。相反，对这些家庭而言，标准拉丁语或是与之相近的语言形式也在学校之外不断使用。学校语法课的任务是固定形式和"最终检查"。就这点而言，我们有一定理由赋予古代晚期拉丁语母语的地位。然而，随着法语、德语和其他欧洲语言发展为书面语言和官方用语，拉丁语逐渐沦为第二语言。人们只在某些特定的情况下，为了特定的目的才需要它，抑或即使在这种情况下也根本不需要。

　　我们无法确定这一过渡的准确时间，探讨罗马牧师是否遵循查理大帝的命令以"通俗的"贴近民众的语言形式即通俗罗曼语布道；拉丁语现在还只是本土语言的书面形式又或者已经作为外语存在，并没有太大的意义。他们可能也并没有这样做。在 15 世纪的意大利，拉丁语和意大利语分别被称为语法语言和通俗语言，因此被视为一种语言的两种形式（详见第 175—176 页）。这一事实表明，至少在罗曼语国家存在着从古代晚期的双语现象到真正的双语制这一漫长的过渡期。在这种双语制中，拉丁语最终被视为本国语言（eigene Sprache）。在德国、英格兰、斯堪的纳维亚和东欧这些地方，人们从来就不说直系的嫡女语言（Tochtersprache），而是使用没有什么亲缘关系的"养女语言"（Adoptivtochtersprache）（见第 38 页）。无论如何，这种发展与拉丁语—民众语言这种双语制发展有很大的不同。但是发展的方向不可逆转：民众语言正在蔓延，而拉丁语日渐没落。

　　一千多年来，欧洲的语言发展同查理大帝所建立的帝国的发展显示出具有象征意义的同步性。千年之内，中欧最强大的政治统一的帝国随着大大小小领土上权力的日益增长。以及由此产生的政治分裂，成为在形式和礼仪方面都僵化的存在物。它不再拥有权力，背负沉重的传统并只残存少许欧洲认同感。在同一时期，拉丁语被欧洲许多民众语言边缘化，这些语言确立了自己的书面语言和文化语言，但最重要的是成为了民族语言。当 1806 年这一帝国在形式上也终结时，虽然拉丁语还拥有很高的历史声誉，但是只保留了极少的交流功能。查理大帝之后的帝国史和拉丁语史，从一开始就是内部分裂和不断更迭的历史。再来看前面提到的家庭模式（参见第 38—39 页）：当嫡女语言和养女语言看到成为书面语言的曙光时，拉丁语仍然是占主导地位的文化语言。因为，在自然生活中，孩子在第一次感到无助时，会完全依赖母亲。关于 8 世纪末、9 世纪初法语和德语的证明材料稀缺，直到中世纪它们也并不是民众文化的表达用语。它们被拉丁语言区拉丁语书面文化的承载者记录了下来。第一部完全没有拉丁语出现的德语手稿甚至到中世纪鼎盛期才出现。随着时间的推移，新语言承担了越来越多旧母语的功能。最终，在18世纪之交，当它们可以承担母语的所有功能时，是时候解放自己并把母亲送回到过去。近代关于在政治、行政、科学及文学领域使用拉丁语和民众语言的层出不穷的争论始于16世纪终于19世纪。从这个角度来看，我们或许可以将其与青少年成长中的分离过程进行比较。然而，这种家庭模式似乎只适用于欧洲的发展，并不是源于自然法则。古老的文化语言——比如希腊语、阿拉伯语和梵语——的存在比后继出现的语言要长期稳定得多；同这些文化空间进行比较，可以清楚地看出，拉丁语被其女儿和养女排挤，这并非是语言社会学的自然必然性（Naturnotwendigkeit），而是政治国家严重分解的结果。这一分裂在19世纪的欧洲民族国家观念中达到高潮并终结于20世纪的灾难之中。

拉丁语和民众语言是对立存在的两种语言规则，不能直接比较。几个世纪以来，对这种漫长的分离过程的文化历史解释显而易见都是以此为前提。一方面，拉丁语是有严格规范、不再发展的语言和古代文化遗产；另一方面，现代欧洲语言是各个民众群体的母语，是日常的交流语言，并且主要是同一切"一般"语言一样不断发展的语言，并在未来还会发生变化。简而言之，从查理大帝到现代的语言史被视为是活生生的民众语言取代"死"的拉丁语的过程。将拉丁语的"死"归因于民众语言的书面化，是罗曼语系一种常见的观点。因为这一过程被解释为：民众所说的"通俗拉丁语"（为了清楚起见，用回这个不精确的术语）和学校传授的书面标准拉丁语已经发展成为两种不同的语言。

这种观念的直接后果是拉丁语言和文化的历史同现代欧洲语言的历史被分开处理。对于研究民众语言的史学家来说，在经历了卡洛林文艺复兴时期的重大转折之后，各自同拉丁语的划界从损益平衡的角度来看是有意义的。最终，民族语言的发展印证了这一观点。在欧洲语言史的青春期，拉丁语发挥了主要作用，因为它或是促成了语言的逐渐成型，或是阻碍其发展（像偶尔在亲子关系中出现的那种状况）。因此，拉丁语像是一种"其他"语言，人们只是通过它看到影响，而实际上并不对它感兴趣。欧洲民众语言史的每一种阐释都要求拉丁语是一个已知的存在。因此，如果要证明其对现代语言的词汇和句法的具体影响，就必须在阐释中考虑到它。就像开始说明的那样（参考第5页及之后各页），古老的母语拉丁语直到最近都没有人为其著书立传，因为它的陨落不如民众语言的崛起令人感兴趣。

不仅仅是拉丁语的历史，全部历史都已经被抛弃了。因为对欧洲而言，无论过去还是现在都是一个统一的交流空间，拉丁语和民众语言之间广泛的相互影响，只有很小一部分得到研究。最重要的是，拉丁语和现代欧洲语言不仅处于互惠关系中，而且在许多方面都同样参与到欧洲口头和书面交流的发展中。再来看世代交替的模式这个观念：一千年内拉丁语及其后继语言共同构成了欧洲的语言世界，其中不仅有母亲和女儿（还包括养女如德语），构成了一个共同的"家族史"。（当然，这里提到的"家族关系"不应该理解为已经形成的"语系"这一语言学术语所表达的有亲缘关系的语言，而应该是一个命运共同体，其中，这些不同语言的外部影响和内部交叉关系有着相似的发展和变化。）我们试着更概括地来表达这一点：卡洛林文艺复兴后的拉丁语历史是欧洲语言学历史的一部分。上世纪九十年代中期以来，当今语言的这些交叉关系和共同发展将"欧洲语言学"（Eurolinguistik）定义为一种新的语言学科。语言过程的相互作用可以在欧洲乃至全球范围内观察到。当前这种情况能走多远，将在未来得到印证。然而，作为一门历史学科，欧洲语言学毫无疑问可以定义为一个单独的研究领域。因为在现代之前，欧洲是一个封闭的交流空间，它与其他交流空间相区别，恰恰是因为拉丁语是所有欧洲国家的通用语言。

拉丁语研究对这种历史的欧洲语言学的特殊贡献在于，将中世纪和新拉丁语从"静态的"语言这一偏见中解放出来，其内部变化只有拉丁语言学家感兴趣，而在整个欧洲的交流中不再扮演任何角色。我们有必要使新拉丁语历史更具活力，因此首先就要表明其与欧洲其他语言的发展主要存在什么关系和共同点。通常的观点是，母亲（拉丁语）在其女儿（罗曼语）出生时就死去，但实际不是这样的。然而，如果拉丁语被理解为一种固定的语言，其核心内容有时不再是最低标准（参见第106—107页），而允许有新的发展，那么中世纪和近代拉丁语可以被视为是欧洲语言史的内在整体的一部分。

147

拉丁语言史这样一种动态化的开端基于两个完全不同的层面。第一个层面是语言材料本身。在词汇、语言风格，某种程度上还在句法可能性等方面，拉丁语和其他欧洲语言之间一直存在着频繁的交流。人们可以称之为"语言联盟"，就像拉丁语和希腊语在古代晚期的交流一样。拉丁语对民众语言的影响，绝不仅限于学术词汇的形成。这种影响在原则上总被接受。但是，负面影响也一直存在。这种影响在近代被有人文主义倾向的语言教师贬低为"日耳曼语特点""高卢语特点"等，与拉丁语的精神相悖。然而，有时候人们走得太远，将拉丁语短语视为非拉丁语，因为它们也出现在现代语言中。由德国北部的文学家和神学家约翰内斯·傅斯修（Johannes Vorstius，1623—1676年）撰写的一本名为《关于被不公正怀疑的标准拉丁文》的有趣小册子中提到了这一现象，并表明介入这种语言接触现象（Sprachkontaktphänomen）异常困难。他举例指出，sub oculos venire 和 consuetudinem venire 这些短语已经过时了，虽然在德语中它们对应"在眼皮底下"和"养成习惯"的意思，但是，这两个短语都源于拉丁语并被翻译成德语。后来，第一个短语保留在德语中，而如今我们将第二个短语视为拉丁语式的表达。

为了理解拉丁语作为一种语言在现代欧洲是如何演变的，第二层面的观察则更为重要。接下来的几节会阐释：欧洲民众语言从一开始尝试文本化到如今发展为文学和文化语言，其中一些决定性的步骤至少在拉丁语中也有迹可循。

起初这似乎是矛盾的，因为拉丁语在古典时期已经得到了充分的发展。它的表现力和多样性是其优势，使作为"文化语言"的拉丁语似乎超越了对于许多交流目的还不太合适的民众语言。拉丁语作为"学者语言"的语言可能性基本保持不变，而现代各种欧洲语言则生机勃勃地发展着，情况显然不是这样的。拉丁语并不是"其他的"、文化动态与欧洲其他语言发展相脱节的"学者语言"，而是同它们一样，发展时快时慢。从查理大帝时代到19世纪，在某些方面甚至直到今天，在拉丁语标准概念和教学中产生的内在变化中可以观察到什么，并不是通过学术世界象牙塔式的孤立发展获得的，而是通过与推动其他现代语言向欧洲文学和民族语言发展相同的作用力获得的。因此，在拉丁语是如何被法语、英语、德语和许多其他语言取代的历史之上，还得加上另一段历史：迄今为止，所有这些语言是如何与拉丁语一起发展的。这段历史，为了简单起见再次称之为"家族史"，是下一节的重点。

没有民众的第二语言

为了使这种观点在根本上成为可能，有必要进一步明确拉丁语作为在学校习得的第二语言，在多大程度上可以被完全正确地称为一种"活的"语言并且可以与其他语言进行比较。从查理大帝时期到19世纪，拉丁语不仅是一种科学的艺术语言，还是一种极其"一般的"交流工具，甚至会应用到口语中。这是众所周知的，无需在此赘述。但是，我们不想让几个世纪以来一直被不假思索地加以利用的"拉丁语是充满'活力'的"这个论点被搁置。至少可以说，在古代结束之后，学习和使用拉丁语不是特殊文化技术的应用，而是可以用与任何其他语言相同的思维模式来理解和描述。

可以假设拉丁语是一种"固定的"语言，其中某些特征是固定的，不可以调整，但其他特征是可变的。从语言学的角度来看，"拉丁语是一种完全不可改变的语言"这一观念是错误的。我们今天有这种印象，主要是由于拉丁语课程。一方面，拉丁语不再作为积极使用的语言被教授；另一方面，人们仅仅将拉丁语理解为自古以来学校里的典范著作家展现的狭隘的语言标准。这两个原因共同导致拉丁语常被视为一种规则系统，它的语法规则或词典条目可供任何细节使用，并且积极应用它是一项繁重的句法工作。但世界语言拉丁语的总体情况不是这样的。拉丁语被积极使用的所有地方，自然会出现完全不同的情况。因为努力通过规则来掌握一切并模仿古罗马人的语言能力，不会形成标准化的语言而会径直导致失语。伊拉斯谟已经在 1528 年针对古典主义拉丁语弊端的对话录《西塞罗主义者》(*Ciceronianus*) 中说明了所有必要之处。这个拥有娱乐性和可读性对话的主角 Nosoponos（字面意思"患病者"）是一个由于疯狂追求西塞罗而处于病态的病人。他利用庞大的语言学参考工具书，日以继夜地辛苦工作，只为完成一封拉丁文短信，并拒绝自发交流的要求，因为那时如果不查字典，人们无法拼出正确的拉丁文。他的朋友 Bulephoros（"建议者"）必须首先想到：西塞罗不是拉丁语唯一的楷模，盲目地模仿古典时期根本无法实现最终目的。作家或演说家拥有自己内在化的语言能力和风格，没有这一认知就不会有拉丁语的交流。

拉丁语课程的历史清楚地显示了如何获得这样的语言能力。无论哪里真正需要拉丁语作为交流语言，沟通实践都是课程中不可或缺的一部分。今天拉丁语典型的语法规则中不可忽视的一部分，直到 19 世纪当拉丁语不再为了积极使用而被讲授后才形成。那时，学校传授的拉丁语语法仅包括词形变格表，语言分析的基本范畴（词类、构词等），以及句法基础知识的介绍。大部分拉丁语句法的绝妙之处从未被有意识地思考过；15世纪中期意大利人文主义思想家洛伦佐·凡拉（Lorenzo Valla）对正确使用拉丁语反身代词的惊人"发现"，诸如此类的认知掩盖了这样一个事实：对有效基本规则的探索是受限的，语法理论应该主要服务于快速有效地掌握语言。在拉丁语教学史上直到19世纪，语法规则、阅读和语言的积极应用在语言课堂中的比重一直是持续讨论的话题，如同今天的现代外语教学一样。人文主义思想家总是赞成语法的比重要尽可能的低。彼特拉克不仅是一位意大利诗人，还是14世纪最重要的拉丁语散文和诗歌作家。他是否能够为20世纪的拉丁语教师完美地解释拉丁语中动名词的用法，令人存疑。1800年新人文主义创始人之一弗里德里希·奥古斯特·沃尔夫（Friedrich August Wolf）也提倡不应该根据语法来教授拉丁语。在词形变格以及构词法和基础句法规则的基础上，通过阅读古典及后古典文本，通过与拉丁语使用者的生动交流，人们了解到这种交流不是与生俱来的，而是后天在学校习得的。同今天的外语学习一样，在近代早期，比语法学习更重要的问题是如何进行正确的表达。对此，当拉丁语面对其他语言开始呈收缩态势时，16世纪以来出现了各种各样的学生辅助工具。

因此，在拉丁语被积极使用的一切地方，其情况如其他语言一样：它不是教师的母语，而是借助语法书、阅读材料和供高阶学习使用的"原始文献"习得；它是一种普通的第二语言。它只有一点与其他语言不同：它没有第一语言者（Erstsprecher）。然而，只要它被积极使用，拉丁语就具备了普通语言所有的特征。

这一方面涉及个人语言能力的获取。没有第一语言者、电影和录音机，人们只能通过可用的"信息资料"来学习第二语言，例如通过语法教科书、书面文本，以及与同样要学习第二外语的语伴进行交流。以这种方式学习语言不是无意义的,也不是一团乱麻,而是在正确地学习一门语言。将为描述语言习得过程而提出的"学习者语言"(Lernersprache)模型以适当的方式用于拉丁语学习是有意义的。在语言学中,通过这一概念描述了各种研究证实的事实,即学习一种语言或是在第二语言学习的过程中,不能循序渐进地学习语言的"正确"使用,而是在学习者的大脑中,基于先天的语言能力,从一开始就可以利用已有数据构建出自身的语言系统。虽然这种语言系统或多或少地偏离了要学习的"目标语言"的实际规范,但它是一个真实的系统,同每种语言一样,遵循一种内部逻辑,绝不是对目标语言规范的错误探寻。在学习所谓的"一般"语言时,这种内在的"学习者语言"是一种辅助结构,它没有实际意义,也不应该存在。它不断得到纠正,并且在第一语言者的语言能力中有明确的目标,同时朝着这个目标看齐。然而,在古代结束后,拉丁语的特殊情况是完全没有第一语言者。在这种情况下,"学习者语言"的形成具有一种全新的功能:在某种程度上,它成为正确语言的终审者,拥有第一语言者的语言就不会出现这种情况。夸大地说,拉丁语使用者拥有的个人语言能力同"学习者语言"一样已经形成。学习拉丁语时,在没有其他语言校正可能性的情况下,人们最终必须满足于使用"学习者语言"。

事实上,拉丁语的说和写自古代结束以来就具有个性化色彩。拉丁语语言表达无论过去还是现在总是反映个人的教育经历。总的来说,拉丁语使用者之间的语言差异程度同世界语言英语一样,一直很大。出于对西塞罗的热忱,彼特拉克的拉丁语在中世纪具有古典时期西塞罗风格,这是他个人的选择。尽管他的作品是成功的,但连教皇克莱门特六世(Clemens VI.)也担心彼特拉克的拉丁语对于教皇秘书这一职位来说太难以理解了(彼特拉克,《熟人书信集》第13卷,第5页和12页,参看14卷第1页)。

但是,这并不意味着再也没有拉丁语语言共同体。第二语言为拉丁语的共同体是一个真正的语言共同体，在这个共同体中，语言的动态过程就像在其他语言共同体中一样不断演变。语言在由文化习俗决定的固定框架内不断发展。在语言实验室的纯粹形式中，通过持续多天的"拉丁语日"（Lateinsprechtage）和类似的积极使用拉丁语的活动，人们可以观察新标准的形成过程。这些活动近年来经常举办（本书的作者也经常参与其中）。统一规则在"模范演讲者"（Modellsprechern）——实际上参与者通常是专业拉丁语人士——的指导下，在很短时间内有规律地发展，但问候、告别、表达时间、用餐、问路等方面的统一规则往往也是通过群体的动态过程形成的。尽管这些规则，至少对于具有较高要求的共同体而言，大多基于古典时期的语言标准，但同时假设了不可预见的独特重点，并以创造性的方式填补了现有语言知识不足的空白。如果能够进行录音，那么毫无疑问准确描述不同拉丁语区之间语言学上的差异将成为可能。这里短时间内作为游戏实验发生的一切，曾经大规模地出现在拉丁语历史上。如果在本土、区域或学科基础上没有形成这种世代发展的新的语言习惯，就不可能在卡洛林文艺复兴时期复兴拉丁语，并在16世纪的人文主义中引入西塞罗文体规范。换句话说，在积极使用拉丁语的中世纪和近代，拉丁语的非固定部分不是随意决定的，而是由新形成的语言规定来填补。这不仅适用于与古代风格习惯有很大不同的中世纪拉丁语形式，而且适用于人文主义的拉丁语风格，只要人们遵循伊拉斯谟在《西塞罗主义者》中提出的建议，不要盲目模仿无法达到的标准。在注意到这一点的情况下，新的规定应被视为与古罗马时期的拉丁语言形式同等重要。

　　古代之后，拉丁语的语言能力（Sprachkompetenz）以三个具有特殊性质的语言构成为前提，它们在一切书面语言中都扮演着重要的角色。1. 与在第二语言习得中形成的"学习者语言"相比，在学习过程中构建的自身语言系统具有更大的意义：因为没有第一语言者，所以存在一个由"学习者语言"填充的自由空间。2. 群体交流中的语言动态过程产生，它是一般语言变化的动力，但其影响一方面受到固定框架的限制，另一方面受限于第二语言的使用和某些选定的机会。3. 语言的基本结构，无论是在语法、词汇还是公认的范本中，都不再发生变化，一直都是固定的。

此外，拉丁语同没有第一语言者的第二语言的条件进行比较，更清楚地表明，这些特殊条件不是历史与过去文化重新联系的结果。有趣的是，英语发展成为世界语言在最近20年带来这样的现象，即被强行与拉丁语进行比较。值得注意的是，并不是与我们今天在拉丁语课堂上学习到的拉丁语进行比较，而是与活跃的世界语言拉丁语进行比较，就像在中世纪和近代早期处于使用中的拉丁语。当母语交流的作用在纯粹数量上越来越有限时，英语越来越接近后古典时期拉丁语的状态。目前，英语是世界上不同国家的第一语言。但是，不考虑英国、美国、澳大利亚和其他许多国家正在发展自己的英语形式（参见第86页及之后各页），英语主要作为第二语言在今天具有全球意义。据估计，早在上世纪90年代初，世界上80%的交流过程根本没有母语者的参与，其中英语被用作第二或第三语言。换句话说，在全球范围内，人们学习英语主要不再用于与英语国家接触，而是为了同把英语作为第二语言的人进行交流。使用英语作为外语或第二外语的人数大约是以英语为母语人数的三倍。在有资格作为世界语言发挥作用的语言中，没有哪种现代语言像英语那样，第一和第二语言使用者的比例对于母语者来说非常不利：从统计学的角度来看，汉语、印地语、阿拉伯语、西班牙语和葡萄牙语、法语和德语主要用于那些将它们作为国家和学校的正式语言（因此是首要被培养的语言）的地区，或至少用于与这些国家的交流中。今天在德国学习汉语非常受欢迎，这是因为今天的中国具有更重要的地位。没有人会想到用汉语与日本人交谈，即使他们会说这种语言。（汉字中，一个符号代表一个词,这在其他语言中也是可能的。因此,这样的文字总是在亚洲范围内营造一种通用语言的情况。用汉字进行书写是一种特性,这里不予考察是因为它不影响口语交流。)但是,英语是所有三个国家相互理解的共同语言。一种语言的第一语言者无论是已经去世2000年,抑或是在2000公里以外,至少在具体的交流环境中使用这种语言作为第二语言没有任何区别。

这种情况对英语的地位和看法的影响是显著的,而且最近也越来越多地成为英语语言学的研究对象。从拉丁语历史的角度来看,这里特别感兴趣的是,上述对拉丁语作为第二语言的三点描述,在英语中也发生了变化:1.用个人获得的语言能力代替通常具有普遍约束力的母语标准作为终审者;2.第二语言者在"第二级"语言共同体中的语言动态过程的影响;3.甚至可能是语法和教课书的固定意义。

英语作为世界语言的地位逐渐使英语学习者的学习目标越来越少地向母语标准看齐。作为一种全球语言,只有考虑到伊拉斯谟的提醒,即不能追踪一个本来无法达到的语言标准,以及真正需要使用语言的人对语言真实性的识别,英语才能发挥作用。全球英语情况使得人们,与中世纪的拉丁语一样,不会倾向于将在学习过程中一次性习得的语言能力视为暂时的英语标准,而是不需要再质疑的最终结果。对于英语教学而言,这首先意味着传授母语标准的目标总体上存在问题,并且大多数是根据一些特定情况建立起来的。然而,更进一步的后果是:在某些情况下,个人在实践中因其特定教育经历而带来的语言能力必须被认为是一种平等的语言形式。相比之下,以不同的第一语言为背景,语言实践不同的人之间组成一个语言共同体是不可能的。在一个国际性的会议上,也许人们可以确定和评估某人的英语是否流畅,但是以英语为母语之人和将英语作为第二语言的使用者使用英语时,关键性的区别体现在细微之处,而这些细节在这里已经无关紧要。对于使用英语作为通用语言的国际建筑团队，如果只是实现期望的沟通，较低的语言能力即可。当然，每种通用语言都是如此。然而，英语目前的特点是，其作为全球通用语来使用已常态化。相反，母语语言共同体，而且是每一个单一的、不同的英语语言共同体，在逐渐消失。对英语"母语者"和"非母语者"明确的划分开始大规模地瓦解。对于哪些发言者被赋予"英语所有权"的问题，是最近热议的话题，这不仅涉及以英语为主要语言的不同国家，而且涉及在全球范围内所有英语使用者。因此，今天的英语比任何其他语言都更接近近代早期拉丁语。一方面，拉丁语在当时是欧洲最重要的语言；另一方面，当时也并不存在使语言有真正"归属"的语言共同体。

源于第二语言者的语言发展，在此期间已经成为一个需要认真对待的因素。鉴于英语交流中目前已经达到的"第二语言者使用"的比重，这就不足为奇了。如果在德国大学里，德国教授为加强国际交流给德国和其他国家的学生——一般来说英语是他们的第二语言——提供英语授课的专业，那么，与上面提到的拉丁语语言圈不同，会不可避免地形成某些特定的语言惯例。总的来说，这里创建的沟通情况与近代早期大学的拉丁语教学非常相似。在个别情况下，这样一个小范围的语言创新并不会对英语的发展产生影响。但是，如果将以英语为第二语言的语言者之间的交流，以及同说英语的第二语言者的交流在全球范围内看作一种常态，就必然会产生后果。由德国、俄罗斯、日本、阿根廷和无数其他语言群体中数亿人发展出来的，在交流中产生出来的英语语言习惯，不能简单地被视为是母语英语的不完全的变体（defiziente Varianten）。特别是人们仍全然不知，应该将不同母语形式中的哪一个视为范本。他们有属于自己的地位，甚至影响英语国家语言的发展。

第三，最后应该检查，使用英语作为第二语言是否明显有助于固定英语。因为第二语言的学习通常（至少在早期阶段）是通过语言教学和有效的教科书来进行。但这是以有可描述的标准为前提的，否则有针对性的学习过程根本无法启动，例如这一过程对于老年人学习第二语言——掌握词汇、理解和学习语法——是不可或缺的。现在，如果在教科书的帮助下，在课堂上学习英语的人数远远超过从父母那里将英语作为第一语言来学习的人数，那么教科书的功能就会发生变化：它们现在在很小程度上是描述当前母语标准的辅助工具，而在更大程度上具有规定性功能。对于学习英语的韩国人来说，教科书最初并不代表某个国家的语言习惯，而完全是"那种"英语。然而，在世界上所有英语教学的复杂情况中，对现有的英语教材进行统一改变的过程，很难实现。因此，似乎有理由得出结论：英语作为第二语言的迅速发展将极大地加强对书面语中某些关键要素的固定。

另一个观察结果支持这一假设。在实践中已经可以观察到，全球背景下英语的实际变化具有某些模式，这些模式与古罗马时期结束后拉丁语的变化相似。在拉丁语中，就像在英语中一样，最稳定的部分是单词的外在形式（英语中人们几乎不用屈折形式）、句法的核心组成部分，即被编纂成百科全书和语法书的部分，作为学习第二语言或者外语的基础由此得以建立。另一方面，在这两种语言中，新词和惯用语的形成更加自由。对于这些熟语而言，许多惯例以日常交流为目的彼此无害地存在着。此外，对某些句法的选择和偏好也处于巨大的波动中。

然而，英语和拉丁语一样，最大的变化是发音。在古罗马时期之后，拉丁语只在书写方面还存有真正的连续性，而发音类似于地方性的沟通语言——法语、意大利语、德语等等——变化非常大。这一事实最近甚至被罗曼语言文学专家赫尔穆特·吕特克提出来作为最终成为"死"语言的定义标准（正如我们所想的那样，这并不完全正确，因为在拉丁语中长期存在人为的发音规则，见第109页前后）。当代英语的发音既在"核心圈"（inner circle）的各个国家，即英语为母语的国家，也在作为第二语言的使用过程中变得非常多样化。日本人、俄罗斯人、非洲人和许多其他语言空间的成员在一定程度上将自己语言的发音习惯带入英语中,并创造了各种新的发音变体。这种变体不是为了表示与(已经不存在的)"原始形式"(Originalgestalt)的偏差,而是作为真正的语音系统用于语言学分析。但另一方面,由于相互理解在很大程度上取决于发音,并且该领域的分歧目前已经对国际交流产生了明显的阻碍,所以发音已经成为当下最值得思考的话题:哪些基本的发音特征对于相互理解是必不可少的,并可以形成一个共同的"核心通用语言"(Lingua Franca Core)?因此,思维上的延续作为最低标准进入所有国家的英语课堂,从而像拉丁语一样,创造出第一部语法规则。值得一提的是,中世纪和现代早期的拉丁语并没有共同的发音规则。由于较差的旅行条件和缺少电子远程通讯,人们不能从一个小时到另一个小时突然切换成用拉丁语同其他国家的拉丁语使用者进行交谈。哪里曾经出现过毫无准备的交流情况(例如当外国大使馆诵读拉丁语文章时),哪里就有对拉丁语难以理解的抱怨。

拉丁语在中世纪和近代作为"没有母语者的第二语言",其地位并不像我们一开始看到的那样远离现代语言经验。一项关于英语和拉丁语作为第二语言使用的特定条件的联合研究,将会非常有益并促进对语言学演变过程的理解。然而,在本书的背景下,首先要明确拉丁语在中世纪和近代欧洲语言系统中,作为一般语言的发展程度。

3.3 中世纪

拉丁语的再生

如果没有前一节所述的第二语言拉丁语的发展可能性,就不会有欧洲的千年拉丁语。因为卡洛林对拉丁语的改革意味着，拉丁语由梅罗文加时期的野蛮状态再次回归到专注于语法的正确性。从更广泛的意义上讲，我们可以将8—12世纪这段时间理解为拉丁语和欧洲书写能力的复苏期。

6世纪中期到8世纪中期的拉丁语文化危机是根本性的。拉丁语真正的传统在中欧只留有一丝痕迹，只有爱尔兰和英格兰南部的人们才较广泛地拥有语言和文学知识。在很大程度上，就像希腊语的情况一样，在"黑暗"世纪，大约是公元550年到8世纪末，拉丁语知识及其广泛的使用分崩瓦解。剩下的只是活跃的学校传统的延续和在图书馆中保留下来的语法书，以及在某种意义上处于萌芽状态的文学作品。自查理大帝时期起，对语言重新进行积极使用就是从这些萌芽中发展起来的。然而，拉丁语危机有一个更为严重的后果：由于拉丁语是唯一确立的书面语言，它的没落等同于写作能力遭遇危机。几个世纪以来，差异化的书面交流方式在西欧已成为顺理成章的事情，现在西欧再次趋于一种无文字的状态，就像一千年前那样。固定的标准语言和日常语言的分离式发展在古罗马晚期已经产生出这样一种情况：在这一时期，学习写作要比在古老的拉丁语文学起源时期难得多。公元前3世纪为了记录文本只需要掌握字母，写作晚出现了一千年，因为它与在此期间远远偏离了民众日常语言的拉丁语规范联系在一起，这几乎相当于学习一门新语言。这是一种存在于学校复杂系统框架内的文化技能。在这种前提不存在的地方，写作从一个必然要掌握的基本文化能力演变成专家的知识学科。查理大帝之前的两个世纪被视作"至暗时刻"，这当然不完全因为这一时期文化匮乏，而是由于那个时代的人几乎还没有掌握写作的艺术，其相关的流传物也很少。

书面文化的"科学化"始于古罗马早期。第一个标志是语法教师的使命变得越来越重要。昆体良认为语法教师从事早期和初级教育，高等教育则需通过修辞课程来进行。与之相反，从牧师普罗提乌斯（3世纪末）和多纳图斯（4世纪中期）被授予罗马城的语法学家的称号可以推断出，他们拥有官方地位。虽然我们对古典拉丁语著作家——甚至是我们对其生平了解最多的古代作家西塞罗——的语法教育知之甚少〔只有贺拉斯在《书札》第二卷第170—171页讨论阅读法规时不经意提到了他"充满建议的"老师奥比利乌斯（Orbilius）〕，但通过古罗马晚期，我们越来越多地了解到谁有哪些语法老师，哪些语法学家曾给哪些著名的学生授过课，类似于今天人们向最著名的艺术家询问他们的老师。多纳图斯是教会神父哲罗姆的老师，5世纪的费耶西亚努斯（Felicianus）是诗人德拉孔蒂乌斯（Dracontius）的教师。诗人科里普斯（6世纪）本人就是一名语法学家。一般来说，5—6世纪拉丁语文本中的一个不可忽视的部分是语法作品，而修辞作品却少之又少。语法，字面含义为"写作的艺术"，在古罗马晚期语言构成的特殊条件下，越来越成为文化的体现。通过语法，我们可以了解古罗马的历史及其文学世界。当古罗马时期学校教育跌入谷底时，像掌握正确变位形式和拉丁语词汇这些基本的事项，逐渐被人们所推崇。只有这样，人们才能理解拉丁语世界这部最与众不同的语法作品，即语法学家维吉尔·马罗（Virgilius Maro）的作品，他可能生活在7世纪那个最严重的文化危机时期（他与诗人维吉尔的名字真的一致还是文化的自我风格化，我们不得而知）。维吉尔讲了一些值得注意的事情，例如拉丁语有12种类型，以及人们用14个日夜来争论是否ego有呼格。最早的语法学家被追溯到居住在特洛伊的据说活了1000岁的多纳图斯。人们可以解释为，这样的幻想展现出一种文化：在绝望的尝试中去掌握书面语言。

　　语法的核心地位应该保持更长时间。公元7世纪相对强大的拉丁语文化产生于两个区域，这种文化最重要的代表人物写下的语法著作表明，语法不仅仅是一门辅助学科。直到被阿拉伯人征服，西哥特王国所在地西班牙和爱尔兰一直是古希腊罗马文化的重要载体。托莱多主教朱利安（Julianus von Toledo，约642—690）是西哥特王国的语法学家，更重要的是塞维利亚主教伊西多尔（Isidor von Sevilla）的《词源》（约560—634）。实际上，这是所有学科的百科全书。由于单词解释在书中发挥了主导作用，这本书对拉丁语的语言构成也具有重要意义。在7世纪的爱尔兰文化中，只有真正的拉丁语文化存活了下来，幸存的语法文本数量在圣徒传记之后位居第二。"狭义语法学家"（insularen Grammatiker）的作品，作为古罗马时期到中世纪早期重要的文本群成了一个研究范畴。在7—8世纪，盎格鲁—撒克逊人中最重要的两位拉丁语作家，马尔姆斯伯里的奥尔德海姆（Aldhelm von Malmesbury，约640—709）和神父尊者比德（Beda Venerabilis，约673—735），留下了关于诗韵学（Metrik）的作品（古罗马时期重要语法部分）。此外，比德还写了有关正字法的作品，并说明这些词的使用。在8世纪早期，博尼费斯（672/5—754）可能是德国最重要的传教士，写有诗韵学和语法方面的作品。因为只有阅读和写作艺术才能确保基督教教义的传播，所以在危机时期，可以说语法已成为教会上层人士的重要任务。

中世纪最早的手写流传本展示出大量语法文本的存在。8世纪，几乎没有保留古典罗马作家的手抄本，但是收录了语法学家一系列文本的许多手抄本保留了下来。其中一些作为在文字还鲜为人知时代的罕见证据而闻名。特别是藏于柏林国家图书馆的、大约790年的手稿《迪茨·贝桑特》（*Diez. B Sant. 66*），出自查理大帝的宫廷圈内。有关多纳图斯、普里西安和其他古罗马晚期语法学家的手抄稿，许多也出自于约公元800年。然而，古罗马时期古典文献的手抄稿，例如西塞罗、贺拉斯或萨鲁斯特的手抄稿，仅在9世纪30年代之后才被大量保存。从某种意义上说，在勇敢面对深奥的罗马作家之前，必须再次学习拉丁语。但即使在9世纪，语法仍然具有重要意义。在9世纪上半叶弗赖辛的埃坎伯特（Erchanbert von Freising）对多纳图斯的评注中，语法被称为第一门艺术。拉巴诺·莫鲁斯（Hrabanus Maurus），卡洛林文艺复兴时期最重要的学者之一，于847年在富尔达修道院长期工作后成为美因茨大主教，遵照普里西安的语法撰写了一部详实的语法著作。

在那之后，情况似乎已经稳定下来。随着中世纪的进一步发展，语法教科书的写作越来越少，当时仍然撰写此类著作的作者不再是其时代的主要人物。语法现在重新成为如古罗马时期专家学者负责的一个领域。中世纪鼎盛期最重要的语法著作的作者，佩特鲁斯·赫利亚斯（Petrus Helias，11世纪）、埃伯哈德·冯·贝蒂纳（Eberhard von Béthune）和亚历山大·德·维拉·戴（Alexander de Villa Dei，12世纪下半叶）都是语法学家。特别是后两者的作品，埃伯哈德·冯·贝蒂纳的《模仿希腊语的表现形式》（约1200年）和在中世纪晚期被广泛使用的亚历山大的《教义》（1199年），它们作为教科书是拉丁语初学者课堂上不可或缺的教学辅助工具，但对那段时间的精神生活没有任何作用。中世纪鼎盛期伟大的诗人、神学家和哲学家，以及世俗诗歌和宗教诗歌的作者们都不再撰写语法作品。中世纪晚期，人们付出了大量努力来发展一种有牢固哲学基础的语言理论，即使在今天它仍然具有现实意义。然而，对于语言学习者而言，这些作品与当今语言学的大多数理论方法一样很少被思考。在这个方向最重要的代表作之一是论文《关于词义的各种类型》（*De modis significandi*），也被称作《理论语法》而传播，其作者是生活在1300年左右的埃尔福特的托马斯（Thomas von Erfurt）。

真正的拉丁语能力的复苏使得脱离语法教科书成为可能，这也反映在拉丁语文学中。通俗拉丁语通常是指非书面语的表达，在7—8世纪的文本中大量存在，而后来与之相关的文本继续被视为是"正确的"。9世纪，对整个8世纪的文本进行了一系列的修订，因为这些文本中的拉丁语显然已经无法再满足新的要求。两个版本的并行使得非专业人士也很容易理解。弗赖辛主教阿尔贝罗在780年左右编写的圣徒科尔宾安（Korbinian）的传记，作为德国作者可考证的第一部作品极有说服力地表现了这一点。这部作品原始版本的拉丁语，一方面对精致而复杂的用语提出了最高要求，另一方面却缺乏对拉丁语句法的最基本要求。正如有人所言：其意愿超过了能力。在9世纪的修订版中，语法错误被消除，文体也谨慎地规范化。

这些文本不仅仅表明经过一个世纪的危机后语法知识的短期改善。从5世纪开始延伸到中世纪这段漫长的时期，拉丁语的地位从根本上得到关注：确切地说，在古罗马与中世纪早期之间的巨大危机中，拉丁语作为语言几乎不再存在。在奥古斯丁时代，对拉丁语的掌握是一种集体知识，由语法学家维护和严格控制（对此奥古斯丁曾抱怨过，参见《忏悔录》第1卷，第29页）。但作为真正的语言能力，大量的人将其用于口语和书面语中。掌握拉丁语并不是什么特别的事。尽管拉丁语的培养与学校联系在一起，但人们可能会认为，在更高的社会阶层中，学校拉丁语或与通俗语言截然不同的拉丁语形式至少在谈话中是可能的。就像19世纪生活在德国受方言影响强烈地区的人一样，他们因为基本的文化信仰而只讲标准德语。古罗马晚期的拉丁语语言能力在7世纪还剩下些什么？一个人掌握了多少古罗马的语言标准或是没掌握，这个问题并没有一个完整的答案。更为重要的是另一个因为缺乏有力的资料来源而难以回答的问题：黑暗时代的拉丁语在多大程度上仍然是一种广泛用于交流的语言？同历史发展截然不同的教会斯拉夫语进行比较，可以扩大我们的眼界，当时教会斯拉夫语基本上不是斯拉夫地区为了一切可能目的可自由使用的、适宜的通用语，而只是教会文本的书面用语。在高卢的梅罗加文王朝是否有这样一群人，他们继续推动古代晚期的双语现象，并要求说"拉丁语"，即使这种拉丁语已经被粗俗的语言覆盖无法识别但仍然与之有别？又或者拉丁语知识通常只意味着一种被动的、极具技术性的语言能力，与现代学生的拉丁语知识相比，这种语言能力能够合理地处理对教会和生活其他方面有重要意义的现有文本吗？可能两种情况都有。但无论如何，有一件事是肯定的：那些仍然准确了解拉丁语并能够真正处理更复杂文本的人非常少。当然，我们缺少统计数据。但是在奥古斯丁时代，地中海和中欧地区超过十万人享有强化的拉丁语教育，而在 7 世纪只有几百人，这一假设不应该完全忽略现实。这些少数人并不构成真正意义上的语言共同体，而是一群分散的个体，他们仍然以书本知识的形式掌握了古老的文化技巧。他们几乎可以与濒危物种的单个样本进行比较，这些物种分散居住在某个地方，但并不构成真正的种群。

从这个角度来看，由卡洛林文艺复兴引发的拉丁语语言知识的繁荣（据说查理大帝可以流利地讲拉丁语，亲自树立了一个很好的榜样），不仅意味着巩固古老的语言标准，而且拉丁语作为一种真正的语言在复苏，可以自由地用它进行书面和口语交流。通过我们在前一节中提到的以新拉丁语群体经验为蓝本的"第二语言者"在固定语法框架中进行的二次语言革命，可以看出这一点，这一过程在几个世纪以来一直是欧洲范围内的集体发展。如果将民族迁徙危机后拉丁语的"救赎"只限制在卡洛林文艺复兴时期并假设拉丁语在此后会再次复兴，这种想法是错误的。看看直到中世纪鼎盛期都一直惊人增长的文本数，越来越多的中心、学校以及大学都书写拉丁语并在某种程度上用拉丁语交流，显而易见，这个过程无疑持续到了中世纪鼎盛期。在 11—12 世纪中世纪鼎盛期拉丁语文化的巅峰期，欧洲有数十万人能够流利地理解拉丁文并积极地通过书面和口头方式进行交流。拉丁语不仅是教会礼仪和文学语言，而且是大学讲座中能够自然流畅使用的语言，还是向理解拉丁语的人群布道的语言。其范围涵盖科学、讽刺作品乃至情色文学等多样的文学类型。无论是书面还是口头的拉丁语交流，在社会中越显而易见，语法教育就越能回归到外语教学中不可避免的教学法功能。为此，活跃的交流被赋予了重要意义。也许即使在中世纪，你也不应该假设在任何地方都可以毫无障碍地就任何话题自由地进行口语交流，但它确实存在。语言实践学派在很大程度上再次涉及日常生活，而不是研究书中的拉丁语。对形式理论和基本句法的正确掌握不再是令人惊讶的艺术，而是理所当然的，就像"一般"语言通过日常使用得到巩固和监管。传统的观点是，卡洛林的语法标准化一方面使得古代晚期语言系统最终被分解为罗曼语言，另一方面带来了正确的学校拉丁语，从而定义了拉丁语的最终死亡。我们也可以反过来看这种观点：当拉丁语在民族大迁徙的黑暗世纪中成为几近死亡的知识时，到了中世纪，在固定的语言框架内，拉丁语再次成为一种鲜活的语言。

拉丁语和民众语言的文字化

从后世的角度来看，欧洲民众语言取代拉丁语似乎是一个不断发展、此消彼长的过程。一开始，拉丁语就是一切，而民众语言是边缘化的存在。最后，民众语言主宰了一切，拉丁语一无所有，越来越不受欢迎且饱受争议。然而，前一节所描述的中世纪上半叶拉丁语的兴起表明，拉丁语的比重与新民众语言的增长成反比，这个观点是不正确的。因此，为了更好地理解这一时期拉丁语言和文学的发展，有必要从不同的角度来看待这种兴起，并与民众语言的逐渐文字化相联系。

如果不考虑爱尔兰语和古英语，当人们回想在卡洛林帝国的哪个时期民众语言以书面形式出现，则会出现以下画面：自 8 世纪晚期开始在文本文献中出现最多的是古高地德语。然而，这些德语文本绝大多数是用于开启拉丁语文化世界的辅助工具。在拉丁语手稿中的古高地德语疑难词语、词汇表和行间插入的对照翻译，宗教文本的翻译以及 9 世纪诗歌改编的《圣经》，如古撒克逊的《救世主》或魏森堡的奥特弗利德

（Otfrid von Weißenburg），用古高地德语写的《福音书》都描绘了这幅画面。非拉丁语文学，例如大约留存有 68 行的、以日耳曼传说为题材的《希尔德布兰特之歌》并不重要。我们在手稿中遇到的语言，显示了固定的书写习惯和跨区域标准的逐渐形成，但古高地德语文学语言的建立还谈不上。1050 年之后，早期中古高地德语诗歌的历史开始了。从大约 1150 年开始（就像在法国一样），"宫廷"文学用民众语言书写。从这个中古高地德语语言和文学时代起，涌现出大量伟大的文学作品，如沃尔弗拉姆·冯·埃森巴赫（Wolfram von Eschenbach）的《帕西法尔》或传世的《尼伯龙根之歌》。与中世纪早期相比，现在可以观察到更广泛的固定的文学语言。

在 813 年图尔宗教会议的报告中首次提到法语的前身通俗罗曼语，并且首次在 842 年《斯特拉斯堡誓言》的"通俗"版本中流传。然而，与古高地德语相反，民众语言的文本传统并没有由此开启。古法语文本起初极为罕见。继《斯特拉斯堡誓言》后第二份幸存下来的文本，就是所谓的《尤拉莉亚颂歌》，这是一首为古罗马晚期烈士尤拉莉亚写的诗，可以追溯到 9 世纪末期。法语文本的传统始于 11 世纪，随后在 12 世纪开始疾风骤雨般地迅速发展，直到 13 世纪才产生丰富的古法语文学。更确切地说，古法语文学和同样丰富的普罗旺斯文学同时出现。因为在中世纪晚期法国国王强制执行语言统一之前，在如今法国所在的区域存在两种主要的文学语言：法语和奥克西唐语，两种语言都建立起了相对统一的长期稳定的书写标准。

其他罗曼语言出现得更晚：最早的意大利语文本来自于 8—9 世纪，但直到 13 世纪下半叶，意大利语才真正成为一种书面语言。在 1080 年布尔戈斯大会之后，西班牙书面语取得官方地位，随后是葡萄牙语。然而，这两种罗曼语言虽然文字化较晚，始于 13 世纪，几乎与意大利语同步，但确实无限制地存在于大量的书面文献中。

初看语言书面化的时间顺序解释起来相对简单：首先是德语，因为对于德国人来说，拉丁语本质上是一种他们无法理解的遥远的外语。罗曼语言的建立顺序，首先是法语，然后是意大利、西班牙语和葡萄牙语（罗马尼亚语只是现代的书面语言），似乎与各自脱离拉丁语的顺序相对应。所以，也许在9世纪，拉丁语在高卢对普通人来说已经不再可以理解了；而在意大利，拉丁语的桥梁更容易被跨越，因此并没有必要将意大利语口语形式书面化。

这种情况可能出现在社交的某些领域。在古高地德语区，如果《圣经》的内容或礼拜的核心文献在民众语言中不为人所熟知，那么基督教的宗教活动是不可能实现的。在法国，相应的《圣经》版本或译本出现得很晚，肯定是因为人们仍然可以读懂拉丁语原文。只有在民众语言差异极大、无法理解时，诸如《圣经》之类的神圣文本才会在具有双语现象的社会中被翻译。直到1900年，乔治一世国王（Georg I.）的妻子希腊女王奥尔加（Olga）（1851—1926）将《圣经》翻译成现代希腊语，需要注意的是，加达语即"标准语"，而不是民众的通俗希腊语。这个译本引发了公众的哗然，争议随着政府的倒台而结束。不能指望在9世纪《圣经》文本可以被翻译成仍然十分接近拉丁语的原始法语。

然而，纯粹的语言学解释并不能令人满意地解释民众语言书面化顺序的推迟出现。中世纪拉丁语文学史上的显著不均衡（仍未得到真正考察）无法说明：民众语言文学的重心正是拉丁语文化蓬勃发展之处。这始于7世纪和8世纪的爱尔兰和英国文化。它一方面是欧洲古拉丁语传统的最重要的中心，另一方面也是欧洲最早形成民众语言的地域。从卡洛林时期直到9世纪末，文学创作——在一般意义上被理解为具有文学性甚至诗意的艺术写作——绝不是均匀地分布在各个国家和不同时期。这一时期尽管在整个帝国有许多拉丁语作家，但是就起源和影响地而言，重心在德语地区，不禁让人想起博物学家拉巴诺·莫鲁斯（780—856）

或诗人瓦拉弗里德·斯特拉波（Walahfridus Strabo）（808/9—849）；而在法国直到 10 世纪末卡佩王朝统治（Kapetingerherrschaft）开始时，作品数量都明显很低。10 世纪，拉丁语文学数量普遍下降。从 11 世纪开始的繁荣，即在 11 世纪末到 13 世纪的法国和德国产生了丰富的古法语和中古高地德语文学，在同一时期也迎来了中世纪拉丁语文学的鼎盛。意大利直到 11 世纪，不仅没有意大利语文学，很大程度上也没有拉丁语文学。同样，在 12 世纪的西班牙文学中，正如已经观察到的那样，拉丁语和西班牙语作品的情况具有相似之处，都出现在法律领域。

这就出现了一种趋势：拉丁语和民众语言文化之间并不存在此消彼长的关系，而是一起出现。哪里的拉丁文化蓬勃发展，并且在书写方面有丰富经验，哪里就会有人关心在文字上尚未形成规则的民众语言。关心这两方面的往往是同一种人。

远离古代

一般来说，中世纪的文化特征是：没有像文艺复兴时期的人文主义者那样坚定不移地选择古罗马作为典范。然而，对中世纪忽视古罗马文学进行笼统地指责似乎是不合理的。我们对古罗马文本的认识几乎完全来自中世纪的抄本。对古代文学文化的真正拒绝实际上只发生在中世纪晚期，大约从 13 世纪下半叶开始，这也是古法语和中古高地德语文学文化崩溃的时期。因此，这种发展的核心不是对古代文学态度的改变，而是对一般语言文化态度的改变，现在仍可以反复观察到这一点。在 11 世纪和 12 世纪的中世纪鼎盛期，先是在法国和德国，很快也在西班牙和意大利，拉丁语和民众语言文学蓬勃发展，而长期被束之高阁的古代作家的作品再次被阅读。大多数现存的古代作家的手稿可以追溯到在拉丁语文化领域也被称为"12 世纪文艺复兴"的这个时期。从结果中可以确定，如果卡洛林文艺复兴时期的学者没有优先收集和抄录所有保存下来的古代文献，那么几乎不会有幸存下来的文本。

古罗马文学被深入阅读的各个阶段可以无差别地相互并列，这种想法自然是荒谬的。中世纪对古代文化的认识不同于文艺复兴时期，这种人文主义的观念当然有其道理。回到前一节的观察，中世纪的拉丁语文化是发展了几个世纪的从一个小核心开始的第二次进化，它体现了一种趋势：中世纪的发展远离古代，有了自己的新的语言和文学形式。

卡洛林文艺复兴并不是"那个"古代文化本身的复兴，而是恢复与古代晚期结束时的联系，这种联系被 7 世纪的文化危机阻断。古代卡洛林建筑风格中具有代表性的大型建筑使这一切变得清晰：位于亚琛的查理大帝礼拜堂（Pfalzkapelle）就是参照由狄奥多里克大帝开始、由查士丁尼完成的位于拉文纳的圣维塔莱教堂（S. Vitale），以及君士坦丁堡的圣塞尔吉乌斯（Heiligen Sergios）和巴可斯（Bacchos）教堂；柱顶和其他建筑结构直接从拉文纳搬来，由此，精神层面的联系由物质层面的关联加以补充。富尔达修道院的拉特加大教堂（Ratgar-Basilika）是最大的卡洛林教堂之一，仿照君士坦丁在罗马建造的圣彼得大教堂（Petersbasilika）而建，今天已不复存在。洛尔施修道院仍然保留下来的门厅源于旧圣彼得大教堂的门廊。此外，和查理曼帝国范围紧密联系的其他教堂的建造，继承了罗马晚期教堂的风格，如圣里基耶的安吉尔伯特（Angilbert）和巴黎的圣丹尼（St. Denis）修道院教堂。"古典的"古代文化，例如古典寺庙的柱子顺序或罗马万神殿，对卡洛林建筑没有影响。

卡洛林时期产生的文本也与古罗马晚期文化存在着紧密的延续性。因此，研究中世纪拉丁语文学相比研究新拉丁语文学，需要更多地去准确了解古代晚期的语言和文化。这并不奇怪，因为查理大帝及阿尔昆、比萨的佩特鲁斯、保罗·迪肯和奥尔良的迪奥多夫并没有在真正意义上呼唤出其王朝新思潮的代表，而是在整个欧洲呼唤出仍保留着古代晚期拉丁语教育的盎格鲁—撒克逊、伦巴第和西哥特最优秀的代表。当然，像维吉尔和西塞罗这样的罗马经典作家也发挥了重要作用。但他们同在古代晚期一样是作为教育的基础，而没有像之后在意大利文艺复兴时期那样成为直接在文学作品中被模仿的典范。少数例外依然是例外，例如著名的艾因哈德的《查理大帝传》是严格模仿公元 2 世纪苏埃托尼乌斯的《帝王传》撰写而成。然而，人们早就注意到艾因哈德传记的古典主义风格绝不是要建立一种风格标准，因为在其他著作中，艾因哈德也使用另一种拉丁语。总而言之，卡洛林拉丁语改革仍然没有建立新的语言标准和风格标准，只是恢复了对古代晚期中断的连续性。

10 世纪时首先迎来的是拉丁语文化在接受古代著作家，以及尤其是拉丁语文本创作方面的崩溃。正如我们所看到的那样，11—13 世纪的拉丁语文学鼎盛时期也是法国和德国中世纪民众语言文学的鼎盛时期。拉丁语的表现形式从根本上开始发生变化。一方面，在保留或重建古典形式的同时，人文主义时期以来被视为是中世纪典型的形式也渐渐开始出现。在哲学和神学中发展出了经院语言，尽管这些语言与杰出的知识成就有关——想想艾尔伯图斯·麦格努斯（Albertus Magnus，约 1200—1280 年）和托马斯·阿奎那（Thomas von Aquin，1225—1274 年）——但由于模仿亚里士多德某些教科书的技术语言，而与西塞罗时代的风格理想相距甚远，并且这种语言恰恰重视一些明确的非古典的语言特征，例如用"quod"而非不定式宾格建立陈述句。就修辞学和文学作品而言，自蒙特卡西诺的阿尔贝里库斯（Albericus von Monte Cassino，约 1030—1105 年）起，虽由古代传统出发，但发展出了基本上独立的新理论体系，这个体系即称之为说话艺术（Artes dictandi）的散文文本规则，特别是写信以及作新诗，其中以戈特弗里德·冯·文索夫（Gottfried von Vinsauf，约 1200 年）和约翰内斯·德·加兰迪亚（Johannes de Garlandia，约 1195—1272 年）最为著名。在拉丁语诗歌中，人们开始为根据古代诗歌规则构建的六音步诗行添加韵脚。然而，最重要的是，人们发展出了所谓的韵律诗，它不再像古代诗歌那样根据音节数量划分，而是像现代德语诗一样，展示交替的单词重音、音节数和韵尾。所谓的流浪诗人的诗歌也是"有节奏的"，其中最著名的是匿名留传下来的"诗匠长"（Archipoeta，12世纪）。流浪诗人的诗歌《布兰诗歌》由于奥尔夫的配乐，成为拉丁语诗歌世界最著名的文献。

虽然如前所述，古罗马的文本在12世纪被大量阅读和编辑，但人们在这一领域也展示了某些独特性。卡洛林文艺复兴基本上接受了阅读经典和古代晚期学校的偏好，因此特别重视维吉尔。此外，通过勤奋的收集工作，古代晚期所有能找到的文学作品都被复制并因此得以保存。例如卢克莱修写有阐释伊壁鸠鲁学说观点的著作（由于其机械的原子学说，伊壁鸠鲁的著作与基督徒对世界的理解形成鲜明对比），这部著作在800年左右被复制，以这种方式幸运地保存了下来。然而，中世纪鼎盛期发展出了选择古代文学作品的新的独特标准，从而创造了对古代的自己的认识。这时不是维吉尔，而是在卡洛林文艺复兴时期被读得较少的奥维德，处于中心地位。叙事文学作家斯塔提乌斯和卢坎的作品开辟了一个伟大的道路，它不是由古代晚期和卡洛林文艺复兴预先设定的。普罗佩提乌斯（Properz）的爱情哀歌和塞涅卡的悲剧在中世纪早期几乎读不到，而在中世纪鼎盛期、意大利文艺复兴时期开始之前的手稿中，都被保留了下来。卡图卢斯和提布鲁斯（Tibull）的爱情诗，也出现了类似的流传模式。

为了联系古代并且在更宽广的背景下去说明逐渐自主化的文化历史，前面已经开始进行的同中世纪建筑形式的比较可能会有很大帮助。当然，这里不是要说拉丁语和建筑之间存在联系。这种比较没有什么意义：拉丁语文化和建筑只是发挥古罗马典范功能并真正流传于世供研究的两个领域。在音乐或绘画领域，即使你想要研究它，也不可能实现，因为缺乏原始材料。只要欧洲文化史一直与古希腊罗马文化争锋,无论是跟随还是与之分离,在拉丁语文化和建筑中都能感受到这场争锋的活力。至少,人们可以清楚地看到,与古代世界的关系发生变化的巨大转折体现在这两个方面。卡洛林文艺复兴在建筑方面的意义,也主要是恢复古代晚期的建筑形式,特别是教堂建筑(世俗建筑只有少数幸存下来,因此我们能谈论的很少)。在10世纪那样一个没有什么风格的过渡时代之后,自11世纪起首先在罗马出现了新的建筑风格样式。虽然与古代的基本形式相关,但却有自己独特的中世纪表现形式。相比之下,从12世纪到13世纪繁荣的中世纪精神文化中发展起来的哥特式建筑,明显远离了古代形式。实际上在那个时代,哲学、神学、诗歌、修辞学和诗学都产生了明显带有中世纪特点的新形式,并在语言上发展出独特的经院哲学拉丁语和中世纪拉丁语韵律诗。而哥特式艺术和拉丁文化之间还有另一个值得注意的类似情况,而且拉丁语语言学家比文学家更关注:12世纪和13世纪的拉丁语基本语法和词典,如亚历山大·德·维拉·戴(1199年)的《教义》,自然地解释了仅在中世纪文本中发现的常规语言细节,以及约翰内斯·德·巴尔比斯(Johannes Balbus)标题为《天主教》的词典,直到人文主义时期才被取代,这意味着在意大利直到15世纪,在德国甚至到16世纪,都没有改变对它们的使用。鉴于这种早已就能使用拉丁语的情况,人们并没有看到改变的需求。以类似的方式,哥特式建筑风格决定了中世纪晚期欧洲的外观,尽管它在300多年的时间里在细节上有着多样的发展。进一步类比,文艺复兴时期人文主义的拉丁语改革针对的是12世纪以来建立的中世纪晚期拉丁语文化,文艺复兴时期建筑风格取代了哥特式风格是对古典风格的回归,这些证明了相互间的相似性,无须进一步解释。在后来的历史中,建筑史和拉丁语语言史的转折点仍然是相同的。当巴洛克建筑再次拥有自己的形式时,普通拉丁语也失去了一些古代的主张。最后,新人文主义向古代文化回归，建筑亦走向古典主义。因此，人们有理由将这种观点追溯到中世纪，并认为罗马和哥特式建筑的发展是脱离古代的显著证明，这也体现在语言的发展中。

至于这个自主化进程的语言方面，应该再次强调的是，中世纪拉丁语远离古典时期的拉丁语，至少没有影响古代标准中语法核心要素的确定。即使在最极端的情况下，中世纪拉丁语的偏差也只涉及新单词和短语的形成、个别单词的含义、文体学以及句法可能性的选择。除了一些无关紧要的细节，词法和基本句法保持不变。在那些看似发生变化的地方，如上述带 quod 的陈述句，人们通常可以证明这种用法在古代晚期已经出现了。如果将"活力"理解为语言动力，就像在"一般"语言中显而易见的那样，那么，德国拉丁语言学家爱德华·诺登的论点，即中世纪拉丁语仍然有某些活力，而后来人文主义者严格的古典主义要求最终给拉丁语致命的一击（见第 197 页），就是不正确的。中世纪拉丁语的改变仅限于在语言的固定总体框架中仍然保持开放的那些领域。

如果再次同阿拉伯语历史进行比较，中世纪发展的特性可能会更加清晰。现代学科的术语学中也有"中古阿拉伯语"这个概念，它似乎最初与"中古拉丁语"并列。实质上，两者截然不同。中古阿拉伯语与古典阿拉伯语不同，语法规则并不严格，但对日常语言产生很大的影响。简而言之，中古阿拉伯语文本的语言结构类似于古代晚期和中世纪早期的"通俗拉丁语"，其中由于作家缺乏语法训练，口语的特点保留下来。当今这一形式最著名的文本就是《一千零一夜》，它们最初并非用"古典"阿拉伯语，而是用这种"中古阿拉伯语"写成。值得注意的是，它后来经常以古典主义的修订版问世，二十年来又再次以原始形式出版。该书不久前还有了新的德文译本。

与古典拉丁语完全不同，中世纪拉丁语并不与通俗语言近似，而是拉丁语的进一步发展。它的重点是语法课堂上讲授的固定核心内容。如果有人想在这里与阿拉伯语进行比较（仔细研究是值得的），那么可以列举 19 世纪早期（现代标准阿拉伯语）以来阿拉伯语书面语的发展。与"古典"阿拉伯语相比，它的现有词语的外在形式、变格和变位形式以及句法联系的基本可能性保持不变。但是为了满足现代世界的交流需求，新词不断形成，旧词意不断改变。此外，句法的外观发生了变化，但从古典阿拉伯语沿袭而来的句法在根本上并没有失去有效性。中世纪拉丁语的发展在本质上也是固定下来的核心语言顺应新的世界环境。

没有标准的世界语言

中世纪的拉丁语与后来文艺复兴时期的不同，它不仅与古典文化有着非凡的联系，而且其内部具有多样性。在前一节中，作为一般特征所描述的从古代文化中得以解放的趋势，不应理解为当时已经形成一种新的包罗万象的语言标准。在德国已经建立的"中世纪拉丁语"的概念也暗示了在这个层面上不存在统一性。苏黎世拉丁语语言学家彼得·斯托兹（Peter Stotz）最近完成的五卷《中世纪拉丁语手册》，是第一部真正关于中世纪拉丁语语言史的作品，是一个划时代的成就。虽然它在很多细节上指明了共同的倾向，但只能证实语言现象的多样性。中世纪拉丁语被教会垄断，古代经典作家是被忽略的，充斥着学术歪曲，甚至是野蛮的，这些刻板印象可以追溯到 15 世纪和 16 世纪的人文主义者，他们想呼唤出一场划时代的变革和更加进步的未来。然而，作为一种统一的特征描叙，它们是错误的，只能说明较短的阶段，甚至只能说明个别的特殊发展，例如中世纪晚期的哲学术语。即使是著名的《蒙昧者书简》（*Dunkelmännerbriefe*），一群德国人文主义者在 16 世纪初表现出对中世纪拉丁语用法的讽刺批评，在他们的语言细节中也表现出恶意曲解。在中世纪鼎盛期，拉丁语文学的表现形式在前一节所描述的意义上已经与中世纪早期相比发生了变化，取而代之的是极大的多样性。这种中世纪鼎盛期的特点除了体现在更多受古典风格影响的文学和语言形式，同时还有一些新的发展极具代表性，诗歌、戏剧等文学作品尤其如此。今天，我们的印象受到所谓的"流浪作品"的影响，就此我们可以想到旅行学者和歌手。真实情况要复杂得多，但对我们这里的情况并不重要。流传下来的文本包括已经提到的"诗匠长"（约 1125/1135—1165 年），讲述了爱情、葡萄酒和其他生活乐趣，并唤醒人们当下的直接印象。虽然这是错误的，因为大多数诗歌都被很好地理解，即使你注意到它们对精神和世俗文学的诙谐暗示，但自从卡尔·奥尔夫选择了 13 世纪的歌曲手稿集《布兰诗歌》中的这些诗进行谱曲，它们就受到了极大的欢迎，并在今天代表了中世纪的一种陈腐的生活图景。与此同时，也有一些拉丁语作品具有完全不同的特点。沃尔特·冯·查蒂伦（Walther von Chatillon，约 1135—1204 年）写了一部关于亚历山大大帝的史诗《亚历山大大帝之歌》（*Alexandreis*）。他在书中证明了他能够自信地掌握带有维吉尔风格的史诗语言和古代韵律。与此同时，许多诗人写了基督教赞美诗，部分是古典形式的，部分是新形式的。特格尔恩湖的梅特路斯（Metellus von Tegernsee）大约于 1167 年甚至用贺拉斯式抒情诗韵律撰写诗歌颂扬特格尔恩湖修道院的守护神战神奎里努斯（Quirinus）。

甚至在散文中也发现了类似的差异。狭义上的文献，即历史著作、书信和官方文献，在许多情况下仍然受古代语言模式的影响。例如，以对阿贝拉尔（Abaelard）不幸的爱而闻名的修女爱洛伊丝（Heloise），通过 12 世纪初她写给情人的信可以看出，这时的拉丁语至多是在词序上比较偏离古代书信的语言风格。中世纪鼎盛期教皇的一些官方书信也具有西塞罗的复合句风格。我们从中世纪散文中获得的现代印象，片面地受中世纪经院哲学语言的影响，比如 13 世纪中期托马斯·阿奎那的《神学大全》的语言；或者是受中世纪文书语言的影响。但是，我们必须意识到这些主要是专业语言的凭证，并不代表一般标准。如果人们通过英语在药学论文中的出现来评价它，那么你今天对英语作为世界语言会有什么样的印象？

如果人们试图认识中世纪拉丁语的各种形式，一方面将中世纪与古代晚期相比，另一方面同现代的情况进行比较，那么，一种截然不同的思考方式浮出水面：因为人们可以反击并恰好在不定性和多样性中看到中世纪拉丁语共同的本质特点。如果整个中世纪都有一个显著的共性，那么就是普遍缺乏关于什么是"好"的拉丁语的公开讨论。这种讨论从恺撒和西塞罗到昆体良，再到奥古斯丁和哲罗姆，从意大利文艺复兴时期的人文主义开始到今天，一直存在。这不仅表现在对正确的语言标准的反思中，而且表现在大量的风格理论书籍和其他辅助工具中。即使在目前，所谓的"风格练习"的校对准则，即大学推行的拉丁语翻译练习，也是不断讨论的对象。

中世纪，不时有对古代作家尊崇或不屑的记载，有修辞和诗歌传统并进行系统化尝试，存在丰富的语法文献，其中语言基本框架流传下来，还存在对如何可以流利地说拉丁语的认识。从语言艺术感方面也不能否认中世纪的作用，流浪诗人的歌曲就此给出了生动的见证。但是关于什么是"好"的拉丁语，以及如何去掌握它没有任何说明。

这一空白，可能有其原因。因为对于中世纪来说，正如今天人们越来越多地认识到的那样，不是制定秩序概念的时代。长期以来，中世纪一直被认为是由固定观念所塑造的时代。如果寻求明确的政治和社会条件的规则，那么这一时期的情况非常复杂。在中世纪，有很多盘根错节的统治关系，但几乎没有关于国家形式结构的讨论，只有接受罗马法才能建立起超越习惯法记录的法律体系。15世纪以前在许多国家并没有出现罗马法。社会结构、诸侯和臣民的权利与义务，城市的组织，学校的建立，税收，一切都被规则化，有些甚至是通过书面形式。但是，关于哪些法规在现在看来是最好和最有效的，并没有相关的讨论，也没有实际执行这些法规的尝试。出于这个原因，最近人们选择"制度配置"（Ordnungskonfigurationen）这一术语来描述中世纪的情况，用以表达这不是一个制度，而是一个复杂的相互啮合的规则系统。

相比之下，近代则明显受到众多制度构想的影响。自 1500 年左右以来，国家秩序及其内部功能结构的问题成为社会的中心论题。宫廷秩序、学校规章、教会法令、大学章程、行为规范、医疗法规是日常生活的特征，并且人们在实践中力求实施这些法令。法律正在通过接受古罗马法律而重新塑造，而且与拉丁语的联系较之中世纪更加紧密。在古代标准基本缺失的地方，如国际法中，基础原则系统化出现，17 世纪时雨果·格罗提乌斯（Hugo Grotius）甚至创建了一个世界海洋交通草案，显现出新的全球化迹象。这一切发生的背景是形成了对国家新的理解，这种理解比中世纪更符合近代领土国家的概念，并在 19 世纪最终形成民族国家组织。

假设关于语言标准的公开辩论不是语言学的而是社会的进程，那么中世纪语言规则的缺失显然也应该置于这个更大的背景下去思考。中世纪拉丁语的形成是有序的，但它们属于不同的秩序系统，其作用相互交错并且无法明确区分。没有真正的原则去调节这些规范，而是给予个体规范和小群体规范极大的自由。风格传统的传播，例如中世纪晚期的科学拉丁语或罗马教廷的习俗，以及个人尝试，例如梅特路斯对贺拉斯抒情诗的模仿，都一直存在。只要正确使用单词和基本句法就不会有人因掌握"坏"拉丁语而受到谴责。拉丁语中的情况同样适用于欧洲的民众语言。再次，在实践中，具体字体标准开始形成，主要是古法语和中古高地德语。但是没有人去思考这样的书写标准应该是什么样的，也没有关于谁可以写出更好的德语或法语的争论。对于民众语言而言，这样的规定在近代才出现，直到最近的德国的正字法改革之前，它都有着悠久的传统。

　　这些反思涉及一个对拉丁语作为世界语言至关重要的问题。事实证明，即使有如拉丁语这样高度发达的文化语言，也不应该只问它有什么标准，而是要问它究竟是否应该具有一种标准。无论如何，中世纪拉丁语不像古代和近代人文主义拉丁语那样受固定规范的约束，因此可以免除各种语法规则的审查。任何争取语言规范的热情对于中世纪来说都是陌生的。当人文主义者开始有计划地对抗中世纪拉丁语言和文学并特别批评在学校中使用亚历山大·德·维拉·戴的《教义》时，有许多人依然不在意而继续使用中世纪的教科书，但没有人为其辩护。因为在这一点上没有任何可辩护的，中世纪拉丁语教育没有标榜知识培养。

　　如果人们试图通过与现代世界语言进行比较来说明这种语言情况，那么再次把目光投向英语。英语在当今世界的使用中，可能有不同的标准。用高品位的英国文学英语去写一篇文章，在某些情况下，其意义堪比中世纪诗人模仿罗马古典诗人写作；然而，与此同时，另一些人会为了其他目的而使完全不同的文学传统成为有意义的。对于中世纪来说，哲学家、神学家和律师的话语就相当于今天经济和金融界、自然科学和医学界的特殊英语。和拉丁语一样，今天的英语有一个共同的语言规则核心，没有人能确切地说出这个核心开始和结束的位置。同样，是否存在共同的全球标准，甚至它是否应该存在，这些问题对英语完全开放。

3.4 近代拉丁语和欧洲其他文学语言

欧洲的语言重组

　　拉丁语从中世纪的习俗和自由回归到古代规范，是文艺复兴时期的基本特征之一。为古代文学付出努力被认为是"为人类而努力"。在通过语言能力来定义人类的地方，拉丁语成为近代教育思想的结晶，这种思想最终将"人文主义"等同于对古代希腊语和拉丁语的研究，并以此形式一直到现今都产生影响。在文艺复兴时期，用与以往截然不同的方式使用语言和训练相应的语言能力，成为当时的目标。"好"或"坏"的概念在古代之后第一次成为美学和一般人类学维度上评估语言的标准。在这背后不仅仅是对美丽语言的感官欲求，这一点已经在古代晚期哲罗姆之梦中（见103页）表现出来；而在近代，在特特拉克身上表现最显著，他被西塞罗语言中的"甜美"所鼓舞。从本质上讲，文艺复兴与有着牢固的人类学基础的语言理想相联系，这种理想在古典时期西塞罗的《论演说家》中，以及由此发展出来的共同智慧、雄辩和实际行动相结合的理想中表现得尤为明显。因此，文艺复兴时期的人文主义者关于语言的看法经常直接追溯到西塞罗。

这种语言人文主义的方法，在现今的教育辩论中呈现出多种形式，无疑对整个文艺复兴运动具有重要意义。然而，拉丁语作为世界语言的历史起初只是受到极其微弱的影响。就拉丁语的实际使用而言，起初并没有太大的改变。人文主义者所制订的最重要计划，其目的不是要将世界重新拉丁语化，而是要改善所使用的拉丁语。为此他们必须首先知道哪种是最好的拉丁语。文艺复兴的发展证明要回答这个问题并不容易。因此，文艺复兴时期的另一个重要特征是，集中公开讨论关于最佳拉丁语风格和中世纪所缺乏的最佳拉丁语标准的问题。乍一看，这似乎是一个不重要的问题，拉丁语学家至多对其细节感兴趣。然而，从整个欧洲语言视角来看，讨论适合更广泛的背景。

首先，简要回顾一下最重要的事实。当谈到最好的拉丁语这个问题时，人们原则上对下面这一点意见一致：文艺复兴时期与卡洛林时代区别最大：人们在9世纪寻求与古代晚期的联系，这当然不能排除在古代晚期已成为学校典范的古典作家；而古代晚期文化在意大利文艺复兴时期已不再是典范，只保留了经典作家普劳图斯和苏埃托尼乌斯。由此，古代晚期的文献，具体说来就是整个古代的基督教文献，包括教会神父安布罗修斯、哲罗姆和奥古斯丁的作品，都不再是典范文本。即使是在教会服务中，人文主义者也保持这种态度。西旁托主教尼科罗·佩罗蒂（Nicollò Perotti，1429—1480年）的《丰饶之角》（Cornucopiae），几十年来一直是整个欧洲正确拉丁语的重要参考作品，在这部作品中，古代的基督教作家没有发挥任何作用。在公元1506年至1626年间，君士坦丁大帝于公元4世纪在使徒墓前建造的最大的古代教堂圣彼得大教堂被拆除，取而代之的是现在的建筑，其外立面受古代异教徒庙宇立面的影响，这使得长期发挥作用的范式转变充满象征意义地结束了。事实上，文艺复兴时期对异教的古代文化的高度关注使得它甚至被耶稣会士引入拉丁语课程中，近期研究才注意到这点。当然，耶稣会士并没有把这与贬低教会神父或拉丁文《圣经》联系在一起。但为了练习拉丁语，他们更愿意让十几岁的学生阅读西塞罗的演讲或维吉尔的《埃涅阿斯纪》。人们对古典作家重要性的认识基本一致，但有关拉丁语重塑的具体细节一直是长期争论的主题。

争论始于彼特拉克，他在14世纪中期，遵循个人的信念，模仿他钟爱的西塞罗和其他罗马经典作家的风格，这在多处得到证明。旨在广泛传播古典拉丁语的一项明确的教学倡议可以追溯到下一代人文主义者，如维罗纳的瓜里诺（Guarino von Verona，1370—1460年）、加斯帕里诺·巴尔齐扎（Gasparino Barzizza，1360—1431年）和费尔特雷的维多里诺（Vittorino da Feltre，1378—1446年）。他们中很少有人是语言学家和文学家，更多的是语言教师，他们的教学重点放在借助西塞罗学习拉丁语。又一代之后，人文主义者洛伦佐·瓦拉（1405/7—1457年）出版了他的直到16世纪仍极具影响力的作品《拉丁语的魅力》（*Elegantiae linguae Latinae*，大意为《什么构成了有魅力的拉丁语？》，1435 年），这是新拉丁语标准的第一次书面编纂。然而，与此同时，这也表明拉丁语的改革正成为核心人物间争论的动因。众所周知，今天仍常使用的"厨房拉丁语"（Küchenlatein）这个词也出自瓦拉的评论，但它不是针对中世纪拉丁语，而是针对人文主义者同行，古代标准拉丁语表达方法程式化的捍卫者波焦·布拉乔利尼（Poggio Bracciolini，1380—1459 年）。问题在瓦拉之后的一代人中逐渐凸显："古代的"拉丁语文风是否是一个更广泛的概念，还是最终只将西塞罗作为范本？当然，西塞罗一直是拉丁语散文最重要的典范。大约在 1500 年，人文主义者、红衣主教彼得罗·本博（1470—1547 年）和活跃在巴黎和意大利的比利时人克里斯托夫·德·隆圭尔（Christophe de Longueil，又名 Longolius，1490—1522 年）将西塞罗置于首要位置，他们视西塞罗为一切成语和惯用法的典范，唯一的、有绝对约束力的榜样。几十年来，这种严格的"西塞罗主义"肯定发挥了作用。1559 年，意大利人文主义者马里奥·尼佐利奥（Marius Nizolius，1498—1566 年）出版了《西塞罗主义宝典》，在除西塞罗之外其他作家的地位也得到承认后，这本书仍广为流传。正如前面提到的，伊拉斯谟在 1528 年的对话《西塞罗主义者》中反击了西塞罗主义的过度发展，呼吁对古代作家采取更自由的态度。西塞罗主义形成的同时，意大利在大约 1500 年出现了一位拉丁语作家菲利波·博拉尔多（Filippo Beroaldo），他欣赏阿普列乌斯的后古典散文。自 15 世纪下半叶以来一直积极参与辩论的德国人文主义者最初没有受到严格的西塞罗主义的影响，并且对"好"的古典作家的评估较宽容。但他们也在语言争论中投入了相当大的精力。大量新拉丁语语法著作出现，其中宗教改革家和"日耳曼导师"（Praeceptor Germaniae）菲利普·梅兰希通（Philipp Melanchthon，1497—1560 年）的作品反响最大，并一直沿用到 18 世纪；阿尔萨斯人雅各布·温菲林（Jakob Wimpfeling，

1450—1528年）和图宾根大学教授海因里希·贝贝尔（Heinrich Bebel，1472—1518年）等人文主义者为更优雅的表达创作了宣传小册子；鲍尔·史内沃格（Paulus Schneevogel），拉丁语名为尼维斯（Niavis，约1460—1514年）同波兰人劳伦修斯·考文纽斯（Laurentius Corvinus，约1465—1527年）一起完成了《会话小册子》，即带有日常会话模式的小文本；这种类型的代表作无疑是鹿特丹的伊拉斯谟几个世纪以来在整个欧洲广为流传的《熟悉的会谈》。16世纪首先在新教学校产生新校规，规定选择一些罗马经典作家用于语言训练。自16世纪中期建立的耶稣会高级中学遵循了新教学校的做法并于1599年借助《学习纲领》取得国际适用的教学计划。然而，到了16世纪末，荷兰哲学家和语言学家尤斯图斯·利普修斯（Justus Lipsius，1547—1606年），那个时代最有影响力的思想家之一，将后古典的、与西塞罗风格明显不同的塞涅卡和塔西佗的拉丁语言文风变成效仿的榜样。1600年之后，关于拉丁语风格的辩论才趋于平静，最终形成了一种以西塞罗为核心而其他作家的风格典范为辅的古典主义。直到20世纪这都是德国大学"风格练习课程"中普遍的修正标准，虽然带有某种学术的僵化和简化。根据这个标准，非古典作家如塔西佗和苏埃托尼乌斯有一半的东西都是不合标准的，而那些风格训练教师很难念出名字的古代晚期"教会作家"们则全部不合标准。

寻找最好的拉丁语风格在文艺复兴时期的语言人文主义中具有完全自然的确定性：如果人类的最高目标是通过语言进行教育，那么重要的是，哪一种是最好的语言形式。但这在拉丁语中并不存在。因为寻找最佳的语言形式并不仅限于拉丁语。回归古代的拉丁语并没有再次开启欧洲普遍的拉丁语化。相反，恰恰是在文艺复兴时期，欧洲的民众语言实现了现代文学语言形成的关键一步。由此将关于最佳拉丁语的现代讨论视角纳入了迄今为止几乎没有被关注的主要兴趣中：如何在欧洲民众语言的背景下讨论拉丁语的最佳形式？继续前面的设想（第 130 页），拉丁语母亲和她的女儿以及养女的共同语言家族史是怎样的？对欧洲各国语言发展的简要概述可以清楚地解答这一问题。

在约 1350—1600 年之间（在西班牙和德国可能直到 17 世纪上半叶），在今天被认为是最广泛意义上的"文艺复兴时代"的几个世纪中，所有欧洲国家的语言情况都在发生着根本变化，至少对于欧洲核心国家意大利、德国、法国和英国是这样的。在边缘地区，这些发展有时会有明显的延迟。

在法国，约 1350 年起，古法语被中世纪法语取代，后者就语言史来看已经非常接近现代法语。在这种形式中，法语成为 16 世纪整个王国的必修语言，取代了该国南部的奥克西唐语作为书面语言，并于 16 世纪逐渐过渡到新法语，最终发展成现在的法语。1539 年，皇室宣布法语成为法庭语言。1549 年，约阿西姆·杜·贝莱（Joachim du Bellay）撰写了《保卫与弘扬法兰西语言》。贝莱是七星诗社的成员，这是一个由 7 位诗人组成的联系松散的组织。他们的人文精神为法国文学语言的发展做出了重大贡献。

意大利语自 13 世纪起才出现在文学作品中，最初发展得十分缓慢。到了 14 世纪，它才被但丁、彼特拉克和乔万尼·薄伽丘（Giovanni Boccaccio）纲领性地确定为文学语言。意大利语言史上紧接着重要的一步是始于 16 世纪初的"语言问题"（Questione della lingua），现代意大利文学语言由此产生，其中最著名的成员，红衣主教彼得罗·本博于 1525 年写下了《俗语论》（Prose della volgar lingua）。其中彼特拉克和薄伽丘的语言作为意大利语的典范和标准广为传播。因此，意大利文学语言的构成追随拉丁语的模式，将过去时代的经典作家奉为典范。彼得罗·本博这样做不仅为了意大利语，而且正如已经提到的那样，他还是拉丁语中严格的西塞罗主义最狂热的代表之一。在 13—15 世纪，意大利北部还出现了所谓的法语—意大利语，这是一种仅为文学目的而发展出的艺术语言，对法国民众语言叙事诗的接受具有重要意义。

在德国，自 14 世纪以来，随着中古高地德语文学的终结，早期新高地德语的发展开始了。它最晚在 16 世纪被确立为书写语言，并且由于路德的《圣经》译本而拥有了第一个规范文本。1300 年左右的德语与现代形式的差别仍然很大，以至于今天的读者几乎不可能在没有语言训练的情况下正确理解文本的意思；而 1600 年左右的文本提供了一种虽然古老，但对现代读者而言没有太多理解困难的语言形式。

在英格兰，语言状况最初是由 1066 年诺曼征服确定下来的，这最终导致了古英语的终结。由于诺曼征服产生了语言混合，民众自 13 世纪以来开始讲中古英语，而宫廷和领导层则坚持首先使用盎格鲁—诺曼语，从而保留了大陆征服者的法语形式。在 14 世纪的进程中，中古英语成为英格兰唯一的书面语言，其标准通过文学作品——当时最著名的作品，杰弗雷·乔叟（Geoffrey Chaucer，1332—1400 年）题为《坎特伯雷故事集》的小说集——传播，并最终通过书刊印刷固定下来。盖尔语和在苏格兰普及的英语形式从未是重要的文学语言。随着 1707 年苏格兰和英格兰王国的联合，英语成为不列颠半岛唯一官方语言。

最晚自 13 世纪起，加泰罗尼亚语、卡斯蒂利亚语和加利西亚语作为伊比利亚半岛的文学语言出现（巴斯克语直到近代才不再发挥书面语言的作用）。在这里，官方对拉丁语的排挤很早便发生了。自 13 世纪以来，卡斯蒂利亚语就是王室的公文语言。随着阿拉贡王国和卡斯蒂利亚王国的统一，卡斯蒂利亚语在 1479 年成为现今整个西班牙语区的官方语言，而正如今天的演变，它并没有真正取代其他语言。最后，葡萄牙语自 12 世纪发展以来，直到 16 世纪才差不多形成其现有的形态。

事实证明，1350 年到 1600 年之间，是形成今天仍在使用的欧洲文学语言的决定性阶段。这场变革时期开始时，仍然是中世纪鼎盛期文学和语言的天下。在其走向终结时，中世纪的语言形式被取代，其丰富的文学作为死的文化资产堆积在图书馆的角落。但欧洲当时同今天差不多一样的核心语言形式都仍然存在。1600 年后仅在荷兰和欧洲边界、斯堪的纳维亚和东欧发生了重大变化。在中欧，不同语言的历史发展基本上已经结束。在 1600 年左右或之后实现的语言形式构成了 17 世纪和 18 世纪现代民族语言最终标准化的基础。到 1600 年，法国、西班牙、意大利和英国的民族语言已经取代拉丁语成为至少是在大学和教会之外最重要的语言。随后，民族语言法语、英语、西班牙语、葡萄牙语的地理分布基本上已达到目前的状态。在其他政治环境中拥有文化潜力、与上述语言并立的、此前盛行的文学语言，要么已经消失，要么处于被压制的地位，被贬低到如同口头流传下来的地区语言。已经消失的语言有：古老的普罗旺斯文学语言，曾经被认为是比法国游吟诗人的语言还有意义的语言，以及在意大利北部传播的直接由意大利语和法语混合构成的文学语言法语—意大利语。作为文学语言被贬低和边缘化的有加泰罗尼亚语、加利西亚语和爱尔兰语。许多其他同样没有伟大文学传统的语言，如法国的布列塔尼语和英国的苏格兰语（盖尔语），都遭受了同样的命运，并在即将形成的民族语言的影响下逐渐边缘化。其中一些语言，如加泰罗尼亚语，自 20 世纪以来即在民族语言时代结束后被重新评估，甚至作为学校和文学中使用的语言经历了真正的复兴。这清楚地表明当时发生的变化是多么深刻。欧洲与过去决裂，形成新的语言状况。总而言之，在 1350 年之前的三个世纪（因诺曼征服引起的英格兰动乱除外）和 1600 年之后的三个世纪，欧洲语言的演变和地理划分带来的变化要小于文艺复兴时期 250 年的变革。

在这种背景下，人们在理论和实践中试图重建拉丁语的最佳形式。在某种程度上，同样一批人也推动了民众语言向文学语言的发展：正如彼德罗·本博推荐西塞罗为拉丁语的模本，他也推荐彼特拉克和薄伽丘为意大利语的模本。西班牙人文主义者安东尼·内布里哈（Antonio Nebrija，1444—1522年）在1492年写了第一部西班牙语语法作品，但他也是拉丁语语法的作者。大约在16世纪中叶，"七星诗社"的诗人在法国将诗歌语言法语的推广与明显的人文主义的兴趣结合在一起。他们自己同时是法语诗人和拉丁语诗人。人文主义者罗伯特·埃蒂安（Robert Estienne，约1503/4—1559年）用他的拉丁语—法语词典（1539年）为拉丁语和法语的标准化制订了规则并撰写了法语语法作品；正如西班牙的内布里哈，整个欧洲最伟大的哲学家皮埃尔·德拉拉梅［*Pierre de la Ramée*，又名彼得吕斯·拉米斯（Petrus Ramus，1515—1572年）］，既写过拉丁语语法作品又写过法语语法作品。即便是到16—18世纪才发展出现代文学语言而不在这一考察时间段的德国，拉丁语文学和德语文学之间也存在着明显的联系。马丁·奥皮茨（Martin Opitz）1624年写的《德意志诗论》是德国文学语言发展的里程碑，他是当时最杰出的拉丁语诗人之一。值得注意的是，16世纪后期以来，关于德国文学语言构成的公开讨论在德国已持续进行了近200年，德国也是一个对关于好的拉丁语的构成讨论最激烈和多样化的欧洲国家。只提及17世纪的少数作品就可以表明这点，例如鲁道夫·高克兰纽斯（Rudolph Goclenius）1604年的《拉丁语言观察》，乔治·马蒂亚·柯尼格（Georg Matthias König）1668年的《拉丁语宝藏》，迈克尔·佩克森费尔德（Michael Pexenfelder）1670年的《教育准备》，最后是广泛传播的安德烈亚斯·雷耶（Andreas Reyher）1668年的《罗马语—日耳曼语剧场》。

值得注意的是，就拉丁语语言历史而言，关于民族文学语言和拉丁语的理论讨论之间的关联再没有如此错综复杂了。这两个过程集中在一个人身上时则表则得更加明显。本博的西塞罗主义有同一个美学和语言哲学前提，就像他的纲要是继三位"古典"诗人但丁、彼特拉克和薄伽丘之后形成意大利文学语言，这个事实非常明显。但是，如果看一下有新拉丁语嵌入的整个欧洲拉丁语发展的主线，那么就会出现一个更为根本的问题：人文主义拉丁语改革的真正原因是什么？

通常文艺复兴关于拉丁语语言标准的讨论被理解为一种原始的人文主义进程，它起源于对有语言能力之人的新理解以及与古代文化的新关系。进一步假设，这种讨论接下来被转移到其他语言上，为了使这些语言与拉丁语势均力敌。但是，文艺复兴时代欧洲发生的语言剧变的总体情况不能只追溯到一种语言人文主义思想的传播。当时所创造出的语言史实也必须归入政治的和交流史的相互联系中。在这种情况下，拉丁语在欧洲"家族史"框架内（见第130页）不是作为这些过程的范例，而是其中的语言之一。换句话说，在思想层面拉丁语当然具有优先权，但有必要考察在这一层面之外，是否还存在一种实践的层面，在这个层面，在欧洲交流史的背景下，拉丁语与其他语言处于相同的发展。这两个层面并不相互排斥。应该记住的是，古希腊的阿提卡语风（参见第28页及之后各页）一方面是希腊人文化认同不可或缺的教育计划，另一方面是当时希腊—罗马文化所需要的建立标准语言的一种非常重要的功能。这两个方面也都与古代晚期学校拉丁语文化相关联（参见第82页及之后各页）。如果人们探究拉丁语作为世界语言的历史，那么可想而知，拉丁语、法语、意大利语、德语和英语的历史发展情况，就像阿拉伯语、拉丁语、希腊语和教会斯拉夫语在卡洛林文艺复兴条件下形成的那样（参见第115页及之后各页）。

如果人们认识到人文主义者所寻求的"古典的"拉丁语的重建作为一种语言学练习根本不可能实现——因为不存在"古典拉丁语"——那么这种假设就更有可能发生。与希腊语的情况进行比较有助于清楚地看到这一点。希腊语的"古典"形式是阿提卡主义的语言理想，它基于许多作者，所有作者都在公元前440—前320年间的雅典生活和写作：柏拉图、修昔底德、色诺芬、阿提卡演说家伊索克拉底、德摩斯梯尼和利西阿斯、喜剧作家阿里斯托芬以及悲剧作家索福克勒斯（Sophokles）和欧里庇得斯，后两人得到关注的只是用阿提卡语言写下的对话部分，而不是根据多利安方言创作出的符合类型传统的合唱歌曲。只有于公元前456年去世的埃斯库罗斯的悲剧作品不属于这个时间范围，虽然没有明显的语言差异。换句话说，古典希腊语的标准化过程基于众多的模本，它们代表一个城市在相对较短的时间内的语言状态，并且在其他方面相当同质。具有文学体裁传统和诗意特征的抒情诗及史诗文本不在其中，戏剧中的对话部分显然是用一般的交流语言写成的。因此，阿提卡主义者要求把由他们所习得的语言理想称作阿提卡语，具有一定的历史正当性。

但什么是古典拉丁语？在近代被认识和被阅读的古典作家们，从公元前200年左右开始写作的普劳图斯到公元2世纪的小普林尼，在大约300年的拉丁语历史中提供了一系列不同的语言形式，他们代表了具有相应的不同语言水平和不同风格的各种类型传统。没有必要进行复杂的语言学调查来了解这些差异。不管当时还是现在，聪明的读者愿意去读这些文本就够了。特别值得注意的是，在公元前1世纪，也恰好是拉丁语文学语言新建时期（参看第58页及之后各页）的散文中，几乎只有西塞罗的作品可供使用，恺撒和科尼利厄斯·内波斯（与今天不同）的少数幸存作品无论在古代还是文艺复兴时期都没有作为语言典范发挥重要的作用。那么，如何从这些完全不同的众多文本中为在实践中使用的口头的和书面的"一般"拉丁语获得具有普遍约束性的规范？就像在古代晚期语法课程中已经出现过的那样，人们应该将诗人的单词和短语不加区别地当作散文的典范吗？即使它们可能被诗意地理解了。即使语言完全不同，李维甚至塞涅卡应该与西塞罗平起平坐吗？简而言之，什么是"古典"拉丁语或者究竟什么是"好"拉丁语，这一问题在历史上无法解答。即便在今天，这种认识使许多持批判态度的拉丁语学习者在拉丁语"风格练习"中遇到语言标准问题时感到不安。19世纪赫尔曼·门格（Hermann Menge）为这种风格练习撰写了教科书。1999年该书的编辑们在详尽的序言中指出，即便是今天也至多只能描述个别作者的语言用法。在拉丁语中发展出"西塞罗主义"，而希腊语中只有"阿提卡主义"，没有"德摩斯梯主义"或类似的东西，这一事实不仅是由于对西塞罗的推崇，而且还是摆脱历史困境的一种方式。

因此，人文主义重建拉丁语标准实际上不是语言重建的练习，而是反复要求做出有价值决定的创造性过程。这强调了一种观念：在某些方面，拉丁语改革不是在作为文学语言的民众语言形成之前而是与之同步存在。欧洲语言的这种共同发展在许多方面都是可以理解的，即使必须非常小心不要对复杂现象寻求简单的解释。在非常普遍而非特定的意义上，正如彼得·伯克（Peter Burke）所做的那样，人们可以将现代标准语言的出现，包括文艺复兴时期的拉丁语改革，作为愈加严格和全面的社会文明进程的一部分来描述。由此开辟出文化哲学的视野框架，这当然可以带来许多有趣的观察。

对一个更加清楚的语言规则的需求，一个重要原因在于自中世纪后期以来迅速发展的书面形式。它并不是从15世纪中期古腾堡的印刷发明开始的，而是更早的时候在中世纪晚期的大学中为了满足对书本的需求开发了商业文本复制系统。书写在生活的各个方面都得到了更大的重视，从而增加了在跨区域范围内使用同一种语言的要求。虽然用拉丁语进行跨区域交流在此之前已经发挥作用，如同当今世界语言英语所发挥的作用那样。然而，自中世纪晚期以来，交流的根本变化增加了人们对语言功能的期望，正如当下全球通讯的快速变化使得解决国际英语标准问题比仅仅25年前更加紧迫。

但是，文艺复兴时期语言发展所产生的政治空间不再像古罗马帝国或卡洛林帝国那样是一个多民族共同体，而是一个国家——如果人们在16世纪可以谈论"国家"一词。文艺复兴时期的拉丁语改革也明确提到了国家形成的进程。

新拉丁语文学与民族文学的兴起

如果我们不直接看有关拉丁语的讨论，而是看新拉丁语文学的历史，一切将变得更加清晰。确切而言，这一概念是指，自文艺复兴时期以来产生的具有文艺复兴人文主义精神的拉丁语文学。这不包括所有新拉丁语文献，例如医学论文或法庭听证会记录，而是新兴民族文学的"文学史"中最广义上的文字形式的文本。新拉丁语文学直到18世纪在整个欧洲文学中所占比例仍很大，包括虚构文本，例如诗歌、戏剧或小说，但也包括哲学或其他学科的作品，前提是它们能够提出文学主张。这是本书一开始已经提到的在欧洲鲜为人知的文学作品（第6—7页）。因为在19世纪和20世纪，人们认为用"死"语言写的这种文学是低等的，因此完全只关注用民众语言撰写的民族文学。不管怎样，这些文学作品中有一些其作者今天仍为人所熟知。新拉丁语文学始于14世纪意大利彼特拉克和薄伽丘的拉丁语作品，随后是15世纪著名的人文主义者的作品，包括洛伦佐·瓦拉、弗朗西斯科·菲莱福（Francesco Filelfo）、安东尼奥·贝克卡德利（Antonio Beccadelli）、乔瓦尼·安东尼奥·蓬塔诺（Giovanni Antonio Pontano）等。在德国，狭义上的新拉丁语文学始于德国重要的人文主义者康拉德·凯尔蒂斯（Konrad Celtis）（1459—1508年）。16世纪末期，出现了一批伟大的拉丁语诗人，包括保罗·谢德（Paul Schede, Melissus，1539—1602年），佩特鲁斯·洛提切乌斯·塞昆杜斯（Secundus, Petrus Lotichius，1528—1560年），剧作家尼哥德姆·弗里什（Nicodemus Frischlin，1547—1590年）；17世纪的光辉人物是耶稣会士雅各布·鲍德（Jacobus Balde，1604—1668年）。荷兰人若阿内斯·塞昆杜斯（Janus Secundus，1511—1536年），他的《亲吻诗》

歌德（Johann Wolfgang von Goethe）曾读过，英国政治家和人文主义者托马斯·莫鲁斯（Thomas Morus，1478—1535年），当然还有在整个欧洲享有拉丁文作家美誉的鹿特丹的伊拉斯谟（1467/9—1536年）。他们作为拉丁语文学家在国际上具有重要意义。

从今天的角度来看，由于研究很少，因此整个新拉丁语文学都是一个整体，这是最后一个包括整个欧洲的文学传统，它将世界语言拉丁语和古希腊罗马古典文学视为最重要的模型。但是还应该进一步区分拉丁语的位置。因为如果新拉丁语文学的历史与现代欧洲民族语言作为文学语言的出现有关，那么人文主义拉丁语文学的发展与民族文化的形成密不可分。

意大利是拉丁语复兴的发源地。那里的文化条件与其他欧洲国家的文化条件有根本不同，因此必须做进一步说明。11—13世纪在法国和德国发展起来的中世纪鼎盛期的文化并没有在意大利发挥影响。11世纪下半叶以来意大利南部和西西里岛遭受诺曼征服以及随后的斯陶芬王朝的统治对这两个北部国家产生重大影响，这从今日引人注目的建筑如巴勒莫的诺曼王宫或斯陶芬国王腓特烈二世（Friedrich II. 1194—1250年）位于普利亚的蒙特城堡都可以看得出来。在腓特烈的统治下，借鉴中世纪普罗旺斯诗歌，在西西里岛首次发展出意大利诗人学校，然而，这个传统很快就终结了。另外，罗马式和哥特式建筑以及中世纪文学形式对于法国和德国来说都非常典型，在意大利却很稀少。自12世纪以来，在意大利北部，一种新的文化动力通过蓬勃发展的多元城市文化得以展现，佛罗伦萨、威尼斯、帕多瓦、费拉拉和乌尔比诺在其中发挥了主导作用，它们创造了复兴的条件。当然，影响也来自12世纪欧洲发展出的第一所大学博洛尼亚法学院。一种真正独立的写作文化在意大利出现的时间要比北部晚得多，并且直到13世纪才有了广泛的传播。意大利文学最初起源于大约1200年，几十年后，但丁（1265—1321年）

的作品随即产生。

拉丁语文学乃至整个阿尔卑斯山以北的中世纪鼎盛期文化，都远离了古代文化（参见第 151 页及之后各页）。而在意大利，古代模式和传统得到了更加严格的遵守。整个中世纪也许都是这种情况。历史学家鲁杜夫·格拉伯（Rodulfus Glaber）在 1000 年前后指出，意大利人为了研究拉丁语而忽略了其他学科。至少在 13 世纪人们就看到有"前人文主义"或"原始人文主义"，其中包括帕多安学者洛瓦托·洛瓦蒂（Lovato Lovati，约 1240—1309 年）和阿尔贝蒂诺·穆萨托（Albertino Mussato，1261—1329 年）。他们都十分关注古代文学，尤其是中世纪完全被忽视的拉丁语悲剧，还开始对文本进行批判性语言学研究。最新的研究更加清晰地表明，这两位学者并不是孤独的先驱者，而是很好地融入了未被较早认识到的 13 世纪意大利更广阔的文化环境，这仅仅是因为这个世纪的拉丁语文化仍然没有被研究。

因此，从 14 世纪彼特拉克开始逐渐加强的向古代的转向并不是针对远离古代的中世纪晚期，而是源自同古代传统非常接近的一种文化。语言历史的关键点在于意大利对拉丁语言的认识与欧洲其他国家截然不同。最重要的证据可以在但丁的《论俗语》(*De vulgari eloquentia*) 中找到，他纲领性地论证了意大利文学。在这部作品中，同直到 15 世纪末意大利的情况一样，拉丁语和意大利语并没有被视为两种语言，而是被视为同一语言的两种表现形式。因此，它们被称为语法语言（grammatica，受过学校教育的人使用的语法语言）和民众语言（volgare）。当时人们尚不了解西塞罗时期的语言和现代意大利语言形式的不同。在 15 世纪 30 年代，人文主义者和佛罗伦萨校监莱昂纳多·布鲁尼（Leonardo Bruni，约 1369—1444 年）表示，在西塞罗时期，语法语言只是博学者的一种语言，未受过教育的人们已经在这一时期讲意大利语。显然，在现代意义上，意大利语和拉丁语在 15 世纪同时存在被视为"双语现象"(参见第 30 页及之后各页和第 107 页及之后各页)。但是,在但丁出现之后,人们不再认为语言的"通俗的"变体(民众语言)不能书面化,正如古希腊罗马的双语现象。从现代的角度来看,术语"扩展的双语现象"可以用来表示意大利人的自我认知。在其他国家,甚至在法国、西班牙和葡萄牙等罗曼语国家中,并没有类似的情况出现。

因此,致力于意大利与拜占庭的联系是有意义的,那里自古希腊罗马时期以来就一直存在着双语现象。直到奥斯曼军队在 1453 年征服君士坦丁堡,那里一直与曾经强大的东罗马帝国有着制度的连续性。1400 年,拜占庭帝国收缩到君士坦丁堡市和希腊的其他一些地区,并不断受到奥斯曼帝国的威胁。但从文化上讲,拜占庭在它存在的最后一个世纪仍发挥着重要作用。在帝国最后一个王朝"巴列奥略王朝"(Palaiologen)即"古语言使用者"(这是指,从 1204 年持续到 1261 年的"拉丁帝国"解体后,之前常用的希腊语现在又成为统治者的语言)统治下,拜占庭经历了一个文化鼎盛时期。其中,古希腊罗马文明起着如此重要的作用,以至于甚至直到今天人们仍在谈论"巴列奥略王朝复兴"。马克西姆斯·普拉努得斯(Maximos Planudes,约 1255—1305 年)、曼努埃尔·莫斯科普洛斯(Manuel Moschopulos,约 1265—1316 年)、托马斯·马吉斯特(Thomas Magistros,1346 年后去世)和德米特里·特里克利尼乌斯(Demetrios Triklinios,约 1280—1340 年)都是研究古希腊文学的语言学家、评注者和文献评论家。他们的作品至今仍对传播史和批判性文本的产生具有重要意义。柏拉图主义哲学家乔治·盖弥斯托斯·普莱东(Georgios Gemisthos Plethon,1355 / 60—1461 年)在离斯巴达很近的十字军新建的伯罗奔尼撒小镇米斯特拉(Mistra),提出了古异教希腊文化的政治复兴计划。马克西姆斯·普兰德斯(Maximus Planudes)还将许多拉丁语经典著作翻译成希腊文,包括奥维德的《变形记》和《古代名媛》,西塞罗的《西比奥之梦》和波伊提乌的《哲学的慰藉》。

拜占庭与意大利之间的紧密关系使描述的这种在西部的文化活动得到关注。彼特拉克想要一本希腊文的《荷马史诗》手抄稿，只可惜他不能很完整地阅读。1361 年，来自意大利南部卡拉布里亚，希腊塞米纳拉修道院的院长贝尔拉姆（Barlaam）的学生莱昂提乌斯·皮拉图斯（Leontius Pilatus），在佛罗伦萨开设了第一个希腊语课堂。在"巴列奥略王朝复兴"后的几十年出现的第一代意大利人文主义者已经在拜占庭生活了很长一段时间，例如弗朗西斯科·菲莱福（1398—1481 年）、安布罗斯·特拉沃萨里（Ambrogio Traversari，1386—1439 年），维罗纳的瓜里诺（约 1370—1460 年）和乔瓦尼·奥里斯帕（Giovanni Aurispa，1376—1459 年）。后者于 1423 年从君士坦丁堡将收录了 200 多本希腊古典作家手稿的合集带到了意大利。希腊人也来到西边，例如曼纽尔·赫里索洛拉斯（Manuel Chrysoloras，1353—1417 年）和约翰内斯·阿尔吉罗布洛斯（Johannes Argyropulos，约 1415—1487 年）向许多意大利人文主义者传授了希腊语言知识；康斯坦丁诺斯·拉斯卡里斯（Konstantinos Laskaris，1434—1501 年）撰写了第一本印刷本希腊文语法。这种交流是由 1439 年在费拉拉建立起的联盟推动的，该联盟中西方和东方教会在土耳其人的压力下再次团结起来。希腊神学家和哲学家贝萨里翁（Bessarion，1403—1472）是普莱东的学生，在同这些教会接触过程中来到意大利。他留在那里并被任命为罗马教会的红衣主教。他用拉丁语写作并于 1468 年将他珍藏的希腊手稿遗赠给威尼斯共和国，其中包括许多杰出的古典作家的手稿。这些手稿现仍保存在总督宫对面的圣马可图书馆中。

　　拜占庭残余帝国与意大利之间的紧密联系首先使希腊语和古希腊经典随着意大利文艺复兴在西部得以重现。纯粹的拉丁语中世纪时代结束了。自 13 世纪以来，对古代文学研究力度的加强也为拉丁语文学在意大利的复兴提供了重要基础。但是，14—15 世纪拜占庭与意大利之间最紧密的共同纽带就是语言意识。自古典时期以来，在希腊一直存在着双语现象，即古希腊语是学校学习的一种一般的语言形式，而民众却已经讲一种与今天的新希腊语接近的语言。来到拜占庭的意大利人当然也知道，有些作品例如小说，是以一种接近民众语言的希腊语写下的。可以说，在希腊也存在着"扩展的双语现象"。很明显，这与意大利的情况相似，我们可以认为，意大利人在与拜占庭接触中必然会看到拉丁语和意大利语，即语法语言和民众语言的划分，直接就相当于希腊语中在学校学习的标准语言和民众希腊语的划分。

此外，如果超越狭窄的地理视野，与希腊语的并行更加明显。因为阿拉伯文化世界也具有类似的"扩展的"双语情况。在这种情况下，受语法掌控的标准语言与民众语言，更确切地说是几种民众语言，同时存在。阿拉伯语文本，同希腊语文本的情况相同，一些文字以至少受到民众语言明显影响的语言被记录下来，已经提到的《一千零一夜》就是一个例子。对语法语言和民众语言的理论思考由但丁开始，他很可能已经注意到了这一点（尽管今天通常不再认为他在《神曲》中使用了阿拉伯语资料）。他的老师布鲁内托·拉蒂尼（Brunetto Latini）曾去过托莱多，当时是阿拉伯文化的中心，也是基督教世界和伊斯兰世界之间的接触点，并记录了这座城市中复杂的语言多样性。欧洲人最直接接触的（即使是敌对的）土耳其人也拥有一种作为书面和行政语言的语言形式，这种语言形式与日常语言分离，并包含了许多阿拉伯语和波斯语元素。只有受过良好教育的精英才能使用它，而普通百姓几乎无法理解它。最后，在与斯拉夫王国接触的地方，再次出现了固定的教会斯拉夫语和积极使用的斯拉夫语并行存在的类似情况。简而言之，东地中海世界的语言状况是这样的：历史上固定的标准语言和不断发展、自古希腊罗马以来一直是伟大文化地区特征的日常语言的并行存在是一种一般现象。意大利关于语法语言和民众语言的讨论在这种背景下是自然之事。

这种情况的有趣之处并不是人们抱怨拉丁语是自己语言的一种特殊形式。对语言实践而言，这里没有什么差别。这种语言定义并没有给意大利学生省去几节拉丁课。因为它并没有改变这一事实：意大利语已经远离拉丁语，甚至意大利人也不得不几乎像学习一门外语一样去学习它。但是，将拉丁语纳入自己文化的一部分是试图建立与罗马的伟大传统相一致的政治认同意识的标志。与曾属于罗马帝国的欧洲其他国家完全不同，对意大利而言古代文化不是外国的，而是他们自己历史的一部分。意大利不幸的分裂时代，也包括持续到1417年的14世纪的教派分裂，更有利于这种意识的发展。柯拉·第·黎恩济（Cola di Rienzi，1313—1354年）为复辟罗马共和国做出的孤独尝试，应该从这个视角去理解。

意大利拉丁语改革的所谓民族历史方面也反映在意大利文学的发展中。自13世纪开始出现意大利语诗歌。但丁和薄伽丘都是意大利语和拉丁语双语作家。但是，彼特拉克对拉丁语的评价已超过意大利语。他不再写任何意大利散文。随着一代人文主义者在1400年左右的教育冲动，语言结构在维罗纳的瓜里诺和加斯帕里诺·巴尔齐扎的教学中，发生了一定的变化。虽然不是全部，但意大利文学尤其是诗歌，在15世纪尤其是上半叶也已经走向没落。1400年以后的意大利伟大人文主义者，例如科卢乔·萨卢塔蒂（Coluccio Salutati）、莱奥纳多·布鲁尼、波吉奥（Poggio）、洛伦佐·瓦拉、乔瓦尼·安东尼奥·蓬塔诺、安东尼奥·贝克卡德利、恩尼亚·席维欧·皮可洛米尼（Enea Silvio Piccolomini，教皇庇护II世）和马尔西利奥·费奇诺（Marsilio Ficino）都使用拉丁语而不是意大利语。在14世纪，将古代拉丁语和法语作品翻译成通俗语言的情况很普遍，以至于"volgarizzamenti"[比起这一词的德语翻译"通俗化"（Vulgarisierungen）意思更积极]成为意大利文学史的一个专门术语；而到了1400年，作品产量就急剧下降，取而代之的是对拉丁语原始古典文本的广泛接受。1400年后，拉丁语超过了意大利语在意大利重新流行，并成为教会和城市精英的语言。但不同于在法国或德国，拉丁语是学者普遍使用的语言，在意大利它是有教养民众的语言形式。换句话说，意大利文艺复兴时期的拉丁语改革，是古罗马后裔重新要求拉丁语作为历史上合法的第一语言的最后尝试，因此也是最终尝试恢复意大利所有东部邻国当时作为古代和中世纪遗产的语言状况。意大利语作为一种书面语言的传播，在15世纪是不可阻挡的，但在一定程度上，它不应该被高估，也不能被低估。

16世纪初随着关于所谓的"语言问题"（Questione della lingua）也就是在纲领性的著作中关于意大利文学语言构成的讨论，意大利出现了一个新的转折点。在讨论中，彼得罗·本博关于以佛罗伦萨的经典作家但丁、彼特拉克和薄伽丘为典范的主张得到普遍认同。这时，本博相对于拉丁语明确将意大利语看作是"我们的语言"，意大利语的优先权得到承认。从那时起，意大利语在所有领域的使用激增，只有在教堂和大学里，拉丁语被完全保留。此外，两种语言都继续在诗歌中使用。例如，1500年后仍然辉煌而著名的拉丁语作品，马库斯·哲罗姆·维达（Marcus Hieronymus Vida）的诗作《西洋棋比赛》和在整个欧洲传播的教皇乌尔班八世（Urban VIII.）的拉丁诗。拉丁语已被完全取代的认识是错误的，但拉丁语和意大利语日益成为两个并行的世界，它们之间的联系已经没有那么紧密。1500年前在意大利仍存在的统一无法重现。

地中海西部的发展与意大利完全不同。在新兴的权力中心法国、西班牙和英国，以及在被西班牙吞并之前的葡萄牙，民众语言很早就由各自的统治者提倡，并为政府提供服务。法语和西班牙语已经在13世纪被列为官方语言，在重要的行政部门中取代了拉丁语。简而言之，政治统一地区的通用书面语言是该国各权力中心（巴黎、马德里、卡斯蒂利亚、伦敦）的地区语言形式，这种语言形式已发展成一种文学语言，并成为对以不同语言交流的群体有约束力的书面语言。1539年，法语成为整个法国的官方语言；自 1536 年以来，在与英格兰王国各自联合的过程中，法庭标准英语（Chancery Standard）成为威尔士的官方语言；1603 年成为苏格兰的官方语言。简而言之，15 世纪的意大利仍然存在古代晚期的双语现象的模式，而西部王国则在 16 世纪逐渐走上现代民族语言之路。

与意大利相比，拉丁语言和文学在这些国家的发展也有着本质不同。这并不意味着用拉丁语进行交流的比重会更低。至少直到 17 世纪之前，拉丁语曾是并且一直是所有国家的教会和科学语言。然而，令人惊讶的是刚刚阐述过的（参见第 172 页及之后各页）狭义上的拉丁语文学的发展。民众语言的早期发展使先前存在的拉丁语文学文化退居次席，这种认识是错误的。在所有这些国家中可以观察到，人文主义拉丁语文学的兴起并没有出现在现代民众语言文学开始之前以及民众语言标准化的决定性步骤之前，而是同时发展的。在西班牙，出现于 16 世纪下半叶的新拉丁语文学毋宁说处于西班牙语文学的阴影之下。西班牙最重要的拉丁语人文主义代表，胡安·路易斯·维夫斯（Juan Luis Vives，1492—1540 年），生活于西班牙文学发展前几十年，但值得注意的是，他不在西班牙而是在法国和英国工作。葡萄牙的拉丁语文学止步于 15 世纪，在 16 世纪才同葡萄牙语文学并存发展。

在 14 世纪下半叶的法国，也就是在彼特拉克时代，产生了拉丁诗歌艺术。但 1400 年之后当意大利的人文主义拉丁语回升，法语诗歌（本就存在）则已在法国占据了主导地位。直到 16 世纪，从萨蒙·麦克林（Salmonius Macrin，1490—1557 年）开始，新拉丁语诗歌才在法国开花结果。但是，它起源于这样一个时期：前面已经提到的约阿希姆·杜·贝莱（1522—1560 年）的《保卫与弘扬法兰西语言》（1549 年），建立起了带有人文主义主张的法语文学语言；弗朗索瓦·拉伯雷（François Rabelais，约 1494—1553 年）和克莱蒙·马洛特（Clément Marot，约

1496—1544年）等受人文主义影响的法语诗人出现。所谓的七星诗社诗人，不仅写法文诗歌还写拉丁文诗歌，而杜·贝莱本人在完成《保卫》之后就开始写拉丁文诗歌。与拉丁语有密切联系的法国最伟大的人文主义者纪尧姆·布德（Guillaume Budé，1468—1540年）也属于这一时期。人文主义与法语并没有相互矛盾，而是携手并进。在法国，就像在西班牙和葡萄牙一样，受人文主义思想影响的民族文学的出现绝不意味着拉丁语文学的终结。在17—18世纪出现了广泛而重要的拉丁语诗歌作品。有些甚至成为真正的欧洲经典，例如瑞那图斯·拉平（Renatus Rapin，1665年）的《花园书》以及红衣主教梅尔基奥·波利尼亚克（Melchior de Polignac）的《驳吕克修斯》（1747年）。

同样在英格兰，现代英语作为一种文学语言在16世纪与拉丁人文主义文学一道确立了自己的地位。英国伟大的文艺复兴戏剧的时代也是拉丁语戏剧的时代。英格兰新拉丁语的其他"经典作家"，威尔士人约翰·欧文（John Owen，1564—1628年）、苏格兰人乔治·布坎南（George Buchanan，1506—1582年）和约翰·巴克莱（John Barclay，1582—1621），都在这一时期写作。

拉丁语和民众语言在这些国家有着共同的家族史，新拉丁语文学与按人文主义精神书写的民众语言诗歌并行发展。正是由于这种特性，研究认为，拉丁语文学传统完全可以被搁置一旁。民众语言的文学史让人错误地以为自身是明确的统一体，因为拉丁语的一半消失后，剩下的仍然足够。但是拉丁语的这一半对整体的理解也是必不可少的。对它们的忽视留下了欧洲文学史编纂中最重要的空白之一，至今仍未得到适当填补。

现在让我们转向德国。自查理大帝时代开始，德国人和拉丁语之间一直保持着一种特殊的关系，如今可能仍然如此。一方面，拉丁语不是德国人的母语，因此不能像15世纪的意大利那样将其视为自己国家的语言。另一方面，德国通过查理大帝将自己置于罗马帝国的传统中，其语言为拉丁语。然而，最重要的是，德国缺乏中央政治权力来强制实行将民众语言的某种形式作为行政或文学标准。尽管有公文语言标准，尽管马克西米利安（Maximilian）大帝也主张统一德语拼写，尽管路德的《圣经》翻译为语言统一做出了贡献，但标准德语的形成却比法语或西班语慢得多，并且走了很多弯路。自15世纪中叶起，德国接棒意大利成为展开有关拉丁语改革的人文主义激烈辩论的欧洲国家，这并非是巧合。这表明，在德国关于拉丁语改革的讨论从某种意义上说是"民族语言辩论"的替代物。

与人文主义意大利的竞争对德国人文主义者起到了非常重要的作用。他们有时试图直接证明自己是更好的文化载体，还试图证明15世纪意大利人文主义者恩尼亚·席维欧·皮可洛米尼（即日后的庇护二世）在其著作《关于德国的特性、环境、风俗和状况》（1458年）中关于德国是一个未受过教育的日耳曼蛮族国家的说明是不合理的。德国"重要人文主义者"康拉德·凯尔蒂斯（1459—1508年）在他的四卷爱情之歌中设计了主题深奥的爱情诗作为一种穿越德国的爱情漫步。他还计划了一个《插图德国》的庞大项目，该项目与意大利人文主义者弗拉维奥·比昂多（Flavio Biondo，1392—1463）于1474年首次出版的《插图意大利》相呼应。德国早期的人文主义具有显著的民族要素，正如对15世纪新发现的塔西佗《日耳曼志》一书积极的接受中所体现的那样，这在德国早期历史中遭到了指责。德国人文主义者，尤其是1500年左右的第一代人，虽然也推广民众语言，翻译大量的古代文学作品并开始思索德语的价值，但是德国文学并没有得到真正的发展。1500年左右的拉丁人文主义者，如康拉德·凯尔蒂斯、约翰·罗赫林（Johannes Reuchlin）、威利巴德·皮克海默（Willibald Pirckheimer）、塞巴斯蒂安·布兰特（Sebastian Brant）、康拉德·波廷格（Konrad Peutinger）、

212

雅各布·温菲林、贝贝尔以及菲利普·梅兰希通，作为德国拉丁人文主义文化的代表人物引领了潮流，并且在德国作家之间没有出现碰撞。作为德语诗歌的作者，他们之中只有塞巴斯蒂安·布兰特（Sebastian Brant）同其著名讽刺作品《愚人船》（Das Narrenschiff）出现在其中。

总而言之，德国人文主义者的情况处于这两者之间：15世纪初期只专注于拉丁语的意大利人文主义者与16世纪同时推进拉丁语和民众语言的法国及西班牙人文主义者。至少在某种程度上，德国的人文主义拉丁语文学取代了不可能存在的德国民族文学，因为没有国王能够通过一项公告来确定全德国应以何种形式写德文。

16世纪下半叶，拉丁语仍然是德国的主要语言。尤其是新教学校和其后的耶稣会学院，通过出色组织起来的。花费高昂的拉丁语课堂使得拉丁语言知识比以往在更广泛的基础上得到保证和发展。16世纪下半叶，在德国，有些人使用拉丁语就像使用母语一样。因此，德国文学史上一个特别遗憾的空白是16世纪下半叶的拉丁语文学，例如雅各布斯·米西卢斯（Jacobus Micyllus，1503—1558年）、格奥尔格·法布里修斯（Georg Fabricius，1516—1571年）和麦里梭（Schede，1539—1602年）的作品几乎没有引起注意，直到最近才被视为是德国文学史的一部分。直到17世纪，在一直重视拉丁语的背景下，德语和拉丁语文学得以并行发展。马丁·奥皮茨（1597—1639年）和雅各布·鲍德（1604—1668年）都用德语和拉丁语写诗，与意大利著名的彼特拉克和法国的七星诗社诗人大致处于同一地位。奥皮茨在后世被誉为"德国诗歌"的创始人，而他的拉丁语诗歌直到21世纪才有了学术版本；同样，鲍德大概是17世纪德国最伟大的诗学天才，在拉丁语圈子外却寂寂无名，因为他主要用拉丁语创作。这一切都清楚地表明人们对自己过去的接受是不完整的，这主要是因为19世纪文学史是以民族主义的精神书写的。

这里提到的欧洲大部分地区的人文主义拉丁语改革的细节，尽管是有限的并且是有针对性的，却清楚地说明了一件事：对拉丁语作为世界语言的认识不足。关于确定好的拉丁语的理论尝试和对人文主义拉丁文学的追求主要是在国家的基础上进行的。无论是政治上还是文化上的定义，都主要局限在国家空间内。如果更仔细地研究各个国家拉丁语人文主义著作——不管是有关学习更好的拉丁语的教科书，还是狭义上的新拉丁语文学——的传播和接受度，那么很快就会明白，虽然15世纪意大利人文主义对欧洲产生了很大的影响，但其他国家之间的联系更为偶然并具有选择性。人文主义者的国际流动性总的来看低得令人惊讶。以整个欧洲都能理解的科学语言为基础，一生都在不断变化的环境中进行国际化研究的学者很少。其中包括西班牙人文主义者胡安·路易斯·维夫斯和出生于荷兰鹿特丹的伊拉斯谟，后者在某种程度上成为"欧洲人"，他不断在英格兰、法国、意大利和德国之间迁移，就好像没有国界一样。但是，如果您期望这样的情况很常见，那您就错了。前两节中提到的几乎所有人一直或大多数时间都在原籍国。

　　但是，欧洲拉丁语的存在和进一步发展很大程度上取决于此外的两个其他因素。

　　一方面，文艺复兴时期人文主义拉丁语改革的历史，以及这一时期新拉丁语文学的发展，不应等同于拉丁语在整个欧洲的存在。相对于欧洲的所有拉丁语交流情况，前两节中描述的发展情况只是一小部分，尽管这一部分引起了很多讨论。但是，无论有无人文主义，拉丁语在15—16世纪无疑都是教会（在德国一直到宗教改革前）、神学（也包括新教神学）和所有其他科学的专有语言，也是国际交往的重要语言。在这种情况下，拉丁语仍然是不可或缺的世界语言。在15世纪的威尼斯印刷商专门为出口而生产之后，16—17世纪的学术性拉丁语文学图书市场是国际化的。但是，在各学科中发展起来的拉丁语实践并没有立即发生改变。当然,人文主义拉丁语改革旨在涵盖所有领域,自然也通过拉丁语课堂对所有领域都产生了重大影响。但是在大学和拉丁语学校中,对语言有严格要求的人文主义者在 16—17 世纪也只是一个群体,其影响时大时小。在欧洲,拉丁语被成千上万的律师、神学家和医务人员、文员、牧师、药剂师以及其他个体用于书写和表达中。它创造了并不统一的拉丁风格并使得人们对拉丁语有不同的看法。通过这里所选的示例可以很好地还原真实的语言情况,因为它已经进入到德语学校的拉丁语课程中:1550 年或 1551 年,在西班牙的巴利亚多利德对下面的问题举行了一次讨论:是否应像现在一样暴力镇压新发现的南美印第安人,又或者是否不应该视其为享有平等法律权利之人。参与讨论的有多米尼加律师巴托洛梅·德拉斯·卡萨斯(Bartolomé de Las Casas,1484—1566 年),他本人在南美生活了很长时间,并于 1512 年与迭戈·委拉斯开兹(Diego Velázquez)一起参加了征服古巴的行动;还有胡安·吉尼斯·塞普尔韦达(Juan Ginés de Sepúlveda,1490—1573 年),也是多米尼加人,他通过在博洛尼亚的学习接受了全面的人文主义教育。正如现存文献所显示的那样,塞普尔韦达用受西塞罗风格影响的拉丁语表达观点,他认为美洲土著人生来就是低等的,因此上等西班牙人有权为了自己的利益压迫他们。相反,德拉斯·卡萨斯用朴实的、受中世纪经院哲学影响的拉丁语予以反驳,他认为土著人是自由人,不应奴役他们,不应当通过暴力而只能通过劝说让他们改信基督教。这一事件表明,必须提防所有思想史标签。人文主义拉丁语改革不仅是一个非常复杂的过程,而且还为拉丁语实践日益分化的现象提供了理由,这一点将在以后的章节中进行更详细的讨论(参见第 201 页及之后各页)。

此外,一种统一的文学语言在中欧大多数国家——法国、西班牙和葡萄牙、英国、意大利在 17 世纪已经实现,在德国仍然在形成中——的建立和传播,形成了这样一种状况:拉丁语作为欧洲通用语的功能从根本上得以改变。虽然以前拉丁语曾是欧洲的通用语言，但现在存在着严重的不平衡。在很大程度上，数量庞大的语言共同体能够发展出民众语言文化；简而言之，民众语言文化的自给自足越来越多地限制了拉丁语的使用。另一方面，小的语言共同体更依赖于培养一种语言，以便同邻国取得联系。这种现象是不受时代限制的。在所有较小的语言共同体中，例如芬兰或荷兰，通常情况下对双语或多语言的培养比在较大的同一语言共同体中更广泛。通常，这种发展使得人们可以"依附"更大的语言共同体，例如英语或法语。但是，就拉丁语而言，它作为"没有民众的第二种语言"的特殊地位意味着人们不能简单地去接受它，相反它必然首先是自行构成的。这就是为什么至少在一定程度上，在近代欧洲较晚时期，较小的语言共同体不仅成为一般意义上的拉丁语使用者，而且甚至成为人文主义文化的最重要代表。

荷兰尤为如此，16世纪后期和17世纪，在荷兰出现了一种拉丁语文化并蔓延到整个欧洲。诗人若阿内斯·塞昆杜斯（1511—1536年）和科尼利斯·斯科纳乌斯（Cornelius Schonaeus，1541—1611年），语言学家、文学理论家约翰内斯·杰拉德斯·沃修斯（Johannes Gerardus Vossius，1577—1649年），语言学家丹尼尔·海因修斯（Daniel Heinsius，1580—1655年）和他的儿子尼古拉斯·海因修斯（Nicolaus Heinsius，1620—1681年），哲学家和政治理论家尤斯图斯·利普修斯（1547—1606年）和胡果·格劳秀斯（Hugo Grotius，1583—1645年），他们的作品在国际上得以传播。胡果因其拉丁文著作《论战争与和平法》（1625年）成为现代国际法最重要的创始人之一。当然，17世纪国家的经济和政治繁荣促成了这种文化的发展。也可以说，在17世纪，荷兰一直在为民众语言标准而奋斗。但是，如果一方面将荷兰拉丁语文化与这种民众语言文化进行比较，另一方面又将其与其他国家的拉丁语文化进行比较，那么权重的分配就大不相同了：拉丁语在该国本身就具有较大意义，而且相比其他任何地方，这种拉丁语文化的作品在更大程度上从一开始就不仅仅面向本国读者。

更为重要的是，拉丁语作为斯堪的纳维亚国家与欧洲其他地区之间的纽带，促进了拉丁语文学作品的大量产生。但是，拉丁语传统在东欧尤为重要，尤其是在波兰和匈牙利。在那里直到19世纪，拉丁语不仅在行政管理中被用作政治中立语言，而且还被具有一定民族自信心的社会精英使用，并且在第二次世界大战之后比在欧洲其他地区应用得更为广泛。

3.5 拉丁语的发展

拉丁语成为第一门现代语言

自15世纪晚期开始，文艺复兴时期最有趣的教育学现象当属所谓的"对话小册子"，这些小册子为学习拉丁语的学生提供了口语会话的范例。其中最著名的作品无疑是鹿特丹的伊拉斯谟的《熟人间的对话》。长期以来，这部著作在欧洲文学中基本处于核心地位。我们在此要提到的是这样一个对话场景，它发生在两位已婚妇女之间，非常引人注目。新婚的詹蒂碧遇到了她的朋友，结婚很久的欧拉利娅。两人对话的内容无非就是当时妇女聊天时常见的老套话题，首先是谈论服饰，这样就可以趁机带入少量纺织行业的拉丁语专业词汇。但是不久，对话就转向了詹蒂碧对婚姻苦痛的描述。她的丈夫，显然是因为詹蒂碧的嫁妆才发财的，但是在家里却对她很不好；而且，他整日赌博，还与陌生女人寻欢作乐。当他醉醺醺地回家时，妻子整夜都会不得安宁。在简短地讨论了离婚的可能性之后（也许这就是天主教将这本书列为禁书的原因之一），欧拉利娅讲述了自己大体上比较和谐的婚姻生活。不过，起初他们也会闹矛盾；但是温柔的欧拉利娅让丈夫没有机会吵架，而且通过温柔的顺从维持了和平——最初看起来是这样。事实上，欧拉利娅一定程度上为我们提供了一个与莎士比亚的《驯悍记》相反的典型，她告诉我们，男人有可能因女人的温柔而变得文雅，这也是该片断的本意。这类拉丁语对话文本的简明和生动是难以超越的。虽然它们往往比较短小，但却极其准确地刻画出了人物的性格特征和情绪的微妙之处；这两位女士非常正确地使用了日常生活中所有物品的名称，并且还会发表一两句有趣的评论。

人们钦佩伊拉斯谟这样一位语言大师。但是，为什么要用这些对话作为拉丁语的教材，现在这引出了一个问题：这一片断是为什么样的真实对话场景所准备的？这里谈话的是两个女人，这一点并没有什么不同寻常的。一般而言，女性的受教育水平并不太高，但是文艺复兴时期并不存在这样一种原则性的怀疑，即女性不能学习拉丁语。16世纪，拉丁语女作家奥林匹亚·莫拉塔（Olympia Morata，1526—1555年）甚至还声名远扬。更令人激动的似乎是，这是一次偶然的对话，它强调日常性，而且有意远离学术拉丁语中的一切典型话题，这就是编写这一对话的原则。1500年以来，拉丁语文学中没有出现过这样的对话。在这个文本中，就语言模型而言，伊拉斯谟直接追溯到了普劳图斯和泰伦提乌斯的喜剧与西塞罗的书信。

通过这样的文本，拉丁语文学重新找回了熟人对话这个维度，用语言学的话来说就是"近语言性"（Nähesprachlichkeit）（第74页）。从公元1世纪拉丁语被固定下来开始，它就失去了这一维度。人们也可以从伊拉斯谟和其他作家的书信文化中看到这一点，他们不再使用僵化的文体模板，而是让人感觉这是一场生动的对话。文艺复兴时期的拉丁语戏剧也是这样的，在这些戏剧中（至少在早期耶稣会剧作家占据主导地位的戏剧类型中,有些大师是这样做的),对话看上去完全是从日常拉丁语中提炼出来的。

更准确地说——而且这样我们可以更接近问题的本质——并不是拉丁语,而是拉丁语课程重新发现了"近语言"(Nähesprache)。因为人们没有办法对这一点产生严重怀疑,即从本质上来说,拉丁语在古典时代晚期和中世纪也可以为这一目的所用,而且确实被这样用了,比如跟一个熟人谈论婚姻问题或者专业地讨论衣着问题,当然也会说一些日常生活中更老套的话题。不过,在这方面并没有什么指南或标准,也不存在描写此类沟通情境的文学种类。在拉丁语中,人们怎么谈论上帝、罗马法、医疗、天文学和世界史,是有一定之规的,这个规则更多地与文本内容和口头传统有关,而不是指语法或关于文体的教科书。此外,人们怎么写信、怎么布道或发表讲话也是有规则的。至于中小学和大学教学活动内外的日常口语,私人的而不是给第三人的特定书面消息,或者人们之间只讲拉丁语的私人谈话——这应该是拉丁语口语交流最重要的用武之地,在这些地方人们终于可以随心所欲地制定规则。

在实践中,即使文献记载很少,地方的或地区的习俗运行顺畅。在一切文体上,拉丁语进行了"二次革命",这些革命与已经提到的新拉丁语群体的发展进程(第135—136页)完全类似。而且正是在语言可能性缺失的地方,人们必须自己即兴发挥。人们与在学校学到的拉丁语之间的关系更像是这样的:一个受过商务英语教育和训练的银行家要与一个韩国女同事进行非常私人的聚餐。此时,莱比锡和巴黎是否用同样的拉丁语词汇表达"去厕所"(如果有厕所的话)这个意思,根本就不是话题。

这些日常规则并没有体现在文学文本或拉丁语书籍中,人们必须自己思考更大的可能性。16世纪初,一些德国人文主义者在所谓的《蒙昧者书简》中,用妖怪的形象来表现中世纪拉丁语言实践的弊端。即使抛开讽刺性的夸张不谈，这一形象本身也不能真实地反映中世纪拉丁语使用的典型情况；日常的沟通到处都在发生，这一点是完全可能的，而且人文主义者也没有太指摘这种沟通。我们对此根本一无所知，而这很重要。因为"对话小册子"的意义绝不在于改变拉丁语口语文化，而在于它第一次为这种文化真正建立了一个范本。此类作品直至15世纪末才产生；至于对日常拉丁语文风的理论研究，在中世纪至多有一些零星的偶然发现。但是，16世纪晚期和17世纪，学生对话在拉丁语课程中扮演着重要角色；17世纪和18世纪，除了伊拉斯谟的《熟人间的对话》外，法国人文主义者马图安·科尔迪耶（Maturin Cordier）的对话（1561年第一版）和伟大的耶稣会教师雅各布斯·庞塔努斯（Jacobus Pontanus）的《拉丁语初阶训练》（1588年）也是欧洲的权威著作。

通过另外一些教学措施也能看出自如的沟通能力在拉丁语中多么重要。16世纪，学校经常规定课间休息时也只应讲拉丁语，这条规定也转移到了德语会话上。不久前完全出人意料的是，柏林一所移民数量众多的学校试图恢复这条规定，要求学生休息时也只讲德语。文艺复兴时期还有更多这样的例子，比如为了帮助练习，家人与在国外学习的儿子通信时会使用拉丁语。拉丁语的校园剧院，本质上就是一种语言教学活动。这种校园剧院是新教徒为其拉丁语学校而创立的，后来耶稣会将它建成了欧洲的一个成功典范，歌德对它也有过赞美之词。在这里，不仅演出文学"经典"，而且主要是每年都会创作新的剧目，目的是让学生练习用拉丁语进行沟通。而且从语言上讲，这些剧目不仅包括悲剧中的高级词汇，也包含最普通的日常对话。雅克布·比德曼（Jakob Bidermann）的《虚荣者》（*Cenodoxus*）可能是有史以来最著名的耶稣会戏剧，它以高超的技艺完美地展现了拉丁语沟通风格的多样性：此剧以一段装腔作势的低劣表演开始，这一场景发生在一位大教授家门前，而他实际上只是一个虚伪的笨蛋；随着教授被判永世下地狱，此剧又在极其严肃的氛围中结束了。总之，人们并不是把拉丁语当作一门学术语言来教授，而是把它看作一门非常普通的语言，实际上，人们在为不久就会遇到真正的罗马人（当然只是西塞罗时代的古典罗马人）做准备，那时在与他们谈生意前必须能不带口音地聊聊天气。而且，就像在现代外语课上一样，人们也会通过尽可能多的语言实践和全外语课程来学习拉丁语。在高中，拉丁语不仅是一门课程，而且全部学校生活都是一种绝无仅有的语言练习。

再讲得清楚一些：人们将拉丁语应用于日常生活这一点并不新鲜，新鲜的是为了使日常对话形成一个固定的标准竟付出了如此大的努力。为了理解这一发展的人文主义维度，人们必须把目光转回古典时代。古希腊和古罗马文学的特点之一正好就在于充分展现了会话的广泛程度——从热烈的情感表达到冷静的专业术语，再到乏味或有趣的日常沟通。由于历史文化语言具有世界多样性，无法从某个个例概览全局，因此在给出以下这一论断时应该持谨慎的保留态度：很难在现代之前找到类似的例子，即在书面语言中也能以相同的方式去模仿日常沟通中那种自然的表达，以及自由谈话环境中那种放松的状态，就像在阿里斯托芬的希腊语喜剧和普劳图斯与泰伦提乌斯的拉丁语喜剧中那样，当然贺拉斯的讽刺作品和柏拉图的对话以及西塞罗的许多（不是全部）书信也是这样的。这些文本的语言在很多方面给人一种印象，似乎它不过是对现实对话的录音，当然这并不排除，它仍然是文学化的，有很高的艺术性。这些文本的活力，恰恰不是通过不断使用日常词汇和口头用语或者通过粗俗化而产生的，而是通过选择总是与情境相适应的个性化语言素材来实现的。正如扬·阿斯曼（Jan Assmann）已经强调指出的那样，希腊、罗马的书写文化与其他古代高级文化之间最根本的区别正好就体现在这一点上。在其他高级文化那里，使用书面文字是出于行政、宗教目的，或者在有严格规定的文学种类中使用，而希腊人及其后继者罗马人对文字的使用自由多了，也更加个性化。正因为如此，他们也创造了以书面形式模仿口头会话场景的先决条件。但是恰好因为这样，公元前5—前4世纪的雅典文学、公元前1世纪的拉丁文学以及稍晚一些的喜剧作家普劳图斯和泰伦提乌斯（总的说来，正好就是"古典"作家这个群体，在他们那里，这两种语言都已经指向古典时期了）就以非常特殊的方式突显出来了。从语言学的角度来看（现在这既不是一般意义上的"古典"定义，也不是一种语言史的基础规则，而只是试图提纲挈领地理解希腊语和拉丁语的具体历史），人们可以将希腊语和拉丁语古典文学时期分别定义为这样的时代：在这些时代中，各自社会中那些自然的、母语的表达习惯被最好地转化到了文学中。

古典拉丁语文学典范的这种特殊性是人们能够想到拉丁语日常对话向古典标准看齐的前提条件。但是，不应该把人文主义者在日常拉丁语上所做的努力仅仅理解为是对古典时期的一种模仿。他们以独特的方式将拉丁语与其他欧洲语言的发展又结合了起来。

考察一下16世纪至20世纪现代民族语言的形成，就会发现，它们在所有国家总是不断经历一个相似的过程：首先是出于非常特定的目的而使用的书面语言，但没有提出要把它们变成通用语言的要求。大部分人都必须通过文学教育来学习它。在法国、英国、西班牙都是这样的，民族语言从某个地区的"一般"语言中产生，通过宫廷的影响扩大使用范围，直至最后被政府规定为在全国范围内使用的语言；而在意大利和德国，由于缺少政治上的中央行政机关，它们各自的标准语言某种程度上而言是通过文学家和知识分子协商确定的。像这样被提升到更高地位的语言形式，其传播是一个复杂的过程，其中宫廷的对话实践也发挥了作用。只是逐渐的，并且只有在被纳入普遍的学校义务以后，如此产生的民族语言才会也变成各自民众的通用语言。1789年，法国革命者也不得不指出，可惜只有极少数法国人也讲法语。随之而来的是一项激烈的学校政策,它要求在接下来的几十年内把法语作为民众语言加以推行,并且彻底驱逐其他语言形式。在德国也是这样,18世纪晚期至19世纪,书面德语通过普及义务教育和全民识字才成为整个民族自然而然所使用的语言;在意大利,这一过程甚至持续到20世纪。欧洲所有其他国家也经历了相似的发展过程。因此,现代民族语言的产生不仅是横向的,即一种语言被规定要在全国范围内使用,而且也是纵向的,即这种最初只是在各个国家的一小部分地区实际使用的语言,通过一个复杂的教育过程扩展到了所有阶层并进入了一切沟通场合。原来的"书面语言"首先变成了"标准语言",最后变成了"通用语言"。简而言之,今天当任意一个慕尼黑人和一个汉堡人在咖啡店碰面,并且能用共同的德语谈论科学、政治、感情问题、足球等任意一个话题时,这并不是自然的语言进化过程的结果,而是教育学习过程的结果。这一过程伴随着义务教育的普及始于19世纪他们的曾曾祖父母时代,并且在这两位谈话者自己的教育经历中结束,其中包括作文练习和其他语言练习。在最近的半个世纪中,广播和电视自然也发挥了重要作用。但是很显然,170年前只有接受过良好学校教育的汉堡人和慕尼黑人——即极少数人——才能用德语交谈;250年前,如果社交礼仪要求谈话者之间的对话是形式完整的、非实验性的且没有语言歧义,那么人们很可能会选择讲法语;而400年前,人们可能会讲拉丁语。通过学校教育培养出语言的平等性,这在18世纪和19世纪是民族教育的重要时刻。一种会话文化产生了——这也是被我们称之为理想的那种状态。在这种文化中,受过教育的人怎么说就怎么写,怎么写就怎么说;并且在未受损害的地区方言形式和其他特殊的口语表达形式中,一种符合书面标准的口头日常对话也成为了可能。

这里所概括的过程不仅仅意味着欧洲国家施行了一种特定的标准。只有这一过程结束后,人们才可以说德语、英语或者意大利语成为了各国民众的"母语"。现代民族国家太大了，无法在自然的语言发展中、在如此广大的空间上形成一种统一的语言或者是维系这种语言。母语、民族语言和书面语言的同时诞生——尤其是在现代电子媒体被发明出来以前——只有在耗资巨大且全民参与的学校系统这个框架下，并且通过不断被动和主动地参与一种完全决定日常生活的书面沟通才有可能。只有通过这样持续数年的训练，才有可能发生这一现象：至少很大一部分民众认为书面语言和日常语言的标准就是母语的标准，而且最终完全不再知道人们经历了怎样复杂的过程才习惯这些标准的。饱受诟病的德语的"衰落"并不是语言的衰落，而是表明最初为德国制定了一门统一语言的主管机关已经不能再完成这一任务了。

让我们再回到拉丁语。回顾现代，人们发现，文艺复兴时期的拉丁语课程是符合欧洲的总体趋势的，它以让人们在书面上和口头上完全掌握该语言为目的，这完全可以被视作一种要让拉丁语具有母语性质的教育。更准确地说，在这一点上拉丁语开创先河。因为拉丁语具备那些能让一种语言在一个广大的空间内独自发展成为共同语言的前提条件，而且它一开始就具备在其他语言中直到19世纪才出现的条件：讲拉丁语的共同体就是由有学识的人组成，这个共同体百分之百是会写字的，而且百分之百是受过学校教育的，并且在那里练习过如何积极地使用拉丁语，这不仅是为了掌握基本的读写能力，也是为了能阅读和创作文学作品。一种全社会的语言的形成所需的工具在拉丁语中都已经具备了。此外，由于接受过拉丁语教育的人一般而言比其他人更具社交流动性，也因为拉丁语的书面沟通覆盖了整个欧洲，因此，说话者似乎不得不自觉地使用跨地区的、超越行业专业术语限制的语言标准。不过，他们只是预演了后来在18世纪和19世纪发生于其他语言中的过程。在此意义上，拉丁语是欧洲第一门现代语言。

因此在这样的语境下，又可以提出与之前相同的问题。在前面（参见第170页）讲到新的拉丁语书写标准和欧洲民族语言书写标准的起源时，这一问题就被提出来了：拉丁语是其他语言参照的模本吗？或者相反，现代民族国家的形成，沟通状况的改善以及民众写作能力的提高是否也要求对拉丁语进行更复杂的规制？塑造一种共同语言并且意在让所有民众获得共同的语言教育和学校教育，这是现代的思想吗？或者它们已经在以塑造一种共同语言为教育使命的拉丁语人文主义中找到了自己的起源？将拉丁语用作精英的文化语言会使社会阶层固化吗，还是说恰恰是这种拉丁语文化蕴涵了跨越阶层界限的萌芽，因为掌握拉丁语并不是天生的特权，而只是使受过教育和没受过教育的人区分开来了？

在此背景下提出这些问题只是为了表明，现代欧洲文化史的研究需要比以往更多地考虑拉丁语的贡献。不过，最主要的是也要将拉丁语文化看作一种动态的文化，它不是延续古老学术传统的孤立世界的一部分，而是在同一层面上参与了欧洲发生的各大变革。本章所考察的文艺复兴时期的拉丁语会话文化，恰好也并非拉丁语传统中一个自然而然的部分；相反，正如我试图解释清楚的，它是从特定的前提条件中产生的，而且之后又会再次衰落，下面的章节将会说明这一点。通过教育使拉丁语成为母语并不是一种永恒的理想，而是与特定的情境有关。我们的观察从伊拉斯谟的《熟人间的对话》开始并非偶然，这主要是为了之后去考察16世纪和17世纪新教拉丁语学校与天主教拉丁语学校的关系。此后，正是民族文学语言的进一步形成使拉丁语走上了不同的发展道路。

拉丁语教育与拉丁语沟通之间的冲突

尽管拉丁语的现代史与欧洲其他语言具有很多共同点，但依然存在一个决定性的区别：到20世纪，在不同的欧洲语言区内，民众语言确实发展成为现代意义上的"民众语言"，即共同语言，它被作为全体民众共同的书面语言和口头语言经各种各样的学校体系加以推行；相反，拉丁语却在漫长的发展过程中最终从舞台上消失了，这一过程在各个欧洲国家从 16 世纪持续到了 19 世纪早期。

从完全外在的意义上来看，产生上述现象的原因毫无疑问在于欧洲民族语言的崛起。当它们在所有领域都已建构完整之后，对单个国家自身来说，继续发展这门古老的文化语言似乎就成了一种多余的负担。由于人们以国家的视角来理解国际性的活动，并且把世界划分成国家的势力范围，因此，他们相信可以放弃一种通用语。而且在有些领域，特别是外交领域，自 17 世纪开始，法语——作为一种像拉丁语一样标准化的甚至是固定化的语言，几乎已经脱离了讲这种语言的共同体——就已经继承了拉丁语的遗产。

不过，拉丁语被替代这一现象还可以从另外的角度来理解。拉丁语之所以被拒绝，是因为它被认为是一种"死"语言，不具备一门有生命的语言所具有的可能性。一些古典语文学家甚至也持这种论点。在语文学史上，这主要与爱德华·诺登及其诞生于 1900 年左右的《古代艺术散文》这一重要著作有关。诺登宣称，最终恰恰是人文主义者给了欧洲拉丁语致命的一击，因为他们为了严格地因而也是僵死地坚持古典拉丁语的标准，扼杀了中世纪拉丁语尚存的一丝（相对的）生机。从一开始，这一论点就不仅得到了赞同，也遭到了激烈的反对。而实际上它也很难令人信服，因为只要稍加观察就会发现，这个世界上曾被写下的绝大多数拉丁语文本都是在人文主义改革之后产生的，而且直至进入 18 世纪，拉丁语都是欧洲最重要的单一语言。没过多久，维尔弗里德·斯特罗就肯定地宣称，人文主义者是拯救而不是消灭了拉丁语："谁把拉丁语的死亡归咎于人文主义者，谁就颠倒了黑白，混淆了医生和杀手。"

从世界语言拉丁语的角度出发，我们还必须对诺登的论点再次进行思考，因为在我看来，这一论点的核心还是符合事实的。为了更加接近这个核心，人们不应该孤立地考察拉丁语，而是必须再次将其他欧洲语言纳入视域。

不过，为了先澄清问题，首先要指出的是维尔弗里德·斯特罗和其他诺登的批判者有一点是正确的：拉丁语在现代早期遭到压制与这一点无关，即更严格地向古典标准看齐反而让自己惹祸上身。但是，鹿特丹的伊拉斯谟已经在他的《西塞罗主义者》中强调过，而且斯特罗从根本上也承认这一点，即严格的古典主义肯定是有害的，这种古典主义只是谨小慎微地查看是否每一个细节都在古代著作中有据可查。可是，那种温和的、对符合实际的创新永远保持开放的拉丁语，也就是伊拉斯谟在《西塞罗主义者》中在对古典作家广泛研究的基础上推荐的那种拉丁语，很有可能成为一种全新的欧洲拉丁语标准的基础。拉丁语作为世界语言的继续发展并不以人们坚持托马斯·阿奎那的经院哲学拉丁语，坚持教堂礼拜仪式中的语言，甚或是坚持因纯粹无知而存在过的拉丁语低级版本为前提条件。原则上讲，发展的车轮要倒转在某种程度上是可能的，让拉丁语这门世界语言从古典标准中再一次苏醒也是可能的。顺便说一句，这一论断哪怕在今天也是经得起实践检验的：讲拉丁语的人，特别是用拉丁语写作且持有古典准则的人，过去可以、现在也可以在任何时间令人信服地保证这一点，即他们能在这门所谓的死语言中感到十分自在，而且其表达需求也不会受到限制。

这些说在前面的话已经让我们到达了真正问题的核心。因为这刚好与人文主义者对语言提出的要求相矛盾。对于人文主义者来说，教育的目标是熟练掌握一门高度发达的、具有最细微的精妙表达和优美风格的语言，这一目标首先必须被制定出来，而且向上是没有界限的。中世纪拉丁语和人文主义拉丁语之间最重要的区别不在于词汇和语法上的个别差异，而在于要获得一种语言能力，使自己写出的文字像西塞罗的那样优美，需要耗费多得多的努力、时间和练习。之所以这样绝不是因为，对于身处现代的人来说，拉丁语是一门首先必须学习的外语。因为，就算是对于西塞罗及其同时代的人来说——这些人毫无疑问是把拉丁语当作现代意义上的母语来使用的，要想实现使拉丁语能与希腊文学语言相匹敌这一目标，除了通过语言上的反思、大量的语言练习和高强度的阅读，否则不可能。西塞罗的《论演说家》中的演说家理想就是一种教育理想，它不仅需要专业知识，而且显然是以高强度的语言练习和文学经验为前提的；贺拉斯在其文学书信中总是强调对语言形态进行非常认真的润色加工有多么重要。换句话说：公元前1世纪的罗马作家成功地将自己确立为希腊经典作家意义上的文化模范人物（参见第65页及之后几页），恰好是以这一事实为基础的，即他们不是只简单地大声自我宣传，而是费尽心力要给后世提供一个完美语言的范本。与此同时，他们认为，如果其他人想获得相似的语言上的完美性，也必须付出同样的努力。西塞罗之后100年，昆体良所描绘的演说家的教育路线就已经是以数年之久的学校课程和高强度的自主语言练习为前提了。

同样，人文主义的拉丁语改革总体上要求增加和强化语言练习。罗马经典作家的读物并没有从根本上代替其他中世纪的文学读物，而只是被新加进了教学计划中。在人文主义学校教育史上，从最初到现代的人文主义高级文理中学，语言课程始终占有支配性比重，这不仅是因为人们把拉丁语当作一门外语来学习，更重要的是，人们总是对语言课程提出很高的要求。至于这种要求是否总能兑现，又是另外一个问题了。

现在，既然欧洲民众语言本身已变成讲究的文学语言，那么逐渐地就会产生一种排他性要求，使得多种语言的共存越来越困难，而这在古典时期和中世纪往往是不存在问题的。长远来看，欧洲民众语言的要求——自身想成为一种与众不同的文学语言——必然会与拉丁语的要求相冲突，而它的这种要求正是民众语言的人文主义开路先锋提出来的，比如本博、法国七星诗社的诗人，以及德国的奥皮茨（Opitz）。想要实现多语种的教育目标,即两种语言同时达到接近母语的水平,只有这样才是有可能的:通过长年专注于外语学习(因此只有很少时间参与社会实践)或者从一开始就连在私人生活中都持续接受双语教育且每种语言的教育都伴随有高水平的会话伙伴。因此,就这里的思考结果来看,为了继续作为一种普遍使用的语言,拉丁语,作为唯一的文化语言,要么必须获得近乎母语的地位,让民众语言保持从属语言的地位;要么当民众语言被建设成文化语言后,拉丁语就必须简化为一种通用语的功能形式。但是,欧洲的教育精英既想要鱼又想要熊掌:一方面,他们把拉丁语看作人文主义教育的集中体现,并让它成为高强度语言教育任务的重中之重;另一方面,又想给予民众语言拉丁语所具有的一切优良品质和表达可能性。这个矛盾无法解决,这是我对爱德华·诺登的论点所能做出的另一种说明。欧洲社会已经无力再负担实现这一目标所需要的成本了。

所以,这种彻底的思考对于拉丁语作为世界语言的历史来说尤其重要,而目前,作为世界语言的英语与各种各样的民族语言之间也存在着完全相似的冲突。今天,由于文学培养和学校教育的关系,民族语言继承了拉丁语的遗产。从根本上讲,欧洲社会流行的"母语"这个概念,是一个语言人文主义的概念,它正好采纳了文艺复兴时期拉丁语课程所涵盖的文化语言训练中的那些元素。当今,在一个全球都流行讲多种语言的时代,当人们抱怨母语的衰落时,他们所谈论的不过是那种以长期的各种各样的教育和练习为前提而培养出来的母语性(Muttersprachlichkeit)。连德国人自己也不怎么学德语,就像最近关于掌握某种书面德语的争论所显示出来的那样。如果现在要一下子用英语和德语共同组建一个世界,那么几乎不可能将这两种已经完全成熟的语言添加进去。为此,人们要么得接受持续的双语教育——只有在父母双方分别来自这两种语言区中的一种时才有可能实现——要么必须大量地学习英语课程。在实践中，两种语言都必须妥协。英语是作为第二语言习得的世界语言，它不可能具有第一语言所必须具备的一切功能。同样，对于德语来说也是如此，它不可能再有足够多的时间去成为一般意义上的第一语言了。

在多语种的现代社会，有关语言关系的最新争论会如何继续展开，并不是本书的主题。不过，最新的争论使我们对这一问题的理解更加深刻：拉丁语被用作欧洲的第二语言在现代早期产生了什么样的问题。与目前的争论最主要的区别在于，正是因为人文主义拉丁语的意识形态特别要求进行人文教育，所以，拉丁语课程从未脱离过这一要求。而且，这最终导致人们完全放弃了对拉丁语的积极使用。人们一定程度上挽救了人文主义的要求，因为他们避开了实际需求，只把西塞罗的语言艺术所提供的范本当作一种模型，就好像一个艺术家因练习需要，根据一部经典著作制作了一份副本，但是却选择用另外一种语言来表达他自己的艺术理念。另一方面，在现代早期也有一些在教科书里很少或从来不提的拉丁语的使用规则。古典时代晚期，希多尼乌斯·阿波利纳里斯在——今天政治上不再正确的——"男性图书馆"和"女性图书馆"的比喻中作出的古典语言和非古典语言的划分（参见第101—102页），又以新的名称复活了；一定程度上存在着一种作为教育语言的拉丁语和一种作为世界语言的拉丁语。

迄今为止，拉丁语在现代的这种内在多样性还没有被系统性地研究过，这也是因为，那些通过书刊印刷而传播并因此流传下来的文本，大部分更多的是人文主义的标准拉丁文风格，所以，并不能让我们对当时拉丁语的实际使用情况有任何具有代表性的印象。尽管如此，我们还是试着简要勾勒一下发展的基本特征。

首先似乎是人文主义拉丁语取得了某些胜利。人文主义的期望自然主要灌注在教育事业上。16世纪开始，欧洲的教育图景就发生了显著

237　变化。先是在德国产生了新教的高级中学，它是在路德派宗教改革之后被推进的。改革家梅兰希通是其中决定性的人物，他编写了很多校规和一些成功的教材；不过其他一些人物也追求着同样的目标，比如约翰内斯·斯图尔姆（Johannes Sturm，1507—1589 年），他领导着斯特拉斯堡著名的大型跨地区高级文理中学。大学里的拉丁语课程也进行了人文主义意义上的改革，同时进行了强化；最令人印象深刻的例子可能是罗斯托克大学，梅兰希通的学生大卫·希特拉乌斯（David Chytraeus，来自巴登州克赖希高）从 1551 年直至去世都在这里发挥着影响，它向我们展示了整所大学的全部运行是如何只通过一个强有力的人物就实现了符合人文主义精神的改革的。从 16 世纪中叶开始，在德国（不过也包括其他欧洲国家），在反宗教改革精神的指引下，耶稣会学校在拉丁语学习的问题上都遵循着完全相似的教学纲领。就像更新的研究不断证明的那样，三十年战争前夕，欧洲的不同教派正是在这些人文主义的教育原则中存在着惊人的一致性，而且在基督宗教两千年的历史中，恐怕从来没有一个时期像文艺复兴的百年间那样，古典文化的那种基督诞生前的古代传统能与基督宗教如此和谐地共存。学校教育事业的高度发展最终形成了这样的结果：在 16 世纪的进程中，尽管民众语言向前挺进，但欧洲人的拉丁语能力实则提高而非下降了。与卡洛林王朝改革之后拉丁语的重新稳定相似，在文艺复兴时期也可以看到，人文主义意义上的通用语言知识也经历了一个较小规模的逐步巩固的过程。不论是在意大利还是在德国，早期人文主义者的文本有时都还表现出了一定程度上的拙钝感。康拉德·策尔蒂斯（Konrad Celtis）的诗歌就是这样的例子，他大张旗鼓地以自己的方式记录下了人文主义进入德国的过程，但从拉丁语的角度来看，实际上比较粗糙，不过要注意的是，这并没有使翻译者对它的兴趣减弱。尽管如此，16 世纪末，由于学校教育的强化，即使是在德国，掌握一种优雅的让人一眼看不出与西塞罗式的拉丁语有任何区别的拉丁语，也不再是什么稀奇事了。由于政治上的四分五裂，有着文化要求的民族语言在德国的形成比在法国、西班牙或英国要晚。所以，正是在德国，从人文主义晚期（Späthumanismus）到三十年战争这段时间，拉丁语文化更有影响力。至少对一小部分有文化的人来说，拉丁语几乎还是像母语一样。这种发展可能在耶稣会最显著，16世纪中叶它建立起一个模范的学校体系，这个学校体系不只进行天主教的宣传，而且也与新教学校形成了一种真正的竞争。在这一领域活动的德国拉丁语诗人中，最有创造力的可能就是耶稣会神父雅各布斯·巴尔德（Jacobus Balde，1604—1668年）了。迄今为止，他的大量作品之所以没有获得足够的重视，原因并不在于他写的拉丁语本身"很难"，只有对那些不具有近似母语水平的拉丁语使用者来说才很难，而这是他本人对当时他的很多读者提出的前提条件。

尽管如此，16世纪拉丁语教育的强化产生了这样的结果，即在欧洲历史上人们第一次没有考虑后来的毕业生是否真的需要如此优秀的拉丁语能力。和在耶稣会学校中一样，在新教的高级中学中学习的不仅有未来的神学家和医学家，也有越来越多的商人、城市新贵和手工业者的儿子。并非所有人最后都会进入大学，或者取得学术性职位。为了生活，他们肯定需要拉丁语知识；因为如果没有这些知识，他们在欧洲还是找不到非常体面的工作。但是，并不是所有人都需要进行课程中所规定的如此高强度的拉丁语训练。至迟自16世纪，人文主义开始在整个欧洲推行，拉丁语教育价值和实际应用相分离，这正是后来拉丁语历史的特点（而且一定程度上甚至是痛苦的）。另一方面，人文主义教育标准的引进也迫使欧洲贵族无论如何必须得完成拉丁语教育，而在中世纪他们就算不会拉丁语也能应付得了大多数情况；即使是在16世纪晚期和17世纪为教育贵族子弟而设立的所谓的"骑士学院"，拉丁语也是其中一门学科。

239　　　　尽管付出了一切努力，但人文主义的拉丁语课程从来没有使拉丁语的使用情况发生根本性的转变。显然，就算是在16世纪，即拉丁语学校的全盛期，保存下来的大量拉丁语文本也并没有完全达到学校所教授的人文主义标准，而且，17世纪和18世纪拉丁语应用的平均水平也仍然远离这一标准。然而，在印刷教材和大量拉丁文辞典中不是这种情况。《卡莱皮努斯》（*Calepinus*）是最先于1502年由安布罗焦·卡莱皮诺（Ambrogio Calepino）在意大利出版的辞典，后来主要在德国经修订和扩充，成为了现代早期欧洲最重要的拉丁语辞典，并且出版了大量版本。最晚从16世纪中叶开始，这本辞典几乎只收录古典词汇。罗伯特·埃蒂安的《拉丁语辞典》（1543年最后一次修订）也是这样。这本辞典绝对是现代早期科学领域"最完善"的辞典，经过18世纪的重新修订，它一直影响到了现代的辞典编撰学：文艺复兴时期那种"生动的"拉丁语文风在这本词典中没有起到任何作用；它是对古典时期（受基督教影响的古典晚期除外）语言使用情况的一种纯粹的记录。像"印刷术"和"手枪"这些古典时期还鲜为人知的东西，在人文主义的辞典里也找不到；如果是古典时期已经存在的词汇，那么在这里也只是给出其古典意义。17世纪，在那些某种程度上而言不是为了科学的，而是为了实际的、积极的拉丁语应用而撰写的拉丁语辞典中，总是会不断地出现一些说明：为了坚持古典语言标准，人们希望通过这本书纠正对词语意义的普遍错误的用法。但这种纠错努力针对的并不是其他教授"错误"拉丁语的语言教材，而是完全公开地针对那些在拉丁语课程之外通过口头传统和专业术语所传授的语言用法。甚至可以毫不费力地找到这样的例子，17世纪人们可能会批判某一种在中世纪晚期就已经得到了验证的语言用法，但是，自文艺复兴之后这种用法却不再被收入"官方的"拉丁语教材中。

　　简而言之：当人文主义的拉丁语改革最终在学校施行之后，即从

16世纪晚期开始,语言状况呈现出了极丰富的多样性。表面上,学校规则总是不变地向古典标准看齐,而这种标准是通过拉丁语学校的文风练习得以传授的;可是,在这种表面之下存在着一种与此相偏离的不那么古典的语言用法,它不是通过拉丁语课程,而主要是通过口头传统得以传授的,而且,它有时直接延续了中世纪晚期的语言用法。由此可见,这种分歧与民众语言中的情况存在着很大的相似性。因为,正如人们早就知道的那样,早期的辞典和语言教材就此而言也不完全是记录实际的语言用法,而是希望自己能呈现出语言的标准功用。

17世纪和18世纪,古典科学——神学、医学和法学——的专业讨论和专业传统发挥了重要作用,且这种发展态势越来越强。这一趋势表明,作为教育语言的拉丁语和作为世界语言的拉丁语之间,差异越来越大了:无论在哪里,只要是拉丁语在沟通中真正扮演着重要角色的地方,拉丁语就与人文主义的要求越来越疏离,而且它满足于作为一种专业语言或一种通用语言的可能性。不过,学校的规则肯定也不是什么脱离实际的理想,其中许多也很好地得到了遵守。只不过,它不能被当作普遍的语言标准进行贯彻。

这一点可以十分清楚地从著名哲学家扬·阿姆斯·夸美纽斯(Jan Amos Comenius,1592—1670年)的著作中看出来,他被认为是现代早期最伟大的语言教育学家。他的《语言入门》和1658年首次出版的《世界图解》,尤其以不落俗套的教育方法而闻名。在后一本书中,他革命性地将图片和单词同时引入了语言课程。不过,夸美纽斯也是为数不多的,甚至有可能是唯一一个,对于他所处的世纪关于教学理想与一般拉丁语实践之间的分歧,不仅能完全认识到而且还能完全接受的人。除了为拉丁语入门课程所写的著名教材,他还于1657年撰写了一本今天完全不为人所知的《入室辞典》。这个标题象征性地参照了《语言入门》和《拉丁语入厅》。《语言入门》是语言知识的"入口",《拉丁语入厅》是拉丁语的"前厅",而主室是罗马房屋最里面的部分,因而也意味着人们在语言世界中"到家"了。这本词典的目标是把学生在《语言入门》中学习的简单的、与实践相关的拉丁语表达法,替换成——用夸美纽斯自己的话说——"更拉丁语化的"表达法。尽管如此,夸美纽斯所教授的那些"简单"的词汇绝不都是非拉丁语的。不过,它们中的大部分一般来说都可以被自由地翻译成现代外语,而那些位于一旁的"更拉丁语化的"表达方式,则提供了一种偏离于现代语言的成语汇编。比如,对于"computare"(计算)这个词,就有一个衍生词"subducere numerum"(大意是把数字置于其下),或者对于"punire aliquem"(惩罚某人),就会给出另一个更优雅的选择"poenas ab aliquo petere"(要求某人受到惩罚)。这两种用法在拉丁语中都是常见的,但并不能逐字地转换成德语或其他欧洲语言,而且当人们在讲德语或讲波兰语的环境中使用它时,只是因为使用了这个词,就会使那句话具有人文主义的色彩。夸美纽斯的这种做法与今天人们想让学生设法先掌握英语语言能力,而把教授英语文学的时间推迟一样。至于这些大教育家的解决方案是否真的实用,或者是否暗地里已经提出了一个专门的学习拉丁语成语的任务,就是另外一个问题了。

长久以来,拉丁语被民众语言取代的历史还是没有得到详细书写。不过,学校规则与应用规则之间的矛盾发展也在这里留下了痕迹。基本的准则是:当外在要求迫使人们使用一种通用语时,拉丁语坚持的时间更久,而且,从随后的趋势上来看,应用规则比学校规则更重要。与广为流传的观点相反,恰恰不是自然科学最先摆脱了拉丁语的统治。在自然科学中,人们总是需要对研究成果(而且它一般只体现为书本知识)形成一种国际认知。因此,直至进入18世纪甚至19世纪早期,显然一直都有拉丁语的自然科学出版物。生物学作为一门新兴的科学正是以18世纪卡尔·冯·林奈(Carl von Linné)的拉丁语著作为起点发展起来的。而历史学家早就开始用德语写作了。最终，关于一座城市或一个国家的历史作品也能有学术圈以外的各个地域的读者了。在哲学领域，以民众语言写成的著作在所有欧洲国家占比也都很高。在西班牙和法国，早在 17 世纪就已经产生了以国语书写的非常重要的哲学论文，比如勒内·笛卡尔（René Descartes）的《方法论》（1637 年）。即使在德国，18 世纪上半叶，德语也已经成为了大学哲学论文的写作语言；克里斯蒂安·沃尔夫（Christian Wolff，1679—1754 年）在其中发挥了重要作用。还有克里斯蒂安·托马斯乌斯（Christian Thomasius，1655—1728 年），据传说——可能不完全正确——他是第一个在德国大学用德语授课的人，虽然以专业来看他也是法学家，但主要还是哲学家。

与自然科学家类似，医学家和法学家也主要是出于实际的原因，长时间坚持使用拉丁语：医学家和药学家需要一套跨地区的、国际性的、完全标准化的专业术语。即使在英语早已成为医学语言的今天，也存在着一种全球性的调节系统，只是在最近一些年，迄今为止被安然接受的拉丁语和希腊语基本术语，才受到了来自美国一些医院的通用名称的挑战。在法学家那里，从单个术语的使用到整个思想体系，都与以拉丁语发展而来的罗马法系统有关。至于法学家和医学家出于这种实际需要，创造了自己的阶层文化，并最终于 18 世纪和 19 世纪将使用拉丁语看作一种社会阶层的区分标志，将自己与那些没有接受过高等教育的人区别开来，又是另一回事了。

最后，我们还要探讨一下天主教会。众所周知，在这个机构中，拉丁语在现代作为一门积极使用的沟通语言得到了最高强度的训练。此外，在某些领域，拉丁语如今依然享有官方地位，比如作为教皇通谕和教会判决的语言，最近甚至再次作为礼拜仪式可能使用的语言。在罗马的教皇大学，直至最近一二十年前，用拉丁语授课还是一种十分正常的现象。在公众看来，教会坚持使用拉丁语主要意味着它们的目光仍然瞄准着过去，首先是坚持有约束力的拉丁文《圣经》（正如人们所知，它本身并非原始版本，而是古典时代晚期由教父哲罗姆修订过的译本），其次也坚守教会传统，这一传统是由拉丁教父托马斯·阿奎那、圣文德及其他中世纪的大哲学家和直至现代的神学家所开创的。拉丁语保证了教会的历史统一性，而且天主教教会毕竟是世界上最古老的依然存在的机构之一。

但是，如果人们看一看拉丁语作为世界语言的历史，就会发现一个完全不同的角度。在我看来，这是一个经常被看到却总是被轻视的角度：作为现代早期欧洲唯一的多民族组织，对于天主教教会来说拉丁语是不可或缺的，它是联结各民族和国家的纽带。假如18世纪的教皇用意大利语主持弥撒，那么教会展示出的是一幅什么样的画面啊？一方面，拉丁语迄今为止并没有失去它的实际功能：世界上没有任何语言能在譬如说方才提到的教皇通谕或世界宗教司法判决（在宣布婚姻失效时，这对于天主教徒来说至今仍有意义）中取代拉丁语。另一方面，受16世纪宗教改革运动的影响，德语被引入了礼拜仪式，这不仅是为了让没有受过教育的民众能更容易地参与到礼拜事务中，也是民族国家与罗马划清界限的契机。至于拉丁语在科学—神学论文中的应用，直至进入17世纪，天主教教会与新教教会和世俗科学领域内的状况，并没有什么区别。而后来教会在语言上之所以具有特殊地位，最重要的原因并不在于对传统的坚守，而在于教会的国际地位。这里也可以再次看到，一种更注重实际的拉丁语文风得到了维护。16世纪的耶稣会学生，在经年累月的学校课程中所经历的那种高强度的语言训练，后来没有时间再进行了。

上述观察的结论是，从整体上来看，拉丁语作为一种通用语言在欧洲的倒退，恰恰不是人文主义文化的衰落。它继续存在着，而且通过教育系统，不断地对欧洲文化产生着一种重要的积极影响。但是，拉丁语作为世界语言的功能，却处在了由人文主义纲领和社会实际沟通需求构成的一个复杂的张力场中。而且，正是由于人文主义对拉丁语课程的期望总是非常高，最终导致了这样的结果：相比放弃这种高要求，人们宁愿放弃用拉丁语进行沟通。

4

四

没有世界的世界语言：
1800年起拉丁语成为教育语言

4.1 新人文主义、拉丁语和约翰·塞巴斯蒂安·巴赫

拉丁语作为沟通语言最终被排挤是一个持续了数百年的过程。尽管如此，人们还是有理由说，1800年左右拉丁语在欧洲已经四面楚歌，只有少数国家和地区例外。但是没有哪一个国家像德国一样转变如此之快且如此剧烈。1700年左右，德国还是欧洲所有大国中使用拉丁语最多的；但到了1850年左右，在德国仍积极使用拉丁语的地区已经比法国、英国或意大利要少了。

产生这种变化的原因是多方面的。最主要的可能在于德国的新人文主义和与之相关的教育图景的转变。这一论断乍一看似乎是自相矛盾的：因为正是新人文主义重新认识到了古典作品的价值，并将语言能力的培养置于人文教育的中心。更确切地说，所谓的"博爱主义"教育运动在约翰·伯恩哈德·巴泽多（Johann Bernhard Basedow，1724—1790年）和约翰·海因里希·卡姆佩（Johann Heinrich Campe，1746—1818年）等人的影响下与新人文主义同时在德国产生，实际上加速了拉丁语的衰落。因为"人类之友"（"博爱主义"的希腊语表达）教育，如其代表所宣传的那样，应该尽可能地顺应人的自然本性，并且通过一定的教学方法，传授那些能帮助人们解决实际生活问题的知识。他们并没有制订一个重新塑造人类的宏大教育计划，因此，"博爱主义者"也不是人文主义文化的捍卫者，他们宣扬的其实是直接有用的现代外语。但由于拉丁语在当时的实际生活中是不可或缺的，因此也没有被拒绝。而且，他们还认为拉丁语课程应该是慈善性的，这一点非常重要。但是，在何种场合应该使用拉丁语，在何种场合应该使用德语呢？关于这一问题，

他们可以说是不加批判地接受了当时的惯例。

与此相对，先指出最重要的论点，新人文主义者要求强化拉丁语课程，但同时他们也怀疑，如此文明的语言是否也该应用于实践。1800年左右，新人文主义的奠基者——古典学创始人弗里德里希·奥古斯特·沃尔夫（Friedrich August Wolf，1759—1824年）和德国人文主义高级文理中学与德国古典大学之父威廉·冯·洪堡（Wilhelm von Humboldt，1767—1835年），也很自然地使用德语。他们并没有呼吁维护拉丁语作为科学语言和世界语言的合法性，或者在已经放弃使用拉丁语的地方重新引入拉丁语。新人文主义最重要的革新之处在于，重新发现17世纪和18世纪在德国已越来越边缘化的希腊文学，并且让古典作家普遍回到视野中心。但是，人们并没有动力真的要去使用古典文学所使用的拉丁语。通过古典作品的译本，学术界之外的德国社会——在德国历史上第一次出现相当数量的女性读者——参与到了重新发现古典世界的过程中。这些译本自18世纪下半叶开始在市面上大量出现，其中一些一直流传至今，比如约翰·海因里希·沃斯（Johann Heinrich Voß，1751—1826年）的《荷马史诗》译本。

总的说来，发展的主线是众所周知的。但除此以外，有关拉丁语的历史、18世纪拉丁语课程的历史以及当时对整个教育史的研究都是非常欠缺的。大体上，相比18世纪的状况，我们更了解文艺复兴时期教育体系与学校体系的发展。也许原因在于，人们把研究高歌猛进的19世纪新教学校看作一项国家任务，而18世纪的德国教育状况在他们看来只是魏玛古典主义无足轻重的准备阶段。而且，人们似乎更倾向于忘记法国对18世纪文学的影响。

然而，这是一个非常有趣的时期，特别是就人们对拉丁语态度的转变而言。但是，现代的兴趣几乎完全集中在教育体系的新方法上；至于周围更广泛的，在这个时期仍在流行的传统拉丁语文化思潮却鲜为人知。

为了获得有关拉丁语地位的较为全面的图景，了解拉丁语的实际使用与人文主义的兴趣之间如何越来越互相冲突，我们可以选取约1720—1740年间的莱比锡托马斯学校为切入点进行说明。之所以选取这所学校，是因为在这所学校里，就像在整个拉丁语教育的历史上看到的那样，有三位杰出的大学者相继担任校长：约翰·海因里希·埃内斯蒂（Johann Heinrich Ernesti，1652—1729年；自1684年起任校长），约翰·马蒂亚斯·格斯纳（Johann Matthias Gesner，1691—1761年；1730—1734年任校长）和约翰·奥古斯特·埃内斯蒂（Johann August Ernesti，1707—1781年；1734—1762年任校长），他与约翰·海因里希是很远房的亲戚。

但是，他们的声名还是不及后任同事托马斯合唱团主事约翰·塞巴斯蒂安·巴赫（Johann Sebastian Bach，1685—1750年，1723年开始在莱比锡）。在这里提到巴赫，意义绝不仅在于让大家知道这一著名的巧合。而是因为他被任命为托马斯合唱团主事，以及后来在托马斯学校的工作，都与拉丁语的历史有着非常紧密的联系，这种联系比人们之前想象的紧密得多。

当约翰·塞巴斯蒂安·巴赫1723年来到莱比锡求职时，托马斯学校的校长是老约翰·海因里希·埃内斯蒂。他是一个完完全全受17世纪拉丁学术文化熏陶的人。作为莱比锡大学的诗歌教授——托马斯学校的校长同时也是大学教授是一个普遍现象——他也创作出大量与大学生活相关的自然都是拉丁文的即兴诗。当时，托马斯学校的拉丁语课程具有鲜明的实践导向。古典作家在课程中不再像在16世纪的拉丁语学校中那样处于中心地位；学生们阅读的是与毕业生后来的专业实践更为相关的新拉丁语文本。这种变化早在雅克布·托马斯乌斯（Jakob Thomasius，1622—1684年）时代就开始了。托马斯乌斯在埃内斯蒂之前掌管学校，是哲学家克里斯蒂安·托马斯乌斯（Christian Thomasius）的父亲。18世纪早期，托马斯学校颁布了一部新校规，其中包括这样一项改革,即以前通行的拉丁语课前祷告要改成使用德语。1722年,当托马斯合唱团主事约翰·库瑙(Johann Kuhnau)去世时,学校的运营状况并不好。埃内斯蒂虽然是一个非常勤勉忙碌的人,但他已经年老多病,再也没有精力去执行严格的管理。

新任托马斯合唱团主事,除了要具有音乐能力,还必须教授一定量的科学课程,这与今天的情况十分类似,在大部分联邦州内,学校是不接受"单纯的音乐家"的。在巴赫的时代,必须教授4小时的拉丁语课程,并进行1小时的教义问答。拉丁语课程包括语法、"研讨会"和口语。在较早时期,拉丁语课程和音乐课程的结合是不存在问题的。巴赫之前的所有托马斯合唱团主事都上过大学,单从形式上看,是绝对有资格去教授拉丁语的。巴赫的上一任约翰·库瑙也是如此,他甚至在1688年撰写了一篇法学博士论文(当然是用拉丁语写的)。毫无疑问,这样一位学者自然也能为托马斯学校的学生讲授一些基础的拉丁语语法和会话。

但巴赫并没有上过大学,因此也就没有接受过真正的拉丁语教育。他在吕内堡的米歇埃尔学校获得了良好的学校教育,其中也包括高强度的拉丁语课程。在获得莱比锡的职位前,他必须要通过一场关于路德派信仰的拉丁语口语考试。1723年3月,他成功通过了考试。这一考试并不仅仅问一些公式化的表达,而是要考察自由使用拉丁语进行交谈的能力,而这是以一定量的练习为前提的。因此,无论如何,人们不应该低估巴赫的拉丁语能力,至于他是否能教授拉丁语课程,还必须打一个问号。但至少在文件上——那时在德国就已经看重这些了——他所展现出来的拉丁语能力是低于莱比锡委员会的预期的。当人们仔细考察时就会发现,在合唱团主事的聘任上,讨论最多的就是这个问题。

第一份聘书发给了格奥尔格·菲利浦·特勒曼(Georg Philipp Telemann,1681—1767年),用今天的话说,他是汉堡的城市音乐总指挥。特勒曼曾在莱比锡任职，而且从那时起，不论是在为人还是在从事音乐方面，他都给莱比锡人留下了非常好的回忆。他的拉丁语能力也是毋庸置疑的；他接受过全面的人文教育，甚至还创作过拉丁文诗歌。1721年，在就任汉堡音乐总指挥时，他用拉丁语发表了讲话。1718年，他用这首小诗总结了自己与这一古老语言的关系：

> 古人早已证明，
> 音乐与拉丁语可以完美结合。
> 能理解和声的头脑，
> 也不会把西塞罗当作妖怪。

在莱比锡当局看来，特勒曼一定是托马斯合唱团主事的理想人选。但是，当汉堡人把他的薪水提高到托马斯合唱团主事的收入水平时，他拒绝了莱比锡的邀请。不管怎样，对于莱比锡的工作，他已经事先获得了许可，可以自费找人代授拉丁语课程。

接下来，委员会想聘任达姆施塔特的宫廷乐队指挥克里斯托夫·格劳普纳（Christoph Graupner，1683—1760年）。由于格劳普纳在莱比锡学习过法律，他应该是具有这一职位所需要的拉丁语知识的。但是，格劳普纳还是无法就任，因为他的雇主黑森—达姆施塔特的恩斯特·路德维希（Ernst Ludwig）侯爵并不愿放他走。况且，他在侯爵那里也能提高薪水。至于申请者名单中剩下来的候选人，委员会完全不知道他们能否教授拉丁语课程，用当时的话来说即所谓的"传播"（Informieren）。莱比锡委员会的档案中对这一点说得很清楚。

1723年4月9日，莱比锡市长朗格（Lange）（他支持巴赫入选）传达了委员会聘任过程的有关情况："合唱团委员会考虑的人选，一个是格劳普纳，他无法离职，因为黑森—达姆施塔特的侯爵根本不愿放他走。此外，建议考虑克腾的宫廷乐长巴赫、梅泽堡的考夫曼（Kauffmann）以及本地的朔特（Schotte）；但是，这三人都无法传播拉丁语。至于特勒曼，大家已经考虑过了。"

就在这时，出现了音乐史上莱比锡上诉委员会委员普拉兹（Plaz）那则臭名昭著的说明："出于某些重要原因，他认为最后几个人的资格是值得怀疑的，但既然现在得不到最好的人，就只能选一个差不多的。"因此，这并不是对巴赫作为一个音乐家的评价，而是对他的整体资质的评价，他不完全符合这一职位的要求。莱比锡委员会内部发生了分裂，而且人们不应该从一开始就责备它，因为它同时也是学校的监督机构，在聘任合唱团主事时也必须考虑教授拉丁语的要求。1723年4月22日，莱比锡委员会一致做出了选择，选择最终还是落在了巴赫身上。委员会允许他，如果愿意的话，自费找人代授拉丁语课程。关于这一会议，存在两份记录相似的文件，主要内容是一致的：虽然官方接受巴赫将会承担起"传播"拉丁语的任务，但人们表示怀疑，不知事情是否真会进展顺利。委员克雷格尔（Kregel）表示："……他不能取消传播；但倘若他自己办不到，可以找其他人代为完成。"

委员会会议提到的有关拉丁语课程的代理规定不仅是对候选人愿望的妥协——他们只想专注于音乐活动，也是一种真正的权宜之计，以防巴赫确实无法自己承担授课任务。之前提到的委员普拉兹也同意这一解决办法："巴赫希望有好的名声，而且他讨人喜欢，特别是因为他宣布，要让小伙子们不仅在音乐上，也要在学业上得到更系统的教育，人们会看到他多么希望实现后一点，不过巴赫得辞去在克腾的工作。"

如果正确分析巴赫当选那天委员们的言论，就会发现，他们是有意识地选择了一位拉丁语授课能力饱受质疑的候选人，当然，这离不开被巴赫说服的市长朗格的帮助。但另一方面，官方也不想承认放弃了对拉丁语能力的要求。因此，人们满足于让巴赫承诺会承担授课任务，这样一来就避免了一场有关这一职位所需能力的大讨论。但是，拉丁语的授课依然存在困难。针对这一情况，人们同时拟定了代理规定，之前也有过这样的例子，因此完全不会引人注意。或许人们从未真正认为巴赫会自己教授拉丁语课程。委员会立即给了巴赫明确的许可，同意他找人代理，但是，这又造成了不愉快，因为市政府没有与教会监管机构协商就这样做了。无论如何，路德派牧师蒂林（Deyling）受到了冒犯，并且缺席了巴赫在托马斯教堂的就职仪式。不过，巴赫很快就与卡尔·弗里德里希·佩措尔德（Carl Friedrich Pezold）——他在托马斯学校的权力等级中位列第三——达成了协议，以每年50塔勒的酬金（约为合唱团主事基本工资的8%）替巴赫承担拉丁语的教学任务。

这里描绘的事情经过在对巴赫的研究中是有准确记录的。但是，目前为止，人们只是从音乐文化的角度来看待和解释这一经过，认为这里涉及到的问题是，巴赫在莱比锡的职位到底是属于传统的城市音乐官员，还是新型的宫廷乐长。与这种文化角度相关的还有，巴赫的任职是在市长戈特弗里德·朗格（Gottfried Lange）的推动下实现的，而朗格在莱比锡委员会中代表的是萨克森选帝侯的利益。但是，如果不从狭义的教育史角度去考虑，这种文化历史维度就不可能得到正确的揭示。迄今为止，还没有人这样做过；也是在此意义上，我们要研究拉丁语的历史。

首先要强调的是，从18世纪开始，对托马斯合唱团主事来说，掌握拉丁语知识就已经不再是一个硬性的资质要求了。因此，向托马斯合唱团委员会提出申请的人中至少有一半不再能"传播"拉丁语，这绝非偶然。此外（现在这真是一个历史的偶然了），莱比锡托马斯学校在巴赫任职的早期刚好是德国最重要的地方之一，通过它我们可以去思考拉丁语在欧洲的地位和未来。

卡尔·弗里德里希·佩措尔德（1675—1731年）作为同事接手了巴赫的拉丁语授课任务，但他并不是一个普通的拉丁语教师，而是当时莱比锡知识分子阶层中的重要一员。由于他对这一领域的重要意义，而不是他对世界音乐史的间接促进，早在一百多年前他就在《德国人物传记》（Allgemeinen Deutschen Biographie）上有了自己的条目。佩措尔德是托马斯大学哲学系的一员，也是科学社团"文选协会"（Collegium Anthologicum）多年的资深会长。1717年，他开始出版一份拉丁语杂志《莱比锡文学与科学促进杂辑》，直至1723年共出版了12卷，总共几千页。这份杂志上的文章五花八门，涉及的主题包括历史、语文学、文学和自然科学，按当时大学的分类标准，这基本属于"艺术科系"（Artistenfakultät）的主题范围。所有文章都只能用拉丁语撰写。1712年起，除了《学者书》（Acta Eruditroum）——18世纪最伟大的科学期刊之一——莱比锡还出版了《德语学者书》。在这样一个德语作为科学语言迅速崛起的环境下，佩措尔德显然成了另一派的代表人物，这些人想保持拉丁语作为科学语言的地位，1734年在耶拿成立的"拉丁语协会"就是铺垫。佩措尔德的杂志是私营性质的，正如前言所预告的那样，在出版了最初几卷后，就陷入了资金困难。从1720年开始，每卷开头都包含对所谓的赞助者过分热情的献词和感谢，而这些赞助者大多是莱比锡的议员。显然，1723年4月，当议员们不得不对巴赫的任职问题以及如何解决托马斯学校的拉丁语授课问题做出决定时，其中的很多人都是当年或前几年佩措尔德的拉丁语杂志的赞助者。佩措尔德作为拉丁语风倡导者的声誉，是否使委员会更容易地做出了同意巴赫请代理的决定，这个问题就只能靠猜想了；讽刺的是，几年后有人抱怨说佩措尔德的课上得非常马虎。

1723年，几乎在巴赫被任命的同时，佩措尔德的《莱比锡文学与科学促进杂辑》上发表了一篇长达一百多页、内容详尽的文章《论教育工作者的义务，反对当代无神论》，作者是路德派神学家、宗德斯豪森的牧师米歇埃尔·海因里希·莱茵哈德（Michael Heinrich Reinhard,

1676—1732年)。在这篇论文里,莱茵哈德不仅讨论了很多其他主题,也讨论了拉丁语课程的意义,而他认为自己坚定地代表了新人文主义出现之前才在想象中可能的一种教育观念。

一方面,莱茵哈德反对那种过分仿古典的人文主义的拉丁语研究观点:"我们阅读古代作家的作品,是为了学习语言或获得历史知识,以及最终走上智慧之路。正确地学习语言本身并不是教育,而是一种必要的、绝对大有用处的教育工具。"他对那些执着于让学生学习异教雄辩术或诗歌的老师表示怀疑,他为此辩护的主要理由是连梅兰希通也反对他圈子里的人过分强调古典诗歌。另一方面,莱茵哈德坚持认为,拉丁语是唯一可被接受的国际科学语言,并且拒绝一切试图赋予现代欧洲语言更大意义的尝试。他公开指责那些已经用德语写作的哲学家。莱茵哈德进一步指出,《圣经》的希腊语和希伯来语阐释还是得到普遍认可的,但拉丁语的阐释却受到了轻视:"难道他们只用德语就涵盖了智慧与科学的所有领域吗?难道我们应该封闭在我们的界限之内,放弃与其他国家的交流,或者是丢掉让他们厌烦的那种迄今为止文明世界通用的语言,而去学习另外十种其他语言吗?"他还特别提到(他的论证今天也依然具有合理性),法国人和意大利人根本没必要学习德语,只有德国人才会在承认他国语言的优越性中找到奇怪的乐趣。显然,学习其他更有声望的语言,忽视自己的身份认同,以此寻求一种文化上的自我肯定,这种态度在当时已经成为了德国人的基本心理状态(对此,莱茵哈德一开始就不认为拉丁语是外语,而是德国文艺复兴传统中的一种属于德国的语言)。

1723年,这篇文章刊登在《莱比锡文学与科学促进杂辑》的最后一期。在接受巴赫的教学任务之后,这份杂志就停刊了。到底是因为授课任务增加,导致佩措尔德没有时间再出版杂志,还是与他从巴赫那里每年得到的50塔勒有关,还需要进一步研究。

1729 年，托马斯学校的老校长埃内斯蒂去世。1730 年，约翰·马蒂亚斯·格斯纳成为继任者。此后若干年间，托马斯学校由格斯纳领导，他为新人文主义铺平了道路，在这一点上德国无人能与之相比。他是 19 世纪最伟大的语文学家和教育理论家之一。他在拉丁语和希腊语方面学识相当渊博。除了修订巴西利乌斯·法布里（Basilius Fabri）的《教育宝典》（Thesaurus eruditionis），一本已经无数次修订出版的拉丁语辞典，他还主要修订了罗伯特·埃蒂安的《拉丁语宝典》。《拉丁语宝典》是文艺复兴时期最伟大的拉丁语辞典，1573 年最终以四卷本出版。格斯纳的辞典编撰工作为现代语文学研究奠定了基础，它旨在从语文学的角度正确地理解古典作家的词汇，而不是教人如何使用拉丁语进行会话或写作。作为 1734 年成立的哥廷根大学的创始人之一以及哥廷根语文学研讨会的创立者，他自然也被视为当今古典语文学的开山鼻祖之一。在教授拉丁语的过程中，他再次推动了对古典作品的阅读，并为此特意撰写了《西塞罗作品选集》（Chrestomathia Ciceroniana），这是一本后来被多次印刷的拉丁语读本，其中包括西塞罗作品的选段。

格斯纳在教育史，特别是在拉丁语实践史中的地位很难确定；他处在传统、新人文主义和博爱主义的张力场中。1715 年，通过《教育系统的创立》一文，他开始了自己的教育理论研究。如果把格斯纳在此文中关于拉丁语地位的看法与米歇埃尔·莱茵哈德的观点作比较，就会发现二者是有区别的。在拉丁语的学习上，格斯纳更看重对古典作品的阅读。特别值得注意的是，他反对随心所欲地说拉丁语，因此反对文艺复兴时期（第 191 页）很多学校规定的拉丁语"课间义务"（Pausenpflicht）。显然，对格斯纳来说，语言的古典正确性比熟练而流利的沟通更重要。同时，格斯纳也认为现代语言具有重要的地位和价值，并且建议不仅要鼓励德语教育，也要学习法语和意大利语。这两门语言在当时的德国是除拉丁语以外十分重要的外语，也是巴赫经常使用的语言：法语是贵族和宫廷的语言，意大利语已经是当时音乐领域的世界语。

在1756年的教育理论著作《普通教育入门基础》中，格斯纳似乎也没有赋予拉丁语的使用以特别的意义。他说，正如他一开始就主张的那样，对那些只需要阅读用拉丁语写成的法学、神学或其他科学文献的学生，不应该让他们去读古代经典，而必须教他们与应用更加相关的知识。而且，在托马斯学校，老校长托马斯乌斯早就执行了这一原则，而格斯纳的前任埃内斯蒂也保留了这一点。总的来说，根据格斯纳的观点，能积极使用拉丁语的范围已经非常有限了。对于医学和法律来说，拉丁语还是不可或缺的；但在从事哲学研究方面，人们已经几乎可以完全不使用拉丁语了。在宫廷，人们总归还是继续使用法语。但后来，格斯纳的观点却发生了转变，并为阅读古典作品及其形式教育力量进行辩护。而且，他在思考拉丁语的积极使用难道不也是有好处的吗（考虑到他之前的观点，能做出这种思考让人有点吃惊）？也即，对于探讨那些普通人最好不要讨论的科学主题来说，是有益的。他举了历史主题的例子，特别是古代史、哲学史和法制史，不过也包括形而上学和知识论的基本争论以及基督宗教的真理。在这样一些主题上，他希望把没有接受过拉丁语教育的普通人排除在外，也是为了避免他们陷入有害的虚无主义中去，因为那些头脑更为简单的人一旦听说连大学者自己在如此重要的问题上都还没达成一致，就很可能会陷入虚无主义。

至少在某个方面，格斯纳还是遵循了这种传统，认为拉丁语是应当被积极使用的科学语言。在担任托马斯学校校长期间，他又重新恢复了拉丁语的课前祷告（他的前任埃内斯蒂用德语版替换了之前的拉丁语版），因为如果不这样做，"愚昧和无知就会更加肆意蔓延"。还有一个例子，1738年，格斯纳承担了约翰·戈特利布·海内克丘斯（Johann Gottlieb Heineccius）的《优雅文体基础》（*Fundamenta stili cultioris*）的修订工作，这是那个时代最重要的文体教科书（Stillehrbücher），主要是为法律研究者积极使用拉丁语而写的。

但是，最重要的是，格斯纳在一定程度上坚守了拉丁语言文化中古老的人文主义传统，这可以让我们更好地理解一则有关巴赫生平的极其著名的记载。1738年，格斯纳在他自用的昆体良著作的第一册中，在昆体良说音乐家必须能同时用多种指法演奏的地方写下了评注，在评注中，他对巴赫作为指挥的相关能力进行了详细描述，以此证明像巴赫这样的人远远超出了古典时期的音乐水平。他的描述不仅是同时代人有关巴赫其人的最重要的证词，否则我们将对此知之甚少——而且总的来说是18世纪早期最重要的音乐家证词之一。研究巴赫的学者自然很乐意采纳这一证词，但却从未考察过具体的语境。这样一份时代文献，夹杂在对一位古典作家的评注中，究竟有什么意义呢？阅读格斯纳在昆体良著作中的评注很快就会发现，这不仅仅只是一个科学性的评注。虽然常见的语文学细节——文本考订、平行段落（Parallelstellen）、难点解析，占据了评注的大部分内容，但是，碰到讨论重要问题的段落时，格斯纳会直接把这位作家当作人生导师。比如，对一处非常著名的昆体良反对体罚的段落，他写下了非常个性化的评注，有别于昆体良，他还是允许使用体罚，但体罚是有严格限制的，仅限于惩罚那些不守纪律的行为。格斯纳也在这一评注里表示，他终究还是比较认同古老的人文主义传统，这种传统将掌握拉丁语能力和古典修辞学技巧看作基本的教育理想，并且认为古典作家的学术观点就是直接的权威。

格斯纳在托马斯学校的继任者约翰·奥古斯特·埃内斯蒂是一位语文学家，尤其以出版古典作家的作品而闻名；他主要编辑荷马、色诺芬、波利比乌斯、西塞罗、苏埃托尼乌斯和塔西佗的作品。1742年，他成为了莱比锡大学的辞令学教授，1759年还成了神学教授，并且在《圣经》阐释学领域获得了持续的成就。关于他与约翰·塞巴斯蒂安·巴赫的关系，我们知道，最初他们俩非常和睦，但1736年因某位合唱团代理指挥是否有能力任职之事产生了内部争论,彻底反目,再也没有和解。巴赫的晚年以及他作曲的方向之所以越来越远离托马斯学校的日常工作,与这场争论有着莫大的关系。相比格斯纳,埃内斯蒂的观点明确得多:拉丁语不再具有作为实际生活语言的功能,能用流利的德语写作比用蹩脚的拉丁语写作更好。尽管如此,他的哲学教科书《纯粹知识入门》(*Initia doctrinae solidioris*)却是用拉丁语写的,前言中对语言问题进行了详细讨论。这本书是 1734 年在托马斯学校问世的,并且在 18 世纪得到了广泛传播。埃内斯蒂强调,每个人都认为一本写得好的德语书要优于一本写得差的拉丁语书,并且以伟大的克里斯蒂安·托马斯乌斯的作品为证——他的德语作品语言优雅,人们很爱读,但他的拉丁语作品并没有获得什么声名,而且在他死后就完全被人遗忘了。埃内斯蒂与格斯纳更重要的区别还在于,前者把古代经典的阅读置于中心地位,并且尤其重视西塞罗的哲学著作。他在《人文主义教育衰落的原因(前言)》中对此进行了详细的举例说明,这篇文章是他 1736 年 4 月 19 日发表的,当时托马斯学校的毕业生要进行系列拉丁语演说,他受邀并写作此文作为演说开场。

被通知参加这次学校活动的发言人也包括那位合唱团代理指挥克劳泽(Krause),据说几天后埃内斯蒂和巴赫就因为他陷入了那场长达两年的持久争论。根据当时的一份笔记,人们推测争论的结果是这样的:巴赫随后对人文科学不再抱有好感,而埃内斯蒂反过来开始轻视音乐。现在,我们肯定也不能忽视这场争论中的个人性格因素,因为争论双方都是比较好斗的性格。但是,恰好是在托马斯学校 1736 年公开表演之后的那几年,埃内斯蒂一直反复要求对古典学习进行改革,如果人们观察一下他的强烈要求,就会意识到,这种冲突的发展也与新人文主义者埃内斯蒂对学生的要求越来越高有关。老埃内斯蒂时代,托马斯乌斯的拉丁语教学计划是以职业实践为导向的,重在练习应用拉丁语,而现在,学生要阅读古典作家的作品，要练习以西塞罗的风格写作，这需要耗费他们更多的时间和精力。在音乐和拉丁语之间，开始产生了一道鸿沟，在结构上就好像后来的高级文理中学里音乐学科与科学学科之间的鸿沟。1723 年，莱比锡委员会决定聘任巴赫，这实际上开创了先例。拉丁语学习的未来就是练习古典作家的作品。至于实际生活，在很多领域人们都不再需要拉丁语，因此，音乐和拉丁语再也不能像格奥尔格·菲利浦·特勒曼 1718 年也曾相信过的那样"良好地结合在一起"了。就这一点而言，即使人们考虑了这一事件的个人因素，巴赫和埃内斯蒂之间的争论最终也还是一个时代已经终结的标志。

4.2 古老语言的发现

我们已经多次提过，1800 年左右是拉丁语历史上一个至关重要的转折点。不过，关于这一转折，真正值得注意的并不是拉丁语失去了作为积极应用语言的地位，而是自此以后，拉丁语并没有像人们原以为的那样被边缘化。相反，它作为一种没有实际用处的教育语言获得了新的发展。结果是很极端的，如果人们考虑到，1850 年左右一个德国高中生（其他欧洲国家的情况也没有太大不同）在拉丁语学习上必须投入的精力与一百年前基本相等。矛盾的是，教学计划中课时分配上的这种实际连续性恰好意味着教育观念的一种前所未有的激烈的范式转变，而人们从未想到这种范式转变会如此激进。高级文理中学的成功模式在国际上得到复制，拉丁语虽然在日常生活中没用处，却作为一种教育财富被置于中心地位，最终拉丁语在全球的传播反而比以前更加广泛了。现在，在加拿大、澳大利亚以及很多其他欧洲统治过的地区，都会教授拉丁语。最终，学习拉丁语的人不是比以前少了，而是多了。在整个世界史上都很难找出这样类似的例子——一种几乎没有人说或写的语言竟对全社会有如此大的意义。就这一点而言，拉丁语在世界一切历史文化语言中具有特殊地位。

现在当然无法预料，一个像拉丁语课程这样历史悠久的传统也会伴随着其实际社会意义的丧失而走向终结。文化认同及其与人文主义教育思想的联结如此强烈，以至于完全可以期望，学校实践足以抵抗新的社会要求。这些现象也发生在其他一些领域。例如，骑马与击剑的培训仍然具有重要意义，即使这些技术已不再为打仗所需要。至于拉丁语，至少人们还不能丢掉书面语言知识的学习，因为，对所有领域的科学家来说，阅读拉丁语文本的能力，长期来看——往往直至20世纪——仍是不可或缺的。因此，不可能指望拉丁语课程在学校会被迅速取消。但是，令人万分惊讶的是，它竟然一点都没变。

当然，人们早就观察到了这一点，并且研究了促成这种发展的思想史环境。总结起来，至少有三个原因清楚表明拉丁语一开始曾保持中心地位。

第一个原因一般说来是新人文主义时代的古典热情，它使人们重新意识到希腊和罗马经典作为语言教育和思想教育中永远适用的典范的重要意义。就像我们已经看到的，格斯纳和埃内斯蒂的教学活动已经展示出了他们在这方面所做的努力。不过，对古典的新的热情不仅仅表现在语言课程上，也包括整个古典文化，特别是古典艺术和建筑；不仅如此，古典主义在欧洲建筑学领域甚至形成了一种属于自己的时代风格。然而，恰恰在德国，这种古典热情非常强烈地倾向于古希腊，而对拉丁语的重视程度相对来说并不高。

第二个原因是对语言教育现象的新阐释。过去的人文主义观念认为，人文教育就是语言教育，因此世界必须使用拉丁语或希腊语，但现在，人们已经不再这样认为了；正如我们已经看到的，埃内斯蒂就认为，写得好比用拉丁语写更重要。但是，古代拉丁语的，特别是古希腊的语言和文学，因为具有古典时代共有的典范性，仍然是能帮助人们获得最优语言教育的阅读材料和练习材料，也是因为这一点，德国特别重视古希腊文化。奥古斯特·威廉·施莱格尔（August Wilhelm Schlegel，1767—1849 年）、弗里德里希·奥古斯特·沃尔夫（1759—1824 年）和威廉·冯·洪堡（1767—1835 年）将西塞罗、彼特拉克和文艺复兴时期的人文主义者那种实践取向的旧语言人文主义，变为某种语言研究人文主义。这种人文主义把对语言进行科学研究（洪堡和施莱格尔也是现代语言研究的先驱，弗里德里希·奥古斯特·沃尔夫是古典文化研究的先驱）的新兴趣与这一观点结合起来，即真正的人文教育应该教授的恰恰是那些没有目的、不以就业为导向的知识。古代语言的学习意味着，学习拉丁语，特别是希腊语，是有好处的，即使这些语言在实际生活中并不需要。洪堡作为普鲁士内政部文化及教育司司长（自 1809 年开始担任），可以将自己的教育理念付诸实践，并成为了现代人文主义高级文理中学的创立者之一，由此影响了 19 世纪的教育史，而且这种影响远远超出了普鲁士的范围；从那时起一直到现在，有关语言，特别是古代语言教育价值的思考，就一直是制定教学计划时绕不开的议题。鉴于人们高度评价语言教育，并且对古典文化推崇备至，以至于这种推崇几乎具有了宗教性质，因此，那些古代语言的代表，作为语文学家（不是作为语言能力的实践家）在新成立的人文主义高级文理中学中获得了要职，并且在这一职能上开始接替神学家。在教育与宗教相分离的过程中，18 世纪晚期开始遍布德国的"语文学研讨会"成为了现代教师培训的雏形。

第三个原因在于，这样一种不受就业所迫的语言教育虽然没有目的，但并非无用。作为一个自成一体的概念，"形式教育"这一思想——与现代以"能力"而非"内容"为导向的教育具有一种精神上的亲缘关系——是由柏林高级文理中学校长和教育家弗里德里希·格迪克（Friedrich Gedike，1754—1803年）首次提出的。与洪堡和施莱格尔的赫赫声名相反，格迪克对19世纪教育史的贡献被大大低估了，然而事实是直至今天我们依然能感受到他的影响。

  这里概述的纲领性理论草案是众所周知的，在很多地方都有详细的介绍，因此，我们只需要做一个简短的总结。但是，如果不考虑第四种发展，那么拉丁语和希腊语在19世纪教育文化史上的强势地位是不可理解的。然而，这第四种发展的影响迄今也没有得到充分的认可：历史性在19世纪被完全重新发现了。这一发现对拉丁语尤其重要，因为也是在这种背景下，它与其他语言变化的相似之处变得清晰可见了。

  正是在拉丁语完成了由一般应用语言向一种典范模式转换的时期，欧洲第一次兴起了研究历史文学和语言的强烈兴趣。在欧洲，现代之前恰好是一个不怎么关注过去的文学的时代。相反，正是因为人们把拉丁语当作最重要的书面语言，其核心是永恒的，并且几百年来可以保证无障碍的沟通，因此，人们才可能忽视甚至忘记一切其他语言的成果（第121—122页）。18世纪人们对欧洲中世纪的语言只有一个非常不完整的认识。只是随着现代欧洲书面语言的逐渐规范化以及文学作品（今天依然构成了我们所谓的"资产阶级"教育经典的基础）的产生，文本才在更长的时间里一直存在于社会中。简言之：从未被遗忘的文学是以这些人为开端的，即14世纪意大利的但丁、彼特拉克、薄伽丘，16世纪上半叶法国的拉伯雷，17世纪法国的"古典派"，16世纪下半叶西班牙的米格尔·德·塞万提斯（Miguel de Cervantes）和洛佩·德·维加（Lope de Vega），16世纪英国的莎士比亚，以及德国直至18世纪才诞生的魏玛古典文学。不过，历史的语言阶段已经被遗忘了。

  18世纪下半叶，恰恰是这一点发生了改变：在一场席卷整个欧洲的运动中，现代民族语言——不过也包括其他一些早就消失的语言——

的历史文本证据和历史语言阶段又被重新发现了。1753 年，约翰·雅克布·博德默尔（Johann Jacob Bodmer）编辑了沃尔弗拉姆·冯·埃森巴赫的《帕西法尔》；1765 年，托马斯·帕希（Thomas Percy）的《英诗辑古》出版；1782 年，《尼伯龙根之歌》第一版问世。随后，19 世纪，人们一步步系统性地重新发现了整个被遗忘的中世纪文学，对它进行评论性编辑，并且还原了同样已被遗忘的德语、法语和英语的中世纪语言阶段。

同样是在 1800 年左右，人们重新发现了欧洲以外的历史文本和语言。让—弗朗斯瓦·商博良（Jean-François Champollion）于 19 世纪初完成了对埃及象形文字的最终破译——对埃及象形文字的认识在长达千年的传统之后在古典时代晚期就已经中断了。同一时期，格奥尔格·弗里德里希·格罗特芬德（Georg Friedrich Grotefend）破译了楔形文字，而他同时也在为复原古意大利的奥斯坎语和翁布里亚语而努力。

最后，1800 年左右也有一些历史语言在欧洲为人所知，这些语言在其发源地仍然具有生命力，因此不需要进行重建，只需要在一定程度上加以引进。其中最重要的是梵语及其所创造出的"古典"印度文学，这也是奥古斯特·威廉·施莱格尔和威廉·冯·洪堡早就感兴趣的领域；为此，不仅古典印度语言和文化学，而且印度日耳曼语系比较语言学（Indogermanistik）本质上也都发展为一门大学学科。虽然近代早期波斯语在欧洲基本上还是可以使用的，但人们对它的兴趣是在 19 世纪初加深的，并开始有了德语翻译。歌德的《西东诗篇》就受到了 14 世纪波斯诗人哈菲斯（Hafis）诗歌的德语译本的启发——东方学家约瑟夫·冯·哈默（Josef von Hammer）于 1812 年完成了这一翻译。

总的来说，1770 年至 1840 年的这几十年间，最重要的特点就是，在欧洲历史上绝对是第一次，人们对历史语言和历史文学产生了广泛兴趣。也是在这一时期，拉丁语最终失去了它作为积极应用语言的地位。

但由于拉丁语也是一门古老的语言，因此，它在多大程度上从当代沟通领域消失，也就在多大程度上作为一种历史对象重新获得了人们的关注。正是当它不再是完美人文语言的永恒典范，不再是欧洲的通用语时，它才作为欧洲最重要的历史语言进入了一种新的历史意识中，被人们重新发现了。如果不进入这种新的历史背景，就无法想象这些古老语言的课程会在德国继续发展，并且拉丁语和希腊语还借此在教育体系中获得了关键地位。

不过，无论如何，1800年左右向历史语言的这种转向不应该被误解为是一种传统主义。相反，当时受到人们关注的语言和文学，以前完全是不为人知的。因此，即使基本的认知兴趣并不是面向未来，而是面向过去的，关于它的研究也是一种知识创新，其成果意味着一种科学进步。这代表的是一种现代的、研究性的历史概念，虽然它早在历史主义（Historismus）成为19世纪前三十年史学领域最重要的力量之前就已经产生了。但是，与历史主义不同，就像利奥波德·冯·朗克（Leopold von Ranke，1795—1886年）所说，历史主义认为每个时代都"直接指向上帝"且具有自身的价值，这种对过去的调查式阐释绝不是指向所有时代的，就希腊和拉丁语言与文学而言只指向古典时期，最多还包括中世纪的前几百年。在我们自己时代的文化记忆中，16世纪晚期和17世纪，高水平的新拉丁语文学的缺失主要与贯穿19世纪的这种衰弱有关。

就历史语言的发现而言，拉丁语具有特殊地位，因为它并不需要被发现，它总是为人所知；这里只是发生了一种角色转变。接下来，我们还会反复注意到它的这一特殊地位。我们知道，恰好在德国，相比拉丁语，人们对希腊语有着强烈的偏好，而拉丁语的特殊地位使这种偏好在新的关联中表现出来。一般而言，人们将德国亲希腊主义（Philhellenismus）的发展归结为两个因素。第一点是对创造性天才（Originalgenie）的赞赏，这是自18世纪开始的一种风气，而且它导致人们将罗马文化仅仅看作一种劣质副本,因为它是从希腊文化中派生出来的。第二点在于,1800年以后在政治分裂、小国林立的德国,人们很乐意将目光投向古希腊,因为希腊在古典时期也面临着相似的分裂与不统一的局面,但却创造出了文化上的最高成就。不过,在向历史语言学转向这一背景下,或许还有一种可能不太重要的因素:18世纪晚期希腊语实际上差不多就是一种新发现,虽然文艺复兴的人文主义已经使希腊语在欧洲重新为人所知,而且16世纪所有希腊作家的作品都通过各个精雕细琢的版本在德国被广泛传播。自此以后,希腊语知识始终在场。在神学领域,人们需要用它研究希腊语的圣经文本;此外,古典时代晚期和拜占庭时代的教会文学也激起了一些人的兴趣。但是,那些"经典作家",即那些曾经是古典时期典范、最终也成为现代学校典范的主要作家,比如荷马、柏拉图、修昔底德、希罗多德以及悲剧作家阿里斯托芬等,在17世纪和18世纪完全没有再出现在普通教育生活中。快速浏览欧洲图书馆电子目录就会发现,在英国和法国,可能还是或多或少有一些此类经典文本的新版本,但是在德国完全没有。原因可能也并不是人们缺少希腊语知识,因为同样看不到这些文本的拉丁语或德语翻译版。对于学者来说,他们自然总是能看到这些文本的,或者是希腊语原文,或者是拉丁语译本。但是,即使是那些在拉丁语学校接受过基础教育或者甚至是从大学毕业的人,也几乎接触不到希腊文的经典。直至18世纪下半叶这种情况才发生了改变。那时,在德国接受希腊文化的过程中有一些至今仍广为人知的里程碑事件:约翰·海因里希·沃斯翻译《奥德赛》(1781年),荷尔德林翻译索福克勒斯的作品(1801年)以及弗里德里希·施莱尔马赫(Friedrich Schleiermacher)翻译柏拉图著作(1804—1828年),这意味着一种真正的重新发现。相反,一些拉丁语经典作家——比如西塞罗、撒路斯提乌斯、维吉尔、贺拉斯和很多其他作家——的读物时而多、时而少,但在教育传统中是不言而喻一直存在的，因此也不值得人们为之激动。这种表现有点像年轻一代，在第一次进行家居装饰时，会对曾祖父母而不是父母的家具更感兴趣，因为父母的家具他们早就看够了。

4.3 历史主义和自然科学

拉丁语从永恒的世界语言向历史教育语言的转变，正好适应了约1770—1840年间历史语言和文化的重新发现这一背景。不过，考虑到拉丁语作为世界语言的独特过去，它在整个19世纪的历史语言圈中都具有特殊地位，这也是意料之中的。在德国，这一点以独特方式表现出来。一方面，历史语言和文学的科学研究在这里意义重大，而且很多专业举世闻名。19世纪上半叶，拉丁语的积极使用也从大学仪式（英国的大学仪式至今仍然保留着拉丁语）这最后的保留地中被驱逐出去了。另一方面，直至1891年普鲁士中学改革，拉丁语教育几乎总是秉持着这一理念，即教导学生积极使用拉丁语才是学校一直以来最重要的授课目标。拉丁语课时在高中课程中的比重一直很高。1837年，普鲁士的教学计划甚至发生了显著变化，即取消希腊语课时，恢复拉丁语课程的比重，这样一来，就数量而言，拉丁语课程差不多又恢复了它在18世纪的拉丁语学校曾有过的地位。

虽然教育体系在适应社会现实要求时非常滞后，且会保留以前的传统，但是德国人如此顽固地坚持古老的学校模式，以至于人们已经不能再用这种常见的现象来解释它了。最晚在19世纪30年代之后，一场公开讨论全面爆发了，有人认为新形成的自然科学必须在社会中发挥更大的作用。19世纪下半叶，"实践教育"（以现实要求为导向的一种教育）和高级文理中学（人文主义高中）之间的对峙成为了长期争论的主题，而高级文理中学往往能在争论中略占上风。在德国，到 1890 年后，中学毕业考试中没有通过拉丁语作文考试的人也不一定就不能上大学。而对拉丁语的过分强调首先与德国人对希腊语同样强烈的偏好产生了完全荒谬的冲突。让我们抛开历史学家特奥多尔·蒙森（Theodor Mommsen，1817—1903 年）对西塞罗的著名评论——说他是"江湖术士"和"最差劲的记者"，因为这一评论是为了恺撒而不是为了希腊人而写。不过，让我们来看一个精辟的例子，图宾根拉丁语言学家西格蒙德·托伊费尔（Sigmund Teuffel，1820—1878 年）的罗马文学史［这可能是 19 世纪最重要的文学史（1870 年）］第一句话："罗马人缺少希腊人的灵活性、多样性和想象力，他们的优点在于思想的冷静与尖锐，以及意志的顽强与坚韧。"托伊费尔继续说（实际上使他自己的大胆评论贬值了），这些特征"对艺术和文学是绝没有好处的"。所以说，就是在这样一种语言和这样一种文学上，德国高中生几乎耗费了一半的学习时间。如果人们不想把意识上的局部分裂强加给这个时代，那么就必须去探寻形成这样一种独特发展样态的原因。

那个时代的德国教育争论史并没有得到特别好的研究。但是，我们能清楚地看到，人们对拉丁语的态度发生了怎样的内在变化。虽然人们对罗马文学评价很低，但这种内在变化却依然可以在教育活动中产生如此强大的外在连续性。上面引用的西格蒙德·托伊费尔的话已经提供了一个出发点。他并不是彻底贬低罗马人，而只是质疑他们创造辉煌的艺术与文学的能力。为此他证明了罗马人的思想冷静而尖锐。这里体现出了拉丁语的标志性特征，而且这种特征直至今天也一直被视为拉丁语的优点：人们认为，拉丁语是一种有逻辑的语言，所以，掌握它能促进逻辑思考。但是，这种观点直到 19 世纪才出现；在整个传统中，人们对拉丁语的赞美主要集中在它的优雅上，这一点从洛伦佐·瓦拉著名的《拉丁语的魅力》（1444 年）这本书的标题就可以看出来。

19世纪中叶也是这样一个时代，那时拉丁语句法首次被理论化地总结出来，而且句法上的思考首次在拉丁语课程中获得了真正的中心地位。文艺复兴时期的人文主义者非常反对大量使用教科书，并且把所有重心都放在经典作品的阅读和生动的对话上。18世纪的新人文主义也是这样；另一方面，新人文主义改革者特别关注的是，把几乎已经退化为机械性短语学习的拉丁语课程重新引回对经典的阅读上，从而通过具有示范作用的经典文本实现语言的无意识习得。不管是埃内斯蒂还是弗里德里希·奥古斯特·沃尔夫或者是巴伐利亚州的学校改革家和语文学家弗里德里希·蒂尔施（Friedrich Thiersch），也不管是哥廷根的教授、格斯纳的继任者戈特洛布·海涅（Gottlob Heyne），还是海德堡语文学研讨会创始人弗里德里希·克罗伊策（Friedrich Creutzer），总之一句话：在创立古典的古代文化研究学的所有新人文主义精英中，没有一个人写过拉丁语的语法书。而且不仅仅这些精英如此：基本上很少有人写这类书。

但是，1820年至1880年的几十年间，密集地出现了很多拉丁语的语法参考书，至今仍为人所用，而且奠定了古老语言教学的重要基础。1818年，从卡尔·戈特洛布·促普特（Karl Gottlob Zumpt）的语法书（今天已经没有人使用了）开始，试图第一次给出一套系统性的句法规则。1831年，卡尔·恩斯特·乔治斯（Karl Ernst Georges）对吕讷曼（Lünemann）的那本古老辞典进行了重新加工，出版了《德语—拉丁语辞典》；1837年，他又以舍勒（Scheller）的辞典为基础出版了《拉丁语—德语辞典》。接下来，约翰·菲利浦·克雷布斯（Johann Philipp Krebs）的《反对未规范的语言现象》（*Antibarbarus*）（1843年），卡尔·弗里德里希·冯·内格尔斯巴赫（Carl Friedrich von Nägelsbach）的《拉丁语修辞学》（1846年），莱茵赫德·克洛茨（Reinhold Klotz）的《拉丁语简明辞典》（1857年），赫尔曼·门格（Herrmann Menge）

的《拉丁语句法与修辞复习资料》（1873 年）以及拉斐尔·屈纳（Raphael Kühner）的《拉丁语语法》（1879 年；《希腊语语法》已于 1836 年出版）相继出版；最后这本经过卡尔·施特格曼（Carl Stegmann）的修订，成为了迄今为止拉丁语言学家修订德语—拉丁语国家考试的最重要的工具书。除了克洛茨的辞典，以上所有著作自诞生起就一直能在书市上找到；1999 年，为了古典语文学的学生，人们又重新修订了门格的《复习资料》，而乔治斯的《拉丁语—德语辞典》在此期间已经被刻成了光盘，还配有相应的搜索功能。

当然，这些语法书的诞生与拉丁语不再是积极的应用语言，因而不再需要每日进行听说写的练习有关。这种情况出现的地方，就需要语法学家，正如我们已经在古典时代结束后的危机时期看到的那样（参见第 142 页及之后几页）。今天，特别是那些不会真正地"说"一门语言的人也还是不得不求助于辅助工具。不过，与此同时，这些著作也展示了科学化的过程，这一过程涵盖了当时所有的学科，既包括语言学科，也包括自然学科，而且作者自身也是在这个意义上理解他们的著作的。事实上，这些语法在方法上与以往时代的语法是不同的。语法学家不仅要对精心收集到的引文进行分类，而且还试图从中推导出一个能阐释拉丁语体系的内在关联与逻辑的系统。因此，它不仅会给你一些指示，告诉你带不定式的宾语可以放在哪些动词后面，而且这些指示是有逻辑基础的，这样使用者就能举一反三，对所有在说明中没有明确提到的情况都能进行一定的预判。它不仅会说明，"cum"（当）这个连词后面既能跟虚拟式也能跟直陈式，而且还会告诉你一些原则，根据这些原则，在具体的情况下（也包括一些模棱两可的情况）会形成这样或那样的不同构造。我们认为拉丁语是一种会让思想变得深刻的逻辑语言，这种观点正好与上述著作中表达的分析方法相符。归根结底，这与同一时期使历史比较语言学进入全盛期并为当时自然科学的系统化成就打下基础的那种方法是一致的。从化学元素周期表的制定（1869年）到所谓"条件句虚拟式"规则的制定，方法上来看并没有太大的进步。关于"条件句虚拟式"的理论处理，今天依然是拉丁语教学中语言逻辑练习的标准内容。在这个时期，音乐领域也发展出了一种系统的和声学，首先是所谓的"梯级和声"，后来是胡戈·希曼（Hugo Riemann）的"功能和声"（以及主、属、下属的概念）。希曼最重要的著作有一个非常具有代表性的标题《音乐句法》（1877年）。不过，莫扎特和舒曼那时虽然不懂这样一门学问，但也获得了成功。

尽管如此，上述提到的语文学著作与同时期的历史比较语言学著作的区别在于，前者很大程度上忽视了系统性问题。它们并不回答为什么一种特定的语言用法在普劳图斯到普林尼这一时期发生了变化，而只是记录各个作家的习惯。狭义的语言学在为印欧语系的语言制定变音及构词规则时，成功解答的那些问题基本上不存在了。克雷布斯和内格尔斯巴赫的著作是这样的，已经不再让人吃惊了，因为他们的著作很明确就是为文体练习提供的辅助材料。但是，连屈纳的语法也将重心明显地放在古典作家及其影响范围上，就不得不让人感到意外了。从倾向上来看，虽然语法是与当时的语言科学方法相适应的，但重点不是语法，而是作家的语法。换句话说，他们记录的不是语言的自然规律，而是作家对语言的使用及其内在的逻辑关系。隐藏在表面（深受科学描述的影响）之下的是一个规范化的内核。由于这个原因，尽管屈纳的语法拥有最高的知识水准，但也从未在语言科学家中获得真正的尊重；他们更喜欢后来洛伊曼（Leumann）和霍夫曼（Hofmann）的语法，这两人的语法更接近印欧语言中的问题和对语言历史的考察，不过，这对于今天的拉丁语教学来说，作用也并不大。夸张一点说，人们可以把以上提到的这些著作当作拉丁语文体练习的科学基础，也正是在这个背景下，直至今日，他们实现了自己最重要的目标。

从根本上来说，拉丁语的科学渗透（Durchdringung）也是一个关键词，它意味着拉丁语课程和拉丁语文体练习经历了一种变化，这种变化为19世纪下半叶的教育争论，特别是针对"实践教育"要求的斗争做好了准备。这表明（还需要更准确的详细研究），将拉丁语练习变为一种逻辑科学，这种改变以特殊的方式影响了形式教育的观念，由于这种观念，拉丁语在结束了其世界语言的功能之后又一次获得了新生。从此以后，拉丁语不再只是为人文主义的人文教育思想服务，而是也能作为逻辑思维的入门课程，为未来的自然科学家所用。在这一功能上，拉丁语与数学相似，19世纪中叶左右，数学作为基础科学和形式教育力量，开始占据主导地位。直到今天，拉丁语与数学之间的内在亲缘关系才成为了一种常见的思维模型，但是这种模型在拉丁语的长久历史上并没有真正的基础，它是到了19世纪这一短暂阶段才成为了现实。

这样一种形态的形式逻辑入门课程之所以能适应19世纪的社会，源于这一事实，即这种形态总的来说也适应了那时的历史发展趋势，细究起来，这可能也是拉丁语课程之所以能如此长久地抵抗住一切敌意的主要原因之一。假设高中实践教育的拥护者在19世纪中叶左右获得了胜利，并且按照他们的思想方法变革教育系统，遏制历史元素，那么，对教育的理解就会发生一种传统层面的断裂。即便是在二战结束之后的几年，当时的民主德国政府以社会主义的实践教育改造资产阶级的学校体系时（自然不考虑马克思主义的影响；这里只关乎教学内容），也并没有让这种传统进一步断裂。19世纪，当人们建造罗马风格或哥特风格的教堂时，抑或是建造新文艺复兴风格或融合各种风格的歌剧院或学校时，市民们也会在这些建筑内部布置各式各样的具有历史特点的装饰，因为人们想要避免上述的那种传统断裂，所以，归根结底，这并不是一种不可理解的发展。1870年左右，人文主义高级文理中学的课程表还是会给人留下这样的印象，即人们面对的仍是文艺复兴时期的高级中学。

因此，历史主义不仅影响了学校建筑的新建，也影响了教学活动本身。我们已经在前面的一章（参见第 154—155 页）对比了建筑史，并讨论了它对拉丁语课程史的启发价值，在这里我们又介绍了相关的思想史背景——一直讲到民族认同。在新教领域，与路德和梅兰希通有关的文艺复兴时期的学校传统形成了这种思想史背景。

有人会表示反对，认为修建文艺复兴风格的学校大门只与品位有关，与功能无关，而高中课程表的内容却不可能是随意设定的。但是，将练习历史文化技巧作为当代各项工作的基础，在 19 世纪绝不是一种只在拉丁语课程中才会遇到的模式。类似的最明显的例子就是音乐课程。在 19 世纪音乐学院的教学计划中，历史性的作曲技巧占据着重要地位，比如按照严格的文艺复兴时期的古典复调音乐规则来创作赋格曲或乐曲，但同一时期，像理查德·瓦格纳（Richard Wagner）这样的作曲家已经在探测音调的边界了。人们从未指望过，一个接受此类古典教育的音乐家，真的会在自己作曲时使用历史主义的方法；19 世纪的音乐中，真正与历史主义有关的东西，只有仿效和引用。在绘画中也存在一种技巧教育的历史化。古典主题和基本技巧构成了艺术学院教育的基础，但当时的艺术家已经走上了一条完全不同的道路。在相同的意义上，人们也不应该从拉丁语课程的支配地位和一种面向现代的教育的缺失中得出结论，认为人文主义高级文理中学的目标是回到过去，而不是为现代世界的各项工作做准备。之前讲述的拉丁语课程的"科学化"在这里恰好发挥了重要作用。而且要注意的是，就算是 19 世纪的历史主义建筑，它的内部也是以当时最新的建筑技术建造的；在历史主义风格的外表下，往往隐藏了足够多的钢铸支架和新制作的混凝土天花板。在同样的意义上，19 世纪的拉丁语课程也必须被看作它那个时代的产物。

4.4 与语法的斗争

1890年的普鲁士教育会议，第一次给人文主义高级文理中学长达数十年的统治带来了冲击，但在后世看来，这次会议只是一个特殊的个别现象。因为，已经可以看到，至少直至20世纪60年代，都再也没有发生过在社会价值上能与之相提并论的有关古老语言地位的争论了。肯定存在着讨论和改变；国家社会主义为了国家力量，对人文教育的价值提出了质疑，而且，二战之后在社会主义国家，为了贯彻现实社会主义的实用性思想，拉丁语课程在中学和大学很大程度上被边缘化了。只有在所谓的"第三类人文主义"中才存在着对古代传统的一种新的积极关注，这个"第三类人文主义"是由柏林的希腊学家韦尔纳·耶格（Werner Jäger）创立的，他因纳粹的驱逐，流亡到了美国。他写了很多有关希腊教育的著作，不过这些著作只涉及希腊的形象，并不涉及拉丁语在世界上的地位。经历了二战后几年间的上升趋势，拉丁语作为教育学科在60年代中期开始成为被大肆攻击的目标，这些攻击的依据在于，在纳粹的独裁统治时期，很多接受过人文主义教育的人也在道德上失范了。因此，声称人文主义教育传统具有积极社会影响的说法受到了严重的质疑。此外，50年代的繁荣发生在一个奇怪而呆滞的新保守主义环境下，人们对此感到不满也不是完全没有道理的。由于这些攻击，拉丁语的处境越来越艰难。最终，它从一个1900年左右仍然存在于欧洲的主导性学科变为了一个边缘性学科，逐渐地，人们讨论的不再是课时的数量，而是它的存在本身。在德国，直到70年代，才有人开始努力重建拉丁语课程，当时人们主要强调的是，拉丁语课程不仅能为人们提供一般性的语言知识，而且还能传授欧洲文化的基本价值和古典时代的有关知识。自此以后，在普通教育学校的教学计划中，拉丁语从一门纯粹的语言学科变为了一门带有大量文化史内容的学科。

虽然整个20世纪对拉丁语的缓慢压制是如此不引人注目，但是有一点是不变的：过去的几个世纪人们最不理解的是拉丁语的本质——它是一门语法规范的语言。随着20世纪的推进，人们越来越怀疑文学语言和标准语言是进行阶级区分的工具。同样地，通过思考语法（有利于在实际沟通中自如地使用例句）来学习语言的方法也被弃置一旁了。几十年来，在德国的基础教育课程中，人们已经越来越不注重按照正字法规则进行正确书写，在德语课上语法训练如此之少，以至于（正如一些研究所表明的那样）很多德国高中毕业生连一个简单句的句法结构都分析不了，更谈不上描写了。这些现象必然会发生，因为直到最近，盛行的关于语言本质与功能的基本假设依然没有重视对语言规范的共同遵守。但是，这同时也暗示着拉丁语将面临一个转折，通过语法教科书来学习拉丁语，本质上与对语言正确性的不断反思有关。在语法被拒绝的地方，人们也不需要拉丁语。无论如何，这对拉丁语课程来说最终还是有用的，因为现代语言和德语课程越是远离语法反思，拉丁语课程（至少在德国）被人们重新接受的可能性就越高，因为人们毕竟保证过，还要从这里获得基础性的语言教育。不过，这一基础功能看起来非常平庸，而且根本无法达到西塞罗或维吉尔的艺术高度。对于世界语言拉丁语的历史来说——这既是一门固定语言的历史，也往往是一门语法课程的历史——即使没有新东西，它也是有意义的。文字书面化伊始，欧洲的各种民众语言都以拉丁语学校的语法课程为蓝本：爱尔兰语、古英语和古高地德语的评论性文章和语法著作（见第118—119页、148页）都表明了这一点，民众语言（往往由拉丁语衍生而来）最初的语法也是这样。几千年后，当欧洲的民众语言自身变为了具有人文主义主张的文学语言且完全脱离了拉丁语之后，拉丁语似乎又一点点找回了它原来的位置，重新成为了民众语言的支柱。

5

五

从语言学回到文化:
世界语言拉丁语的今天

Latein
Geschichte einer Weltsprache

5.1 历史主义的终结和世界书写文化遗产

有充分的理由认为,拉丁语的历史在当代正处于划时代的门槛,这个门槛就其重要性而言,堪与1800年世纪之交的时刻相比。当时,拉丁语在很大程度上不再是一种积极使用的语言。不过,拉丁语的知识还是保留了下来,因为各方面的发展汇总到一起,最终使得足够多的人得到了拉丁语强化训练:首先是新人文主义,它把古典时期奉为典范;然后是历史主义,它从过去中寻找对当代的理解;最后是作为文化方面前沿科学的语言学,它从语言的角度——有时甚至在自然科学的意义上——看到了一种为所有人提供的正在成形的力量。这些理由如今已不再有效。至少自19世纪末期以来,从所有国家实际上的官方教育政策来看,拉丁语作为普通教育的一部分已受到压制,有时还面临被废弃的危险。在过去的40年里,全球范围内,拉丁语的地位已经急速地接近一种历史语言的地位,需要有一些(毋宁说很少的)掌握这种历史语言的专家。因为对于一些历史研究来说,这种语言知识是必要的辅助工具,就如同象形文字对于埃及学、特定测量仪器的操纵对于考古学以及钻头的操作对于牙医一样。就拉丁语被感知到的价值而言,对于很多接触过拉丁语的人来说,最后一个比方(遗憾地)尤为贴切。

当然,社会现实并不总是和这种负面的场景相一致。正是在德国,拉丁语传统被保存到了当代,拉丁语在学校里也保留着广泛的基础;在最后一章还必须谈谈拉丁语令人吃惊的新面貌。撇开有时在节日致辞中的友好的言辞不谈,在欧洲各国教育部、学术组织和专家团体——我们教育的未来是在其中拟定的——的官方话语和实际政策中,已经不大听得到拉丁语了。

用公共资金来提升社会和学术界语言多元化的项目绰绰有余。然而，拉丁语知识仍未被纳入这种语言多元化的范围之内。即使作为历史研究的前提条件，拉丁语最多也就得到了传统主义者的捍卫。而在历史学诸专业领域，学科的专业化在国际上取得的进步是如此之大，以致连那些重点研究拉丁语原始文本起着重要作用的主题和时代的历史学家、艺术史学者、文学家、哲学家，在很多情况下都不再能独立阅读这些文本了。

这种对拉丁语的无知产生了越来越明显的社会后果。若是几百年前的一位文化史学者研究我们时代的文化和科学活动，他会发现，电子图书馆编目系统中登记的拉丁语书籍的书名充满了错误；在旧书店的书目中，书名已经被歪曲得无法理解的拉丁语图书，却报出了一辆小汽车的价格；即使在受公共研究资金资助的拉丁语学术著作的文本中，粗糙的语言上的误解也司空见惯；碰巧被翻译出版的著作得到了人们的热烈欢迎，但必须用拉丁语来阅读的同样重要的著作却不为人知，而非学术出版物中的拉丁语引文也有超过三分之一被改得面目全非。从全球的角度来看，不但人文主义的博雅教育正在遭受损失（至少在德国以外早已是如此），而且拉丁语作为语言也正在遭到社会的遗忘。似乎有可能发生的是，拉丁语将如同中世纪的希腊语一样——那时人们只是凭借拉丁语译文才能粗略地看懂希腊语文献；在过去的几百年里，当人们在一部著作中遇到一句希腊语引文时发出的惊呼（"看不懂"），现在也适用于拉丁语了。

本书的思路，除了回顾拉丁语言的外在发展史，还要探求人类语言文化的基本现象。既然如此，不妨先把一位忠实的拉丁语研究者感到不得不提出的、所有文化批评方面的意见搁置一旁，不去列什么损益表，而是尝试用一个更大的框架理解过程。在这方面，同其他语言的比较现在又一次提供了助益，因为事实证明，拉丁语无非重蹈了在德国或其他地方，可以观察到的所有历史语言走过的轨迹而已。自18世纪晚期以来，各种历史语言成为人们关注的中心，而当拉丁语不再主要用于交流时，毫无疑问也被归入其中。如今，这样的发展似乎终结了，甚至部分地倒转过来了。拉丁语的命运之所以得到了较多的同情，只不过是因为它是一种带有官方色彩的、历史性的世界通用语，而不仅仅是受人文学科里一个所谓的"奢侈冷门专业"（Orchideenfach）管理的。

如今，各门历史语言学在世界范围内的状况都不太好。这一点不仅在诸种历史语言上，而且在像英语或法语这样的当代语言上，也得到了证明。因为作为大学学科，19世纪的所有这些"现代语言学"都是按照古典语言学的模式，即以各种语言较古老的"古典"文学为中心建立起来的。在第二次世界大战后，德国语言文学、罗马语言文学、阿拉伯语言文学或中国语言文学的科学研究，绝大部分仍是对历史语言发展阶段的研究，以及对留传下来的经典（或刚刚被奉为经典）文本的语言学研究的阐释。与此相反，当代语言和文学并不只是在有限的意义上才是科学研究的对象。如今，情况几乎彻底调转过来了，朝着相反方向的、即便有些极端的变动也并非是完全不可理解的。各语言科系无论侧重于欧洲还是欧洲以外，首先都是面向当代的。人们所期待的，基本上是社会可以利用的外国国情研究，伴之以对文化的更精深的掌握。历史知识虽然也属此类，但也只是就此而言，它才有助于回答当代的那些尚未解决的问题。

在那些总的来说具有这种当代关联形式的科系中，也就是在像罗马语言文学或英国语言文学这样的科系中，这种转变可以说是通过研究和教学中侧重点的变换而悄然完成的。于此而言，历史语言发展研究和历史文学研究究竟还占据着多大的比重，具体说来仍是悬而未决的。如今，在德国大学中——各所学校在这方面显然也是千差万别的——历史语言和文学能力占据较大比重只有在德语系才是不言而喻的。在其他科系，这个比重则波动不定，而不少情况下，对历史语言发展的研究已经变成了边缘学科，大学生们对它只是略懂皮毛，从事研究的大学教师也越来越少。就此而言，德国文理高级中学的课程安排应对这个领域的弱化负责任。莎士比亚研究是否确然属于英国语言文学专业的课程，这个问题在从事教师培训的各个委员会中被严肃讨论。在汉学、日本学或东方语言学等非欧洲的文化类科系里，这种发展取得的进步要清楚得多。在这些学科，虽然科系的名称得以保留，但变化已然发生。在变革的过程中，不仅历史的维度很大程度上渐渐消退，而且除了语言和文学之外，社会科学和经济学的问题也受到了相当的重视。不过，一些语言，如苏美尔语、巴比伦语、埃及语、科普特语、埃塞俄比亚语、叙利亚语、阿拉姆语、古爱尔兰语和许多别的语言，仍旧保持着历史性，没有走上这条现代化道路。对它们来说，问题在于如何存在下去。可以认为，对于这些语言的研究和传授来说，语言能力和可供使用的资源还在持续减退。在德国，只有一两所大学还可以研究一些古老的语言，如东方基督教会使用的语言。一些情况下，如在古东方学和埃及学的情形中，还存在着较多的院系，相关的研究兴趣和公众注意力主要取决于这些专业的考古学发现。引起轰动的展览和电视节目可能因这些发现而争论不休。越来越多的大学，其中也包括遵循古老传统的古典大学，撤销了其最后的古希腊语教席（顺便一提，这只是发生在欧洲，在美国并没有发现这样的趋势）。然而，拉丁语尽管在体制上呈现出较强的姿态，但在这种变迁中，它受到的影响却是最大的。德国各大学，拉丁语言文学在最近若干年里丢掉教席的比重大于所有其他的人文科系。

对欧洲过去两千年语言发展史的观察，有助于我们不只是把它简单地视为文化损失过程，而应在更广阔的脉络中来研究它。因为我们应当处理的，主要不是传统，而是在1800年左右才建立起来的历史主义世界观。我们再一次接近直到18世纪之前的状态，那时，撇开出于实用主义和系统性的专业兴趣而必需的拉丁语和希腊语不谈，人们对于历史语言和文化同样是一无所知的，或者说至少是所知不确切的。历史语言学这项欧洲的发明，作为大约1770年至1970年这段时间里的先进科学，取得了震撼世界的成就：它重现了在历史进程中彻底消失的语言和文本，从而使其重见天日。这一成就堪与庞贝城的发掘相媲美。历史语言学以其雄厚的学术资源造就了一支以前不曾有过的、具有专业能力的庞大队伍。结果，我们今天拥有一种传统，一份我们完全有理由称之为人类书写文化遗产的传统。希腊语和拉丁语的语言学已经成为了这种活动的组成部分。正如前一章所阐述的，与现代之前表面上的连续性掩盖了下面一点，即这两种语言已经将其合法性与历史主义动力中的相当一部分关联起来了，而这种动力曾为19世纪的整个社会所熟知，并将古印度的《吠陀》和中世纪德国的《尼伯龙根之歌》变成了大学教育乃至最终普通教育的对象。

　　然而，如果现在不再有人具备人类的这种书写文化遗产所必需的专业能力，那它就陷入了危险之中。当三四个学者管理着以某种久远的历史语言写下的多达上百万甚至上千万页的艰深文件时，那他们最好的情况下也不过是对自己的档案物品做些归置的档案保管员，而绝不可能对历史性的开拓工作做出什么贡献。用别的语言写成的一份文件，即便它是在装上字块的黏土板或是在棕榈树叶上的、以现代方式排版的手稿，只要没有人读得懂，它也不过是一件湮没无闻的东西。通过考古学家发掘的艺术品或日常用品，人们至少能够直接观看到3000年前的一座宫殿是什么样子的，或者，他们至少能直接领会到一尊维纳斯女神像是否散发着魅力。然而，文字证据对于没有掌握相关文字和语言的人来说，无异于给读不懂音符的人看曲谱，或是给没有播放器的人听唱片。这一点虽然人人都认可，但书写文化遗产的效用却大多不为人知。这主要是由于两个广泛流传的谬误造成的。

第一个谬误是，有人认为，对历史文献的发掘利用基本上已经完结了，对于科学的历史语言学来说，剩下的工作充其量是些文本批评的细节问题，或是对不重要的、本来就应当被搁置一旁的文本的研究罢了。然而，这种印象完全是错误的。仅在古东方文化领域，早已挖掘出来的楔形文字的文本也已堆积如山。它们不但没有被编辑过，而且甚至没有被粗浅地阅读过一遍。我们简直不止一次地了解到，世界上最古老的叙事诗——吉尔伽美什叙事诗——还有多少不为人知的片段陈放在博物馆的档案室里。此外，在发掘物品中不断发现大量新文本，而在地球上还隐藏着多少惊人的知识，同样也无人知晓。关于大多数其他古文字文明的发掘利用，情况也差不多。之所以会出现语言学方面的工作早已完成了这样一种印象，是因为在很多情况下，数量较少的、全部"古典的"著作——在图书馆中高强度的研究也几乎无法使其增多——得到了充分的发掘利用，而大量其他的文献仍然不为人知，因为它们在19世纪被暂时地搁置不理了。拉丁语的情况也是如此。长期以来，从普劳图斯、西塞罗到塔西佗的罗马古典文献正典，事实上通过出版和翻译已经得到了充分的发掘利用；尽管还有一些需要弥补的缺陷，但古典时代晚期的大量文献至少大致上是为人所知的且可以加以利用的。但是，正如开头所说的（参见第3页及之后几页），绝大部分拉丁语著作产生于古典时代的末期，那时，拉丁语不再是罗马人的语言，而是一种自由的世界通用语言，而在这方面，我们就是想得到比较完整的现存文本清单，也还有很长的路要走。甚至把拉丁语的档案材料和药品制作说明书之类的纯技术性文本除去不谈后，我们可以说，所有拉丁语著作中有90%完全不为人知或者只是作为标题为人所知，所有著作中有99%从未出版过现代版本，99.9%的著作从未译成别的语言出版。如果这部分文化史没有获得1800年以前埃及象形文字的地位，那就必定还会有人把拉丁语作为语言来掌握。

第二个谬误是，一些人低估了研究历史文献所必需的语言能力。我们关于现代外语的经历给了我们这样一种感觉，即如果适当地置身于外语坏境中，我们至少在一定程度上已经可以应付得来。这尤其适用于被动的语言知识。在几周的强化学习和听力练习后，我们通常能够基本上听得懂一段外语对话，或者是理解外语电影的情节。一位甚至无法用德语造出一句正确句子的外国雇员，会顺利地理解他的同事或上司，而一位科学家也能大致上正确领会用一种他只略懂一二的语言写成的、他所在学科的专业文章。但这之所以行得通，只是因为沟通有共同的语境作为互相理解的基础，同时也是因为语言表达通常是如此的多余，以致很多细节是可以弃置不用的。对于相约就餐的人来说，只有时间和地点是关键信息；阅读专业文章的人只注意那些对他来说重要的事情（而对于文章作者本人，这些事情可能甚至是微不足道的）。在拉丁语历史文本方面也存在着这样的基本情境，即在这种情境下，我们即使对语言的理解有限，也能得到正确的结果。故而，例如一位语言研究者即使拉丁语并不流利，也能够判断出拉丁语时态的用法。所有学科的历史研究者只要清楚这些学科原始文本的诠释学的基本条件，并知道在哪些地方必须去求教语言能力强的专家，那么他们即使只有很少的语言知识，也能理解原始文本。在哲学和神学领域，对文本细节的理解至少在很大程度上取决于对文本的系统把握。然而，这些经验误导我们过快地否定了正确把握著作的思想内容而必须克服的诠释学方面的根本困难。通常情况下，在历史语言文献方面并不存在共同的沟通语境，而总是涉及同我们的语言结构迥异的语言结构，涉及发源于同我们的经验世界截然不同的经验世界的文本。为了能够编辑、翻译以及总体上理解这样的文本，必须经过教育获得非常强的语言能力。如果缺乏具备这种能力的专家，那也就不仅使得对新发现的、不为人知的文本的利用，而且使得对早已为人所知的文本（就拉丁语而言，这一点是指古典作家的作品）的研究，创去了一切诠释学的根基。这样一来，我们就会倒退到中世纪时期处理外来文本的那种状态。

5.2 拉丁语是语言学还是语言？

如果现在是这样，以致在今天随着历史主义最终的结束，厚今薄古从而忽略或者干脆丢弃世界书写文化遗产体现了某种意义上更高一级的，和我们社会大多数人的政治意志相一致的发展，那么我们也许在文化史上为这一点感到惋惜，但又不得不把它归入更广大的历史进程中。然而，事情并非如此简单。因为我们不能笼统地说，历史在我们现代社会不再占据任何地位了。相反，恰恰在最近，公众对人类文化遗产产生了浓厚的兴趣。关于以往文化的展览拥有广泛的受众，历史小说、历史题材的电影和电视节目如火如荼，参观历史遗迹滋养了巨大的旅游产业。在大学中，考虑到人文学科的条件相较于自然科学要薄弱一些，历史学算是其中的一门欣欣向荣的学科。它绝非仅仅在象牙塔中运行，而是显著影响了我们社会对自身文明的理解。考古学专业的最新研究成果也激起了广大公众的求知欲。在德国，某种程度上也包括美国，拉丁语课程甚至几百年来第一次在没有国家资助的情况下取得了大幅度的飞跃。历史成了"香饽饽"。从中没有得到好处的似乎只有历史语言学，无论是作为大学中的科系，还是在公众意识中。

我们在日常生活中取得的关于历史语言学的经历，自然特别贴合这样一种说明：就耗费的劳动量而言，历史语言学是最辛苦的科系之一。这并不是说，其他科系无须努力工作，更不是说，其他科系对智力的要求较低。但在处理历史文本时，为了能够透彻地研究内容而必须翻越的门槛要高于大多数其他学科。考古学家为了搞清楚自己发掘出来的对象，就必须具备丰富的专业知识和长年的分析经验，最近还必须掌握现代考古技术。然而，研究对象本身原则上是我们用健全的人类理智就可以同它们进行交流的那种；考古学家附加的专业知识对于讨论的严密性和结果的正确性是不可或缺的，但并不是讨论得以发生的唯一条件。语言学家还必须做大量的准备工作，才能了解他的研究对象。当然，所有语言都是这样的情况。然而，历史语言处于一种特殊位置，因为在科学之外，它们根本就不"存在"。就在世界上尚有一小块容身之地的拉丁语来说，这一点至少说对了一半。在这个意义上，语言学习的全部工作和科学训练是同时进行的；"留居国外"和所有在别的地方而非书桌上学习语言的其他机会都不值得考虑。因此，历史语言学研究需要高度扎实的基本功。这一点上，堪与其媲美的是工程学。在工程学领域，个体的核心专业能力也必须总是通过不懈的学习过程才能具备，而这个过程是不可能通过实习和创新教学法来绕开的。必须再次强调的是，正因为这样，其他科系对科学的要求也并不是较低的。恰恰相反，语言学家所需要的语言能力甚至还算不上科学，而只是科学的前提。这就好比对通行教科书上描述的复杂数学方法的掌握在工程师看来还算不上科学一样。

下面这一点是今天的历史语言学不得不克服的最重要的基本问题（或许，这里显示出同技术科系教育现状相似的一些地方）：它们正遵循着19世纪以来有效的现代科学范式，把进步置于中心，并认为大学的主要任务是不断地革新知识。只是学会外语，无论过去还是现在都绝非现代大学的任务。如果我们想学习法语、英语或当代世界一门别的语言，在大学的学习从来都是不够的。只要——不只是在德国——在原来的学习之外不加以语言强化练习，那么成绩就是纯粹的灾难。

在19世纪的大学里，历史语言学不是作为语言科系，而是作为科学面世的，正是凭借这一点，它们才赢得了领导地位。通过考古发掘或努力搜寻手稿档案找到文献，对字迹进行辨认和转写，重现词义和句法结构，并最终对整个文本进行考证式的编辑和翻译，这从一开始就是一个伟大的科学创新。当唤醒完全被人忘却的语言和语言发展史的时候，对象是古老的，但知识是新的。历史语言学在19世纪的大学里占据领导地位，不仅是因为它们顺应了那个时代的历史趋势，而且也主要是基于这样的事实，即当时新的语言学和语言史分析技术在人文科学甚至自然科学的意义上都是创新的。

历史语言学在今天背负着在方法论层面怀古守旧这种根本的嫌疑。之所以如此，主要是因为，这些分析技术在某一天不再是新的了。技术科学把自己开发的方法转移给了实际应用这些方法、并在必要的时候也继续发展它们的产业了，在这一点上，我们在某种意义上取得了成功。但是，就历史语言学而言，现在本来已变得可以学习的语言知识，却依然在使用科学的标签；而从本质上讲，并非被研究的每一份新文本都能带来轰动一时的新知识，于是，有时也会出现一定程度例行的无聊——这并不少见，因为人们专注于细节问题，而这些问题充其量也只有专家才感兴趣。历史语言学，也包括拉丁语言文学在内，很少提出何时它们是科学和何时它们只是语言科系的问题，这在相当程度上导致了这些科系在较晚近时代的定位不清。

现在有人提出异议：拉丁语和古希腊语的这样一种科学的重建可能从未进行过。在过去，这些语言总是为人所熟知；而科学重建工作的对象，最多也不过是流传下来的文本在语言上的微不足道的细节和精致之处罢了。虽然学习拉丁语确实不是科学的任务，但在19世纪的大学里，人们还是趋之若鹜。但要注意的是，这两种语言之所以具有一段特殊的历史，正是因为在19世纪，关于它们的知识属于普通教育的一部分。因为如若我们仔细来看，那就会发现，导致拉丁语知识受人追捧的并不是19世纪新出现的语言学，而是学校。我们还必须指出，直到19世纪末还需要用拉丁语写高中毕业作文，而到了最近，拉丁语知识却成了一个事关教育声望的问题。不敢公开承认我们读不懂拉丁语文本，甚至在今天仍给科学界带来了巨大的、隐蔽的危害，因为我们宁愿逃避，也不愿去求教于专家。高度的自信，有时甚至古典语言学直到进入20世纪偶尔还会显示出来的傲慢，归根结底并不是来自其作为大学科学——它在19世纪几乎完全被视为版本研究和引文研究——的地位，而是来自基于新人文主义，并按照历史主义精神而修订的人文主义教育思想的遗产。我们轻易就可以观察到，在20世纪没有把培养教师作为拉丁语课程的核心，随之而来的则差不多总是对语言要求的简化。在不做预先准备和不借助辅助工具的前提下，理解并阐释任意一段拉丁语文本的能力，通常是国际上申请教职的毕业考试所要求的。科学方面的毕业考试大多允许提前准备一份范围较窄的文献目录和一些科学上的问题。在德国，主要是由于国家教育机关的要求，由德语到拉丁语的翻译练习在教师培训中很受重视。这些教育机关明白，教师在课堂上必须不经过准备就能回答语言方面的问题且考虑使用不同语言的可能性。在大学人群中，由于这些练习似乎和科研实践的关系越来越远，要求减少它们的趋向越来越明显。因为科学只能将其工艺技术扩大到它真正需要的程度。但是，要是说得犀利一些，我们可以认为，用于解决文学史、语言史、社会史问题和其他问题的拉丁语知识，在化学或者生物学领域只不过是像实验室技术一样的辅助学问而已。

5.3 拉丁语的未来

从这些论述中得到的结论是，历史语言和世界书写文化遗产拥有一个机会，其唯一的条件是，我们再一次较为明确地承认，对它们的研究要求学会和掌握各门语言；更准确地说，在词语的完整意义上的语言。

最晚从 18 世纪开始，人们把拉丁语作为交流手段的功能和其作为精神塑造手段的功能做出了区分，并在否定前者的同时，将后者树立为其典型特征。事实已经证明，这种做法长期看来是靠不住的。自古典时期以来，拉丁语在其特殊的历史中履行着两种功能，而出于不同的考虑，人们确定了其中哪一方面应当被赋予什么样的权重。但如果完全抛弃了语言特性，终究会导致拉丁语彻底衰落。19 世纪使拉丁语经历了语言能力的科学化，但这种科学化不适合充当解读文本的唯一途径，并最终在语言学的层面上导致了这样一种失败，即直观地用鹿特丹的伊拉斯谟，来说明以所谓"科学化了的"西塞罗主义为典范的拉丁语的交流（第 132—133 页）。为了以合理的方式对待世界书写文化遗产，必须重新思考在何种社会背景下，为了哪些社会目标，从而把我们今天拥有的很多历史语言当作真正的语言来学习。

对一切历史语言（包括苏美尔语和拉丁语在内）都适用的是，只有在制度层面为学会语言提供了时间条件时，其知识才能继续存在下去。对德国大学的创新教学设计的检视证明——这一判断在国际上可能也是适用的——为学会语言而必须在纯粹数量上付出的辛苦，所能获得的回报是很低的。但是，正如获得某种对于现代外语的适当能力一样，想获得拉丁语语言知识却不在课外进行语言练习是行不通的。为此而找到合适的形式并提供必要的自由空间是一项重要的任务。

这一点之所以是正确的，尤其是因为拉丁语在各种历史语言的"演奏会"上占据着某种特殊的位置。如果我们为了获得某种符合现实的总体看法，而一开始就估计世界上所有拉丁语文本的规模，是流传下来的全部古典文本的 10000 倍，那这同时也就意味着，全世界没有其他历史语言（包括古典汉语或古典阿拉伯语在内），发展到同等程度，并且遗留下同等数量的文本。从全球来看，这个事实——而不仅仅是与此相比数量较少的古典文学正典的巨大意义——决定了拉丁语的处境。因此，拉丁语的地位——我们将其作为"固化的"语言来追寻其发展——如今从渐进的视角来看，仍然比其他历史语言更为接近现代欧洲语言。我们必须在这一视角下回答这样一个问题，即我们今天为了什么和以什么方式把拉丁语作为现实语言，而非仅仅作为解读文学的诠释手段来学习；换言之，在多大程度上仍然把拉丁语视为世界通用语言，而不仅仅是教育语言（当然，世界通用语言总是教育语言）。

单单拉丁语在当代世界的出现就常常使其或多或少地同欧洲的，或在文化上和欧洲相近国家的每一个人发生了接触。因此，对语言的初步引入就直接产生了实际的用途。谁掌握了有几百个单词的基本词汇表，谁能把一个拉丁语单词的主格同其他格位区分开；谁能够除此之外还认识拉丁语的一些反复出现的基本元素，谁就能更好地处理日常生活中遇到的各种拉丁语片段——从一所美国大学印章上的拉丁语箴言，到一家日报上的引文，再到市政厅正上方的铭文。不过，我们用这些知识并不能阅读文本甚至文献。但必须记住，世界上绝大多数在某时某刻学过拉丁语的人，其拉丁语知识大概也保持在这种状态。然而，这些知识并不是无意义的。因为，例如当他们有能力理解地铁上的路线图时，这些知识就提供了每一门现代外语也提供的基础知识。所以，这些关于拉丁语的基础知识不是那时还没有兑现的人文主义教育要求的组成部分，而是和仍旧很有影响的世界通用语言拉丁语相近的东西。我们在这样的基础课程中也非常笼统地学习一些关于语言的知识，因为拉丁语的结构同现代欧洲语言的距离相比于那些互不相同的语言要远得多，也因为学习一门历史语言原则上促进了从思想层面研究语言问题。然而，和每一个拉丁语单词随之而来的实际用途相反，这一点不如说是一种副效应。

我们只有到了下一个阶段，即当掌握的语言知识熟练到也能够阅读拉丁语文本的时候，才能谈到拉丁语真正的人文主义功能。在所有拉丁语学习者中，大概只有一小部分才真的是这种情况。全球各地经常见到一种教育实践，即按照说明在60分钟之内翻译一段话，当然并不是阅读，而是按19世纪自然科学的形式教育意义上的一种结构练习（见第238页）。只要成功做到了这一点，也就开启了了解世界上最广泛的书写文化遗产的机会。此后可能有的、大概零零散散的罗马"古典作家"的读物，至少能使人了解这些著作2000年来散发出的是什么样的魅力。

但是，如果不存在一群真正懂得拉丁语的人，那么对语言知识的这种有限的运用，长此以往也是不可能的。就此而言，这种能力存在两个不同的方面：一方面是从语言和内容的视角来看，要掌握古典作品的"经典"语料库。这是古典语言学家本来就有的能力，这一专业能力不仅在研究古代时是必需的，而且为了探索古典文本以哪种方式影响了后来的全球文化史，它也是必需的。第二个方面是本书的中心所在：拉丁语直到今天仍是完整的世界通用语言。而为了能够研究拉丁语的这一面，首要前提是，我们应把拉丁语视为活语言，而不仅仅是研究对象。这就需要一批基于自身的丰富经验继续传授拉丁语知识，并且不只是比其学生领先一点点的人。但最需要的那些人是这样的，即他们对拉丁语世界是如此熟悉，以致能够看到并提出从外面根本看不到的问题和课题。对拉丁语文本世界的科学研究必须建立在这样的基础上，即有些人能够如此深入地融入这个世界，以至于它就如同是现实世界一样。

当然，两个方面是互为前提的。因为不可能有不会拉丁语的古典语言学家，也不可能有把拉丁语作为世界通用语言却不考虑古典文学的研究。而诚如本书详细探讨的，古典文学，即固定化了的拉丁语公开宣称的或暗中起作用的"规范大全"，无论何时都是不变的。不过，世界通用语言需要把拉丁语看作现实的语言，而远非作为古典语言学的拉丁语。就此而言，拉丁语是否在某一天摆脱现在的状态，重新获得一些交流活跃的领域，如在欧盟内获得某种官方地位，也是完全可以想象的。这样的问题将由历史决定。然而，拉丁语的书写文化遗产需要拉丁语专家具备相应的能力，例如，他应当能够通过粗略浏览文本就在短时间内掌握厚达 1000 页书籍的主要内容，而这一点在每一门现代外语中都是可以做到的。它还要求这些人具备这样的能力，即在自我的尝试中搞清楚在何种条件下才能有效地使用像拉丁语这样固化了的语言。只有这样，我们才能明白，固化了的语言怎样才能获得新的发展，别的语言对拉丁语的影响是如何发挥作用的，当拉丁语书籍提供的办法不再够用时，如何解决交流问题。对现代语言实践本身来说，正因为它从根本上遵循着，自中世纪早期拉丁语被降低到第二语言的地位以来，所有拉丁语语言实践都要遵循的基本规则，所以，它将会亲身体验拉丁语的语言史。19 世纪产生的对于拉丁语的过于科学化的解读，导致世界通用语言拉丁语不为人所理解。

令人吃惊的是，目前的公共舆论针对拉丁语的态度似乎发生了相应的转变。大众对于拉丁语和希腊语的兴趣大约几百年来第一次超过了对于国家组织的兴趣。在德国和美国，与教育部门的估计（和计划）相反，拉丁语专业的学生数量显著增加了。国际上对拉丁语和希腊语的态度也变得积极多了。这不仅仅体现了对拉丁语传统的尊重，更是体现了毫无保留的好奇心。当然，这第二点也与这样一个事实有关，即古代语言现在不再像 19 世纪时是主流的必修科目了，而更多地是奇异的科学。当对这些科学的研究不是被动进行的时候，人们很容易对它们奇妙的对象产生好感。

不过，对于积极地、自由地使用拉丁语持有的保留意见，如今也比几年前少得多了。在 19 世纪，极端理论化随着拉丁语和数学的接近而达到顶点，现正逐渐谨慎地让位于对作为语言的拉丁语的重新认识。这一点不仅仅表现在社会上重新为拉丁语谋得官方地位的尝试，如开头所提及的芬兰政府的拉丁语报告，或者是倡导用拉丁语交流的语言圈。更重要得多的是广大公众的态度略微改变。对拉丁语经历的好奇是天然存在的，例如，这种好奇就表现在，说拉丁语的机会得到了毫无贬低意味的评价，甚至令人惊讶地受到了愉快的欢迎。20年前，当慕尼黑拉丁语学者维尔弗里德·斯特罗组织名为 LVDI LATINI 的拉丁语节时（笔者曾深度参与其中），出乎意料地首先在古典语言学之外的公众舆论中得到了非常积极的响应。在很早就学习了拉丁语的地方，把它也作为活的语言来体验的意愿大大增强。中学和大学主动把交流元素嵌入了拉丁语教学，并小心翼翼地训练自由言说的能力，但这些措施更常因为教师没有受过相应的教育，而不是学生缺少兴趣和意愿导致失败。若干年前，在古典语言学的圈子里还流行着这样一个基本看法，即说拉丁语代表了拉丁语语言史的一种已被超越的、前科学的状态。如今，这些看法绝大部分都不存在了，并让位于这样一种意见，即虽然原则上不推荐说拉丁语，但认为还是有必要讨论一下，主动使用语言应当得到慎重考虑，并且如果有可能的话，甚至在培育科学家时发挥辅助功能。

说到这里，让我们最后一次转回拉丁语的"家族史"（第130页），因为甚至在这里发生的对于语言的态度转变，在欧洲其他语言环境中也有类似的情况。至少在19世纪和20世纪早期的高级文理中学，就以拉丁语课程为典范的现代外语而言，语法方面的考虑和古典作家的读物是重心所在，而把外语作为交流手段却明显退居次要地位了。在过去的一百年里，外语课程向相反方向发展得如此之快，以致如今随着理论知识和规则知识的大幅消退，培养可用以实践的交流能力成了焦点。人们试图在第二语言课程中，尽可能地模仿仅凭直觉就学会第一语言的经验。可是，这种如此极端的形式是不是适当的，能否取得成功，是值得怀疑的。但肯定的是，反对19世纪过于理论性的、练习曲般进路的逆向运动是可以理解的。从历史知识中可以得知，就连想让拉丁语成为有教养人士母语的人文主义者，也建议尽可能彻底地放弃语法知识（参见第133—134页、235页）。因此，今天的拉丁语以简化的形式参与现代外语课程的这种发展，也就自然而然了。

然而，对积极使用拉丁语的兴趣，也是和历史进程中根本性的社会变迁相一致的。除了理论导向的历史挖掘模型——在19世纪，这种模型作为那时具有创新性的科学方法，给语言学、艺术史学和社会史学等研究历史的学科打上了烙印，另外一种研究历史的途径获得了越来越大的空间：通过电影展示、虚拟重建甚或通过自己主动的角色扮演对过去真实的生命过程予以直接的形象化。在当下不仅吸引了一些有教养的公民而且吸引了广大群众的历史展览中，重点不再是展示所谓文化上的高超成就，而是以容易理解的方式对现实生活的各种联系进行重建，直至参观者可以方便地、完整地重建居住空间或工作场所。在过去的几年里，历史片经历了出乎意料的繁荣。尽管在个别情况下，事实内容是不可靠的，但从特洛伊到罗马诸皇帝的古代世界史的很多材料，以某种方式成为了公共事件，而这在不久前还是不可想象的。大众化的历史文化活动，其范围从中世纪市场到历史性的航海，再延伸到19世纪的农庄生活，都取得了不小的成功，并且有时通过不考虑历史事实的、感人至深的虚构作品，满足了这一明显广泛存在的需要：身临其境地体验历史。

然而，基于科学支撑的对过去的重建，在当下也有着重大意义。全世界这类活动中，最重要的大概是在音乐中对历史文化技艺的忠于细节的复兴。只有文字形式的乐谱流传下来的中世纪的、文艺复兴的和巴洛克的音乐作品得以重新上演，从而历史上的演出实践也得以重现，这种实践包含了当时显而易见并因此没有体现在音符上的演奏习惯。此外当然还包括使用，并在重现的基础上复制巴洛克管风琴和羽管键琴一类的旧式乐器。在欧洲的城市建设中，城市历史地图成了"香饽饽"，由此，当下形成了这样一种值得注意的流行风潮，即不仅要保护历史建筑遗迹，甚至要重建消失的建筑。例如，重建起的德累斯顿的圣母教堂和希尔德斯海姆的克诺亨豪尔官邸；人们还为重建柏林城市宫和美因河畔法兰克福的一部分内城制定了规划。就连现代技术现在都采取了博物馆的做法和形式，例如，作为一场广泛运动的一部分，人们在2009年为梅克伦堡贝德铁路重新修造了一辆蒸汽机车——当然是仿照历史模型修造的——德国50多年来第一次发生这样的事。

这些复古文化的发展形成了一种社会背景，正是在这样的背景下，拉丁语在当代小心翼翼地复苏了。然而，还存在一个根本的区别。这里提到的所有复古文化都溯源于属于特定时代而后又消失的文化传统。这是零星的重建。谁要想忠于历史地上演意大利巴洛克作曲家蒙特威尔第（Monteverdi）的歌剧，他就应当在总体上复兴意大利巴洛克歌剧的传统，并在这行得通的时候，再专门重现蒙特威尔第在威尼斯上演的原汁原味的歌剧。重建德累斯顿圣母教堂就是要重建这个教堂，而绝不是别的什么。与之类似，语言方面的复古文化就是要复兴瓦尔特·冯·德·福格尔威德或莎士比亚的语言。严格的西塞罗主义也是这样的一种零星的重建，因此，它并没有被普遍接受为通用语。不过，对拉丁语的使用，即使在今天也绝不是这样的重建。当把拉丁语作为固化了的语言来使用的时候，尽管我们在细节上多多少少地喜欢严格地以西塞罗为准，但我们恰恰没有重现他的拉丁语。作为固定化了的语言，拉丁语可以说是具有"携带基因的细胞核"，这使它能够不断地、重复地对自身进行重建。在今天用拉丁语说话或者书写的人，主要不是重建哪一种文化状态。而他所做的，无非是千百万的人们自从民族大迁徙时代的纷乱之后，再一次从古典书籍中重建作为语言的拉丁语以来所做过的事情罢了。而自那时起，许许多多对拉丁语的重建活动，虽然每一个并不具有同样的位格，但在原则上却具有同样的合法性。证明这里所涉及的不是历史上的特例，而是语言的一般表现形式，并且证明这种表现形式和我们现代社会的语言现实的关系，要比一开始看上去更紧密，正是本书的关切所在。

注 释

（注释页码为德文原版书中页码）

第1页，芬兰1999年任欧盟理事会轮值主席国时用拉丁语发表的报道 Conspectus rerum Latinus，见于 http://www.presidency.finland.fi/news.html；2006年任轮值主席国时发表的报道，见于 http://www.eu2006.fi/news_and_documents/newsletters/en_GB/newsletters/。

第3—4页，关于古典拉丁语文献的规模，感谢 Christian Sigmund 做出的推测。此外还可参考：J. C. Houzeau,/A. Lancaster (Hrsgg.), Bibliographie générale de l'astronomie jusqu'en 1880, 2 Bde., London 1964，以及 Juristische Dissertationen deutscher Universitäten 17.–18. Jahrhundert. Dokumentation zusammengestellt von einer Arbeitsgruppe unter Leitung von Filippo Ranieri. Frankfurt a. M. 1986。

第4页及之后几页，关于狭义上的新拉丁语文献，主要可参考 Ijsewijn/Sacre (1990/1998); Ludwig (1997) 的著作。关于新拉丁语剧本，Valentin, Jean-Marie 的著作 Le théâtre des jésuites dans les pays de langue allemande. Répertoire chronologique des pièces représentées et des documents conservés (1555–1773), 2 Bde. Stuttgart 1983/4，指出耶稣会剧本已经超过7500部。关于拉丁语对话，参见 Walther Ludwig, Formen und Bezüge frühneuzeitlicher lateinischer Dialoge, in: Guthmüller/Müller (2004)，第59—103页。

第 6—7 页，关于反对"死语言"以及母语的浪漫观念，主要可参考 Seidel (2003) 的著作；关于 19 世纪语言学已经开始专门研究远离准则的"纯自然"语言的概况，可参考 Elmentaler (2003) 的著作，以及 Bartsch (1987) 的著作第 213 页；Albrecht (2003) 的著作第 15—16 页；Schiewe (2003) 的著作。斯库奇的引文，见于 Skutsch, Franz, Die lateinische Sprache, 载于 Die griechische und lateinische Literatur und Sprache. Dritte, stark verb. und verm. Aufl age. Leipzig/Berlin 1912 年版第 561 页，还可参考第 512—565 页。

第 7—8 页，关于语言和民族的浪漫观念，可参考 Seidel (2003), Schiewe (2003), Bär (2000) 的著作，Haarmann (1993) 的著作第 248 页及之后几页。

第 10 页及之后几页，欧洲的多语言状况（尤其是在科学界），可以参考 Nies (2004), Frühwald (2004), Österreicher (2005), Trabant (2008) 的著作。

第 11 页，Trabant 和 Grzega 在古典语言学之外对世界语言拉丁语提出一种新的肯定看法，两人甚至将拉丁语看作未来欧洲可能的共同语言——但又意识到这是不可能出现的，见于 Trabant (2008) 著作第 195—196 页，Grzega (2006) 著作第 264—265 页。

第 13 页，本博及语言中的"自己"范畴，见于 Bembo, Pietro, Prose della volgar lingua, 载于 Mario Pozzi (Hrsg.), Trattatisti del Cinquecento. Neapel 1978 年版第 51—283 页，这里引自第 78 页；还可参看 Mayer (1997) 著作第 145 页及之后几页。关于帝国的转变，除了 Münkler 的作品，还可以参考 (更流行的)Bender, Peter, Weltmacht Amerika – Das neue Rom. Stuttgart 5. Aufl. 2004。

第 15 页，独立于政治权力是"真正的"世界语言的标志，见于 Crystal(2007) 著作第 141 页，但他称作人为语言的恰恰不是拉丁语或者其他"死"语言。

第 18 页，关于吕特克的模式，参考第 24 页的注释。

第 18 页及之后几页，Haarmann(2002) 的辞典——而且非常有用——直观地展示了概念的现实困难。虽然他对消失了的语言做出四种不同类型的区分 (见第 7 页及之后几页)，但这种分类最终是以现实使用的准则为依据的：希伯来语和古希腊语被收入，因为它们现代的使用形式不再是古代文化语言形式；但古典阿拉伯语没有专门的词条，而是被附在现代阿拉伯语词条后面，尽管一千多年来阿拉伯语同希腊语一样没有发生变化。斯特罗 (2007) 也持有下面这种看似矛盾的看法：拉丁语历经了多次死亡危机，但每次都幸存了下来；还可参见斯特罗 (2004) 著作的标题——《不死的幽灵——拉丁语》。

第 22 页，关于苏美尔语，可以参考 Sallaberger, Walther, Das Ende des Sumerischen. Tod und Nachleben einer altmesopotamischen Sprache, 载于 Schrijver (2004)，第 108—140 页；Volk, Konrad, Edubba'a und Edubba'a-Literatur: Rätsel und Lösungen, Zeitschrift für Assyriologie und Vorderasiatische Archäologie 90, 2000, 第 1—30 页；Volk, Konrad, Über Bildung und Ausbildung in Babylonien am Anfang des 2. Jahrtausends vor Christus, in: Neumann, Hans (Hrsg.), Wissenskultur im Alten Orient: Weltanschauung, Wissenschaften, Techniken, Technologien. Wiesbaden 2009 (Colloquien der Deutschen Orient-Gesellschaft 4; im Druck)。

第 23 页，关于巴比伦语，可以参考 Jursa, Michael, Die Babylonier. Geschichte, Gesellschaft, Kultur. 2. Auflage. München 2008; von Soden, Wolfram, unter Mitarbeit von Mayer, Werner R., Grundriß der akkadischen Grammatik, 3., ergänzte Auflage. Rom 1995 (Analecta Orientalia 33); Streck, Michael P., Akkadisch, in: ders. (Hrsg.), Sprachen des Alten Orients. Darmstadt 2005, 第 44—79 页。

第23—24页，关于埃及语，可以参考Junge, Friedrich, Artikel «Sprache»，载于Lexikon der Ägyptologie, Bd. 5, Wiesbaden 1984, Sp. 1179–1211; Junge, Friedrich, Einführung in die Grammatik des Neuägyptischen. 2., verb. Aufl. Wiesbaden 1999.

第24页及之后几页，在区分"独有的"(exklusiven) 书写语言和"世代变化的语言"时，我延续了吕特克(2001)就"死语言"的产生提出的模式。他区分了以下两个阶段：

1、首先，语言共同体内部建立在典范文本之上的语言形式脱离了日常口语的发展，由此在语言的多样性光谱中"传统词条"(Traditionsregister) 产生，但这仍然被看作是"活的"语言。如此达到的状态大致可以相比今天法国的语言状况；拉丁语的这种状况是在古代晚期达到的。在这一时期，民众一般的日常语言已经不再是古典拉丁语，而是通俗拉丁语。

2、在第二阶段，口语的书写形式初步形成，并且成为语言的真正核心内容。吕特克认为，拉丁语中这种状况的产生是由于卡洛林文艺复兴时期的教育改革引起的。自此再没有"积极的"语言使用者，这种语言在"确切的"意义上必须被看作是死的。

我认为，区分这两个阶段对于理解历史文化语言是重要的。然而说和书写之间的关联毋宁说是附带现象(Epiphänomen)，而且它只能部分说明由第一个阶段向第二个阶段的过渡，因为受文化制约的说话规则(Ausspracheregelungen) 此外也经常产生。对于语言现实的规范进程更加重要的是下面这个问题：它作为书面语言是否具有专断的要求还是只为社会上部分群体所使用，而同时在其他部分学科领域已经被别的语言取代。我对这第二种类型的语言没有像吕特克一样称作"死语言"，而是称作"世代变化的语言"。

第26页，关于游吟诗人的流动性作为建立口头文学方言的推动力，见Albrecht (2003)的著作第18页。

第 30 页及之后几页，关于雅典语风，可以参考 Dihle, Albrecht, Art. «Attizismus», 载于 Historisches Wörterbuch der Rhetorik, Bd. 1, 1992, 第 1163—1176 页，以及 Schmitz (1997), Hose (2002) 的著作。

第 33 页及之后几页，关于双语现象，可以参考 Ferguson 1959/1970；关于弗格森之前的概念史，可以参考 Coulmas, Florian, Schriftlichkeit und Diglossie, 载于 Günter/Ludwig 1994, I, 第 739—745 页。"双语现象"这一术语用法不统一，以及在区分双语现象 (Diglossie) 和双语制 (Bilingualismus) 时产生的各种各样的问题［比方说 Koch(2008)］，这是术语问题，与本书的思考无关。关于希腊双语现象的早期历史，首先可以参考 Niehoff-Panagiotidis (1994) 的著作。

第 36 页及之后几页，关于阿拉伯语，可以参考 Diem (1966), Fischer (1982); Versteegh (1997) 的著作。

第 38—39 页，关于僧伽罗语，可以参考 Bartsch (1987), Dissanayake, Wimal, Purism, language, and creativity: the Sri Lankan experience, 载于 Jernudd (1989), 第 185—196 页。

第 39 页，关于法语，可以参考 Koch (1997) 的著作。关于 17 世纪法语的自觉的固定化，可以参考 Greive, Artur, Sprachbewertung in frühen französischen Grammatiken。关于对话传统中的词语史，见 Dahmen, Wolfgang/Holtus, Günter/Kramer, Johannes u. a. (Hrsgg.), «Gebrauchsgrammatik» und «Gelehrte Grammatik». Französische Sprachlehrer und Grammatikographie zwischen Maas und Rhein vom 16. bis zum 19. Jahrhundert. Tübingen 2001。

第 40 页，关于施莱格尔和法语，见于 Schlegel, August Wilhelm, Vorlesungen über schöne Literatur und Kunst, 载于 ders., Kritische Ausgabe der Vorlesungen, hrsg. v. Ernst Behler in Zusammenarbeit mit Frank Jolles, Bd. 1. Paderborn 1989, 第 424 页；以及 Bär (2000) 的著作第 214 页。

第 40 页，拉丁语和梵语被嫡女语言取代的共同之处，Ostler 已经研究过，见于 Ostler (2005) 著作第 329 页。

第 40 页及之后几页，关于梵语，可以参考 Zydenbos, Robert, Sanskrit: Ewige Sprache der Götter, wiedergeboren und noch immer da, 载于 Schrijver/Mumm (2004) 著作第 278—300 页；以及 Houben (1996) 编辑出版的著作，其中尤其重要的是 Bhate, Saroja, Position of Sanskrit in Public Education and Scientific Research in Modern India, 第 383—400 页。

第 47 页及之后几页，关于同盟者战争之前的意大利语言状况的研究（同时也很好地提示了其他研究），代表作有 Gradley, Guy, Ancient Umbria: state, culture, and identity in central Italy from the Iron Age to the Augustan era. Oxford 2000, 尤其是第 203—217 页 (The spread of Latin)；Cornell, Tim J., The Beginnings of Rome. Italy and Rome from the Bronze Age to the Punic Wars (c. 1000–264 BC). London/New York 1995, 此外还有 Adams (2003) 和 Baldi (2002) 的著作。

第 47 页，关于奥斯坎语，可以参考 Adams (2003) 的著作，以及 Franz Altheim, Geschichte der lateinischen Sprache von den Anfängen bis zum Beginn der Literatur, Frankfurt a. M. 1951。

第 49 页，关于在意大利南部定居的奥斯坎人，重要的研究有 Cornell (1995)；此外还有 E. Vetter 撰写的词条 Osci, 载于 Realencyclopädie der Klassischen Altertumswissenschaften, 16,1 (1942)，第 1551–1578 页。

第 53 页，关于罗马文学产生自希腊文学这一传统观点，见于 Schmidt/Herzog Bd. 1 (2002) 编辑出版的著作，尤其第 83 页及之后各页 (W. Suerbaum)，以及 Habinek (1998) 的著作第 34—68 页。

第 54 页，伊特鲁里亚语译本的希腊悲剧，见于 Varro ling. lat. 5: *Volnius qui tragoedias Tuscas scripsit*。还可参考 Frank Bernstein, Ludi publici. Untersuchungen zur Entstehung und Entwicklung der öffentlichen Spiele im republikanischen Rom, Stuttgart 1998, 第 123 页。

第 54 页，关于卢卡尼亚的墓穴绘画，可参考 Andreae, Bernard, Malerei für die Ewigkeit – die Gräber von Paestum: Eine Ausstellung des Bucerius Kunst Forums 13. Oktober 2007 bis 20. Januar 2008. München 2008。

第 61 页及之后几页，拉丁语于公元前 1 世纪固定下来，并且由此几乎"不再变化"，这是多个世纪以来的共识。可参考 Kramer (1995), Neumann/Untermann 1977, Corradetti (1997) 的著作，以及 Kramer (1997) 著作第 147 页。令人惊讶的是 Müller (2003) 根本没有对此进行研究。

第 63 页，罗马共和国晚期和奥古斯都时代之间的区别和统一，可参考 Vogt-Spira, Gregor, ‹The Classics› as potential for the future, 载于 Verbaal u. a. (2007) 第 64–92 页, Schmidt, Ernst A. (2003), 以及 (1987) 第 253 页及之后几页；Pöschl (1979)。

第 63 页，"拉丁语在美丽中死亡"，见 Stroh (2007) 著作第 109 页及之后各页。

第 65 页，新的政治结构带来的语言改革，可以参考 Fishman, Joshua A. (Hrsg.), The Earliest Stage of Language Planning. The «First Congress» Phenomenon.Berlin/New York 1993, 以及尤其是 Janich/Greule (2002) 关于《语言文化》的概括说明。我认为斯特罗 (2007，第 111—112 页) 这里的论证过于笼统，他没有注意到公元前 1 世纪的变革，而相信对罗马人来说这在根本上是追寻超时间的典范。还可参考斯特罗 (2004) 著作中更加详细的说明。

第 66 页，用希腊语撰写的关于拉丁语的文章，见于 s. Pocetti (2005) 的著作第 93 页。

第 67 页，关于 *Pompeiii*，见于 H. Funaioli, Grammaticae romanae fragmenta, Stuttgart 1907, Fr. 15。关于词源，可以参考例如 Michalopoulos,

Andreas, Ancient Etymologies in Ovid's Metamorphoses: A commented Lexicon. Leeds 2001，以及其他文献。

第69页，关于罗马作家的自我典范化，见 Pöschl (1979), Vogt-Spira, Gregor, 载于 Verbaal (2007), 第74页；关于古典主义，参阅 Flashar (1979) 的著作，并见于 Bloomer (1997) 的著作第38页及之后几页：《拉丁语专家和罗马大师》(«Latin Experts and Roman Masters»)，以及 Habinek (1998) 的著作，尤其是第94页及之后几页。尽管标题相同，主题却完全不同，参见 Fögen, Thorsten, Spracheinstellungen und Sprachnormbewußtsein bei Cicero, Glotta 75, 1999, 第1—33页；同时参考 Fögen (2000) 的著作。

第70页，有关西塞罗演讲集版本对德摩斯梯尼的效仿，参考 Stroh, Wilfried, Ciceros demosthenische Redezyklen, Museum Helveticum 40, 1983, 第35—50页。

第71页，有关西塞罗《论共和国》的背景，见 Zecchini, Giuseppe, Die staatstheoretische Debatte der caesarischen Zeit, 载于 Schuller, Wolfgang (Hrsg.), Politische Theorie und Praxis im Altertum. Darmstadt 1998, 第149—165页。

第72页，关于西班牙法律体系，参考 Kabatek (2004) 的著作。

第75页及之后几页，罗曼语是通过几个世纪以来日常拉丁语 [Spontansprache, 我避免使用模糊的 "通俗拉丁语"（Vulgärlatein）这个概念] 所经历的变化而产生的，这个问题在近几十年得到了充分研究。鉴于有大量研究文献存在，我这里只在总体上指出吕特克 (2005) 的论述——人们借此也可以对整个研究有一个基本概览——以及 Banniard (1992) 的研究；有关拉丁语"双语现象"的发展以及拉丁语和罗曼语的分离，在 Koch (2008) 的著作中借助详实的研究资料对它们的方法论问题进行了最彻底的反思，我原则上同意他的研究结果。罗杰·怀

特 (Roger Wright) 的论点值得深入探讨 (Late Latin and Early Romance in Spain and Carolingian France. Liverpool 1982)，他将"书面拉丁语"和"通俗拉丁语"的区别差不多简化为发音问题，这个论点的核心遭到多数研究者的反对是有理由的；不过，古代晚期口语的现实性是极其重要的。

第76—77页，关于昆体良还可以参考 Fögen, Thorsten, Quintilians Einschätzung der lateinischen Sprache, Glotta 23, 2000, 第147—181页（与这里的讨论无关）。

第78—79页，关于庞贝古城出土的铭文：*cum iumentum* CIL (Corpus Inscriptionum Latinarum) IV, 8976; *cum sodales* CIL IV, 221; 可参考 Väänänen, Veiko, Le Latin vulgaire des inscriptions pompéiennes. 3. Aufl. Berlin 1966, 此处见于121页。

第79页，"日常语言成为禁忌"，见于 Kramer (1997) 著作第146页。

第80页，"近语言"和"远语言"，参考 Koch/Österreicher (1985) 的著作。

第82—83页，拉丁语文学在公元3世纪出现"空白"这一点有解释的必要，首先是由 Manfred Fuhrmann (1967) 指出的。

第83页，希腊语在罗马帝国西部也是第一文学语言，见于 Manfred Fuhrmann (1967) 著作第62—63页。关于公元2世纪希腊语文学和拉丁语文学的并列，首先可以参考 Dihle (1989) 的著作第225—279页以及369—389页；西塞罗之后罗马哲学重新希腊化，主要可以参考 Kaimio (1979) 著作第239—249页。

第84页，参考 Kramer, Johannes, Der kaiserzeitliche griechisch-lateinische Sprachbund, 载于 Reiter, Norbert (Hrsg.), Ziele und Wege der Balkanlinguistik, Wiesbaden 1983, 第115—131页 (Balkanologische Veröffentlichungen 8)。

第86页，对模仿西塞罗的批判主要针对的是出生于公元140年的

Iulius Titianus,他由于空洞的演说风格而被同时代人称作"猴子演说家"。

第86—87页,见于 Norden (1909) Bd. 1,第361页及之后各页;与此相反的观点,见于 Schindel, Ulrich, Archaismus als Epochenbegriff: zum Selbstverständnis des 2. Jahrhunderts, Hermes 122, 1994, 第327—341页。

第88—89页,拉丁语自公元2世纪起就是非洲基督教会语言,希腊语虽然在知识群体中使用,却在民众中基础薄弱。关于这一点可参考 Vössing (1997) 著作第469页及之后几页。

第90页,相比对个体风格(例如对塔西佗、弗朗托和阿普列乌斯)的强调,古代晚期文学语言相对统一的形态几乎没有被讨论过;最明确讨论的是 Reinhart Herzog 的 Einführung in die lateinische Literatur der Spätantike, in: Schmidt/Herzog (1989), Bd. V, 44, bes. 16, 22。

第95—96页,关于超国家的英语原则,"英语口语世界标准"〔«World standard spoken English» (WSSE)〕,见于 Crystal (2007) 的著作第185页及之后各页(一版1997);Crystal 遭到明确批判,这也是因为他的方法可以从语言和文化帝国主义角度去理解,例如 Phillipson, Robert, Voice in Global English: Unheard Chords in Crystal Loud and Clear, 载于 Applied Linguistics 20/2, 1999, 第265—276页。与 Crystal 观点类似的有:McArthur (1998) («World standard English»), Görlach, Manfred, Studies in the History of the English Language, Heidelberg 1990 (International English), 还可以参考 Jenkins (2007) 的著作第17—18页;以及 Grzega, Joachim, Globish and Basic Global English (BGE): Two Alternatives for a Rapid Acquisition of Comunicative Competence in a Globalized World? 载于 Journal for EuroLinguisti X 3, 2006, 第1—13页;Grzega, Joachim, Lingua Franca English as a Way to Intercultural and Transcultural Competence. Basic Global English (BGE) and Other Concepts of English as a Lingua Franca, Journal for EuroLinguisti X 5, 2008, 第 134—161 页，Görlach (2000) 著作第 1117—1122 页。关于超国家的英语共同体原则的方法论思考，可参考 Brutt-Griffler (2002) 著作第 174 页及之后各页〔«(The) World (of) English: Englishes in Convergence»〕。

第 97—98 页，关于拉丁语和希腊语的关系，可以参考 Kaimio (1979), Zilliacus (1935), Eck, Werner, Latein als Sprache politischer Kommunikation in Städten der östlichen Provinzen, Chiron 30, 2000, 641 ff; 以及 Yaron (1995), Polomé (1983) 的著作。

第 101 页及之后几页，关于古代晚期语法学家，可以参考 Schmidt, Peter L., Grammatik und Rhetorik, 载于 Schmidt-Herzog V (1989) 编辑出版的著作第 101—158 页；以及 Kaster (1997), Holtz (1981) 的著作；同时可参考 Schönberger, Axel, Die Ars minor des Aelius Donatus: lateinischer Text und kommentierte deutsche Übersetzung einer antiken Elementargrammatik aus dem 4. Jahrhundert nach Christus. Valentia, Frankfurt a. M. 2008, Ax (2005)。关于全部教育史和语法学家的活动，仍然值得一读的有 Marrou, Henri, Geschichte der Erziehung im klassischen Altertum, Freiburg 1957 u. ö.（最初是法文版），此外还有 Uhl, Anne, Servius als Sprachlehrer. Zur Sprachrichtigkeit in der exegetischen Praxis des spät antiken Grammatikerunterrichts, Göttingen 1998; 以及 Christes (2006), Vössing (2003) 的著作。

第 103 页，关于教皇格里高利和多纳图斯，见于 Epistel 5,53a, P. Ewald und L. M. Hermann 出版，载于 Monumenta Germaniae Historica Epist. 1/2, Berlin 1891 版第 357 页："因为我认为将天启词语强行加入多纳图斯的语法规则之下是大不敬的。"尽管之后许多文本出现了更新更好的版本，古代晚期语法学家的著作仍然是最方便查阅的，可参考 Keil, Heinrich, Grammatici latini, 8 Bde. Leipzig 1857 ff (ND Hildesheim 1961);

关于福卡斯的论文无论如何必须参考：Phocas, Ars de nomine et verbo. Introd., testo e comm. di F. Casaceli. Neapel 1974。牧师普罗提乌斯的屈折词形变化表，见于 Grammatici Latini VI 第 435—442 页；关于多纳图斯的《小语法》，见于 Grammatici Latini IV 第 355—366 页；关于多纳图斯语法著作的创新特点，可参考 Holtz (1981) 和 Leonhardt (1989) 著作第 38 页及之后各页。

第 105 页，关于康森提乌斯，见于 Grammatici latini V, 359, 10 f: *Haec sunt declinationis discrimina in numero singulari, quae nos via quadam ad ablativum ducunt, qui declinationem rursum numeri pluralis informat*。"改善说话"的目的，见于 (353,30 ff): *Nunc igitur de regulis, quas Graeci canones appellant, dicimus, ac prius de his quas ablativus casus numeri singularis ostendit, quoniam hae breviore quadam via ad emendationem loquendi sufficere posse creduntur*。同上 357, 24 ff *atque hae quidem regulae abunde sufficere creduntur ad emendationem loquendi* 同上 380, *32 harum (scil. coniugationum) regulas si diligenter attendamus, loquendi emendatio subsequetur*。最后关于康森提乌斯的一般情况可以参考 Fögen, Thorsten, Der Grammatiker Consentius, Glotta 74, 1997 第 164—192 页（与这里的讨论无关）。关于古代晚期学校里的说话规则，也可以参考 Leonhardt (1989) 的著作第 56 页及之后各页。

第 107 页，关于普劳图斯也作为语言典范留名，可参考 Deufert, Marcus, Textgeschichte und Rezeption der plautinischen Komödien im Altertum. Berlin usw. 2002。

第 109 页，尤维纳利斯的注疏，见于 Johannes Göbel, Beobachtungen zum Umgang mit Vergil in den Juvenalscholien, 载于 Philologus 145, 2005, 第 110—132 页。

第 112 页，关于"古典文学典范"与"宗教"正典作用的接近，

Assmann 的著作 (1992，119 页) 已经有说明；一般来说还可以参考 Eigler (2002) 的著作。关于维吉尔，可参考 Rees, Roger (Hrsg.), Romane memento. Vergil in the Fourth Century. London 2004（关于宗教著作的注解，见于 Lim, Richard, Augustine, the Grammarians and the Cultural Authority of Vergil, 第 112—127 页）。

第 114 页，关于《罗马人维吉尔》中的作者画像，见于 Wright, David H., Der Vergilius Romanus und die Ursprünge des mittelalterlichen Buches. Stuttgart 2001, 第 52 页 (指两种画像类型 : 这里描述的和 "浮雕类的")。

第 120 页及之后各页，关于标准语言和日常口语之间的语言现实性，可以参考第 75 页及之后各页注释；关于这一点，Koch (2008) 的认识尤其重要。

第 127 页及之后几页，关于阿拉伯语，可参考 Versteegh（1997）的著作。

第 130 页，古爱尔兰语和语法，关于爱尔兰，可参考 Poppe, Erich, Die mittelalterliche irische Abhandlung Auraicept na n-Éces und ihr geistesgeschichtlicher Standort. 载于 Dutz, Klaus D./Niederehe, Hans J. (Hrsgg.), Theorie und Rekonstruktion. Münster 1996, 第 55—74 页。关于英国，可参考 Gneuss, Helmut, The origin of Standard Old English and Æthelwold's school at Winchester, 载于 Anglo-Saxon England 1, 1972, 第 63—83 页，尤其是第 88 页；以及 Kelly, Susan, Anglo-Saxon lay society and the written word, 载于 McKitterick (1990), 第 39—62 页；另见于 Burke (2006) 著作第 105 页；Kornexl, Lucia, Concordes equali consuetudinis usu – Monastische Normierungsbestrebungen und sprachliche Standardisierung in spätenglischer Zeit, 载于 Ruhe, Doris/Spieß, Karl-Heinz (Hrsgg.), Prozesse der Normbildung und Normveränderung im mittelalterlichen Europa, Stuttgart 2000, 第

237—273 页。关于教堂斯拉夫语，参考 Gaˇlaˇbov (1973); Keipert (1987) 的著作。

第 146 页，关于欧洲语言学，可参考 Hinrichs, Uwe (Hrsg.), Das Handbuch der Eurolinguistik. Wiesbaden 2009。

第 147—148 页，关于拉丁语对民众语言的影响，参见例如 Patota, Giuseppe, Latino e volgare, Latino nel volgare, 载于 Perini (2004), 第 109—166 页；Schmitt, Christian, Der Anschub der französischen Volkssprache durch das Latein im Zeitalter von Humanismus und Renaissance, 载于 Guthmüller (1998), 第 117—130 页；以及 Raible (1996); Briesemeister (1996) 的著作。Johannes Vorstius, *De Latinitate falso suspecta deque Latinae Linguae cum Germanica convenientia liber*, Berlin 1665, 第一版，这里引用的是 1703 年莱比锡版第 139 页。

第 149—150 页，Erasmus von Rotterdam, Ausgewählte Schriften, lateinisch und deutsch, hrsg. von Werner Welzig, 7. Band: Ciceronianus. Darmstadt 1972 (u. Nachdrucke); 见第 43 页及之后几页。

第 150—151 页，关于拉丁语语法规则在课堂上所占比例的争论史并未得到连贯的研究；Paulsen (1919) 给出了生动的见解，见他的著作第 53 页及之后各页。瓦拉的 *De reciprocatione sui et suus libellus* 作为附录出现在他的 *Elegantiae linguae Latinae* 一书中，直到 16 世纪一直定期重印。

第 151 页，沃尔夫关于不应该按照语法学习拉丁语的论述，见于 Paulsen (1919) 第二卷第 223 页。

第 154 页及之后各页，80% 的第二语言交流是在没有母语者的情况下进行的，于尔根·贝内克证实了这一点，参见 Englisch als Lingua Franca oder als Medium Interkultureller Kommunikation, 载于 Grebing, Renate (Hrsg.), Grenzenloses Sprachenlernen. Berlin 1991, 第 54—66 页；

另外可参考 McArthur (2002); Crystal (2007) 的著作。非母语者对英语发展以及第一和第二语言使用者之间日益平等的影响，可参考例如 Brumfit（2001）著作第 116 页，以及 Jenkins (2007) 的著作；另外可参考 Seidlhofer, Barbara, Language Variation and Change: The Case of English as a Lingua Franca, 载于 Dziublaska-Kolaczyk/Przedlacka (2005), 第 59—75 页；关于多语言社会的语言发展过程，参见 Brutt-Griffler (2002), 第 126 页及之后各页 («Macroacquisition: Bilingual Speech Communities and Language Change»), 第 174 页及之后各页 («(The) World (of) English: Englishes in Convergence)。

第 156 页，英语课程目标标准（Zielmorm）的问题，参见 Kohn, Kurt, Englisch als globale Lingua Franca: Eine Herausforderung für die Schule, 载于 Anstatt, Tanja (Hrsg.), Mehrsprachigkeit bei Kindern und Erwachsenen. Tübingen 2007, 第 207—222 页；Widdowson, Henry, Defining Issues in English Language Teaching, Oxford 2003; Seidlhofer, Barbara, Standard Future or Half-Baked Quackery? Descriptive and Pedagogic Bearings on the Globalisation of English, 载于 Gnutzmann, Claus/Intemann, Frauke (Hrsgg.), The Globalisation of English and the English Language Classroom. Tübingen 2005, 第 155—169 页。

第 157 页及之后各页，Melchers/Shaw (2003) 著作第 21—22 页，论述了关于相比发音，语法的相对稳定性。关于"核心通用语言"的定义，参见 Jenkins, Jennifer, The Phonology of English as an International Language. Oxford 2000；关于差异化的、某种程度上批判的讨论，见于 Dziublaska-Kolaczyk/Przedlacka (2005) 的著作。

第 165 页，关于科尔宾安的生平，参见 Glaser, Hubert/Brunhölzl, Franz/Benker, Sigmund (Hrsgg.), Vita Corbiniani. Bischof Arbeo von Freising und die Lebensgeschichte des hl. Korbinian. München/Zürich 1983。

第 178 页及之后各页，关于建筑与语言之间的关系，参见 Crossley/Clarke (2000) 的著作（顺便提到本书的问题）；以及 Panowsky, Erwin 有争议的文章 Gotische Architektur und Scholastik. Zur Analogie von Kunst, Philosophie und Theologie im Mittelalter，由 Thomas Frangenberg 出版并带有后记，Köln 1989 版。

第 180 页，关于中古阿拉伯，参见 Versteegh (1997) 的著作；其中关于《一千零一夜》的流传情况，见于第 121 页；德文译本，参见 Claudia Ott. München 2004。

第 184 页，关于制度配置，参见 Schneidmüller/Weinfurter (2006) 的著作。

第 190 页，关于厨房拉丁语，参考 Cf. Pfeiffer, Rudolf, «Küchenlatein», Ausgewählte Schriften, München 1960, 第 183—187 页。Valla, Lorenzo, In Pogium libellus primus in dialogo conscriptus, Laurentii Vallae opera, Basel 1540 (ND Turin 1962), 第 369—370 页。

第 200 页及之后各页，关于狭义的"新拉丁语"人文主义文学可供使用的按时间顺序排列的概况，参见 Ijsewijn /Sacré1991/98 的著作。

第 203 页，13 世纪的意大利作为前文艺复兴的延续，参见 Witt, Ronald G., The Early Communal Historians, Forerunners of the Italian Humanists, 载于 Eisenbichler, Konrad/Terpstra, Nicholas, The Renaissance in the Streets, Schools and Studies. Essays in Honour of Paul F. Grendler, Toronto 2008, 第 104—124 页。意大利语法语言和通俗语言，参见 Tavoni (1984) 的著作；以及 Ernst, Gerhard, Sprachkontakte: Latein und Italoromania, 载于 Ernst (2006) 第 1563—1581 页。

第 204—205 页，关于中世纪晚期拜占庭的教育活动，主要可以参考 Fryde, Edmund, The Early Palaeologan Renaissance (1261–1360). Leiden 2000（很遗憾，从纯粹的精神历史角度来看，没有讨论过双语现象）；以及 Rosenqvist, Jan Olof, Die byzantinische Literatur. Vom 6. Jahrhundert bis zum Fall Konstantinopels 1453. Berlin/New York 2007（首先是瑞士语版，2003），关于巴列奥略王朝复兴，见第 151 页及之后各页。

第 207 页，关于强化拉丁语和 15 世纪语法语言与通俗语言的复杂关系，参见 Formentin, Vittorio, La «crisi» del volgare nel primo quattrocento, 载于 Malato, Enrico (Hrsg.), Storia della Letteratura Italiana, vol. III. Rom 1996, 第 159—210 页；在更广阔的文化历史背景下，见 Trabant (2008) 著作第 124—125 页。

第 209 页，关于欧洲文学和民族语言的发展，参见第 187 页及之后各页注释。

第 211 页及之后各页，关于德国人文主义者的民族观念的新文献，主要可以参考 Knape (2000) 的著作，以及 Hirschi, Caspar, Vorwärts in neue Vergangenheiten. Funktionen des humanistischen Nationalismus in Deutschland, 载于 Maissen, Thomas/Walther, Gerrit (Hrsgg.), Funktionen des Humanismus. Studien zum Nutzen des Neuen in der humanistischen Kultur. Göttingen 2006, 第 362—395 页。

第 221 页，关于对话小册子，参见 Böhmer (1897), Fritsch (1990) 的著作。关于"现代"语言的对话小册子，见 Els Rujsendaal 的 Mehrsprachige Gesprächsbüchlein und Fremdsprachengrammatiken: Vom Niederländischen zum Italienischen und das Französische in der Mitte, 载于 Hillen/Klüppel（2002）的著作，第 199—209 页。关于多语种的对话小册子和外语语法：从荷兰语到意大利语和中部法语，见 Hillen/Klüppel（2002）的著作第 199—209 页。关于现代早期口头沟通与书面沟通的发展以及跨地区的特别是民族语言标准的实施：主要可以参考 Haarmann (1993), Die nationale Sprachkultur als Massenbewegung seit Beginn der Neuzeit 第 210 页及之后几页和 Die Renaissance der Nationalsprachen im 18.und 19.

Jahrhundert 第 248 页及之后几页；还可参考 Giesecke（1992）的著作第 73 页及之后几页；Burke(2005) 的著作 Sprachstandardisierung 第 101 页及之后几页。关于从文学语言到标准语言再到共同语言的发展顺序，见 Albrecht（1997）的著作。关于专业语言和共同语言的关系，见 Trabant（1983）的著作。

第 225 页，在柏林的赫伯特·胡佛学校（这所实科中学 90% 的学生是外国人），"校园内只能使用德语"是所有人要共同遵守的规定。参看 *Die Zeit*, 5/2006 (21.01.2006)。

第 228—229 页，从文学语言到共同语言的发展：关于英语，见 Görlach (1999) 的著作；关于德语（例如巴登州），见 Bluhm-Faust (2005) 的著作，其中包含清晰的历史梳理和详细的研究资料。

第 232 页，参见 Norden(1909) 著作第 2 卷第 767 页，以及 Stroh (2007) 著作第 309 页。

第 235 页，关于人文主义拉丁语的这种高要求存在哪些问题，见 Trabant (2008) 的著作第 157 页。

第 236 页及以后几页，拉丁语在公共生活各领域中被民族语言取代的过程还从未得到过系统研究；个别研究参看 Burke (2006)，Chartier (1996)，特别是 Blair (1996)；Fritsch (1990)，Guthmüller (1998)，Kühlmann (1980) 和 (1989)，Ludwig (2003)，Maass (2005)，Ostler (2007)，Schiewe (1996) 和 (1998)，Seidel (2003)，Pörksen (1983)。Waquet (1998) 为法国的情况提供了杰出的材料基础，可惜它只是片面地从拉丁语被取消这一角度出发，缺少对文化史动态发展过程的真正理解。

第 239 页及以后几页，应用规则和学校规则的矛盾发展从未得到整体研究；关于这里提到的细节，参看 Leonhardt, Jürgen, Frischlin 的 *Priscianus vapulans*，关于当代的拉丁语文化，参见 Glei, Reinhold F./Seidel, Robert(Hrsgg.), Das lateinische Drama der Frühen Neuzeit:

exemplarische Einsichten in Praxis und Theorie, Tübingen 2008，第 155—164 页。

第 240—241 页，扬·阿姆斯·夸美纽斯：*Lexicon Atriale Latino-Latinum, simplices et nativas rerum nomenclationes, e Ianua linguae Latinae iam nota, in elegantes varie commutare docens.* Amsterdam 1657, darin fol. *3v: *Quo fi ne illis praesens hoc paravimus subsidium, Latino-Latinum Lexicon: quod hucusque progressos discipulos minus Latina Latinioribus commutare, vere Latina vero Latinissime etiam variare, doceat.*

第 247 页及以后几页，有关巴赫生平的基础性读物，见 Spitta, Philipp, Johann Sebastian Bach, 2 Bde. Leipzig 1873—1880（Bd. 2, 83: 格斯纳重新引入拉丁语晨祷）；Wolff, Christoph, Johann Sebastian Bach. Frankfurt a. M. 2000。有关巴赫被任命的文件按时间顺序辑入：Bach-Dokumente, hrsg. vom Bach-Archiv Leipzig, II, Kassel usw. 1969；普拉兹此处的说法见第 92 号档案（1723 年 4 月 9 日的委员会会议）。关于任命协商的细节和背景，见 Siegele, Ulrich, Im Blick von Bach auf Telemann: Arten, ein Leben zu betrachten，载于 Kremer, Joachim/Hobohm, Wolf/Ruf, Wolfgang（Hrsgg.），Biographie und Kunst als historiographisches Problem, Hildesheim 2004 第 49—89 页，此处引自第 51 页注 21；Siegele, Ulrich, Bachs politisches Profil oder Wo bleibt die Musik? 载于 Küster, Konrad (Hrsg.), Bach-Handbuch, Kassel/Stuttgart 1999 以及 Bachs Stellung in der Leipziger Kulturpolitik seiner Zeit, 载于 Bach-Jahrbuch 第 69 卷，1983，第 7—50 页；第 70 卷，1984，第 7—43 页；第 72 卷，1986，第 33—67 页；Petzold, Martin, Bachs Prüfung vor dem kurfürstlichen Konsistorium in Leipzig, 载于 Bach-Jahrbuch 第 84 卷，1998，第 19—30 页。

第 247 页，关于约翰·海因里希·埃内斯蒂，见 August, Friedrich, Zur ersten Orientierung am leichtesten zugänglich Eckstein，载于 Allgemeine

Deutsche Biographie, Bd. 6, Leipzig 1877 第 233—234 页。

第 250 页，关于特勒曼的教育背景，见 Die Musik in Geschichte und Gegenwart, Bd. 13 (1966), Ruhnke, Martin 编写的 "Telemann" 词条，第 175—211 页；引用的诗歌见第 178 栏。

第 253 页及以后几页，关于卡尔·弗里德里希·佩措尔德，见 Allgemeine Deutsche Biographie, Bd. 25, Schnorr von Carolsfeld, Franz 编写的词条，第 577 页。

第 254 页，Observatio CCXLIX. D. Micha. Henrici Reinhardi… De officiis scholarum adversus impietatem seculi, in: Carl Friedrich Pezold (Hrsg.), Miscellanea Lipsiensia, Bd. XII. Leipzig 1723, 239–389, 其中第 350 页：*Legimus autem scriptores veteres, aut sermonis formandi, aut historiae cognoscendae, aut denique sapientiae investigandae causa;* ⋯ 关于梅兰希通反对异教经典思潮，见第 334 页和 346 页；拉丁语作为世界语言的总结性论述，见第 350 页：*Post vernaculae culturam, nisi reliquarum scientiarum, tamen scripturae causa Graecas et Hebraeas requiri largiuntur. Latinam vero etiam, qui sapientiae magistri esse cupiunt, hodie exulare iubent. Si ergo non dignam censent, ex qua historiae monumenta cognoscantur, neque quicquam in veteribus reperiant, quod suamet legi lingua mereatur; est enim stolida haec et barbara quorundam arrogantia, ut suis modo sibi placeant, itane omnia totius sapientiae et doctrinarum latifundia ore Teutonico unice complectentur? Itane nostris inclusi finibus, ab omni erudito cum nationibus ceteris commercio abstinebimus? aut unius loco, quae communis eruditorum adhuc fuit, pertaesi, decem alias addiscemus?* 德国人的语言奴性（Unterwürfigkeit），见第 351 页：*Neque Gallorum fastus, neque Italorum mollities permittit, ut Teutonice garrire discant, quo cum Germanis conversari queant; sed nostrum aliena sectandi stolidum pruritum probe intelligentes, cogunt nos Gallico aut Italico idiomate, si omnino velimus, commercium cum iis instituere. Et mire nobismet ipsis delectamur, si* (第352页) *eiusmodi literis aut sermonibus cum exteris conferentes, illis ita principatum sermonis, eruditionis, et tantum non imperii tribuamu.*

第255页及以后几页，关于约翰·马蒂亚斯·格斯纳：见Paulsen（1919）II,19–30以及Gericke, Theodor 的 Joh. Matth. Gesners und Joh. Gottfr. Herders Stellung in der Geschichte der Gymnasialpädagogik, Leipzig 1911。

第256页，*Io. Matthiae Gesneri Anspacensis institutiones rei scholasticae, accessit praefatio Io. Francisci Buddei. Jena 1715.* 其中§17（第77页）：*Latine loqui cum magistro vel eo praesente, utile est, absente magis plerumque noxium. Hinc apparet, quid de recepto in scholas quasdam more sentiendum sit, ubi pueri qui vix tres in bono quodam auctore paginas legerunt, coguntur, poena etiam proposita, Latine inuicem loqui, nemine qui errantes corrigat praesente. Ubi fit, ut plerique arripiant, quidquid occurrerit vocabulorum, quae deinde ad formulam linguae vernaculae coniungant, fundantque adeo pro Latina oratione vocabula magnam partem barbara, barbare et imperitissime inter se coniuncta, quae res in consuetudinem abit, ut etiam cum meliora vident, deterioribus abstinere difficulter queant.* 现代外语的地位，Caput II, Sectio VI *De linguis Europaeorum hodiernis* 推荐顺序：法语、英语、比利时语（＝荷兰语）、意大利语、西班牙语；第106页§7关于教授德语的建议 – Johann Matthias Gesner, *Primae Lineae Isagoges In Eruditionem Universalem, Nominatim Philologiam, Historiam Et Philosophiam, In Usum Praelectionum Ductae.* 引自1784年莱比锡版，其中介绍了托马斯学校引入新拉丁语文本的情况，见第114—115

页 *Et cogitaui olim, quum venirem in scholam Thomanam, annon melius esset, statim accedere unumquemque ad forum suum, et Theologis explicari libros symbolicos, Hutteri compendium, aut aliud quodcunque Latinum: in gratiam Iurisconsultorum Institutiones, parvum, quem vocant, Struvium, cet., Nam putabam: quoniam nolunt plerique plus Latinae linguae discere, quam ut ea uti modo possint tanquam instrumento, id vero est, ut ope illius intelligant modo libros artis suae, quid opus est, ut macerentur doctores, et iuvenes, qui inviti discunt? Et debebam serio ea de re cogitare, quia monebat hoc institutum scholae, cui praefi ciebar. Videbam enim, hoc iam factum esse ante me. Nam introducti erant plerique recentes libri, et relicti vix unus aut alter antiqui. Et narrabant mihi : Hoc fi eri coepisse ab Iac. Thomasio. Hic introduxerat institutiones suas philosophicas, quas Erotemata vocabat, Mureti epistolas cum orationibus, et huius generis plures. Classicos fere omne relegaverat. Antecessor meus Io. Henr. Ernesti, ex alia plane patria et gente ortus, quam qui nunc ibi fl oret, probabat institutum et sequebatur. Atque eram et ipse, eorumque volebam insistere vestigii Deliberavi hac de re cum aliis: Tandem vero valuerunt illae rationes, quae scriptores antiquos retinendos suadebant ...*

第 257 页，同上，第 100 页，重新将拉丁语作为科学语言引入 *Est optabile, ut fi at certe in quodam genere praelectionum, in iis in primis, quae ab antiquis accepimus, v.c. in historia antiqua, in historia Philosophiae, in antiquitate Graeca et Romana, in iure antiquo; ne homines, aliarum rerum rudes, haec tantum ex parte arripere studeant et tamen non assequantur. Item praelectiones et disputationes Metaphysicae, et bona pars Philosophiae, abstrusioris praesertim, debebant L. L. haberi et tractari, e.g. disputationes de primis principiis cognitionis, de existentia summi numinis, de veritate*

Christianae religionis, cet., ob hanc causam, quia hic disputando subinde deiicit alter alterum, et mox fi et, quod saepe iam factum est, ut vulgus hominum, eruditorum etiam, quum audiant de ratione suffi cienti, de Dei existentia, de divinitate scripturae sacrae, adhuc disputari, incipiant dubitare, et in dubium vocare omnia, dicantque: Si eruditi hoc nesciunt; si illi adhuc litigant inter se: quid mea hoc refert? Cum vulgo autem non debet disputari, sed illud est occupandum. Ita de aliis quoque, quae sunt subtilioris indaginis, v.c. de structura corporis, de nexu cor poris et animi. Non quasi invideam haec feminis et aliis infi rmioris ingenii hominibus: sed Feminae, ut Paulus dicit, domi discant; nam multi sunt de his rebus Gallici et Germanici libri.

第257页，格斯纳描述巴赫指挥活动的再版，例如 Spitta 的版本（s.Anm. zu S. 247 ff）Bd. 2，第89页。

第258—259页，关于约翰·奥古斯特·埃内斯蒂，更多的情况可见 Biographisch-Bibliographisches Kirchenlexikon, Bd. I, 1990，Friedrich Wilhelm Bautz 编写的词条，第1535及以后一栏。– *Initia doctrinae solidioris*: 这里使用的是1750年莱比锡第三版，原文如下：*Neminem autem fore tam ineptum latinae linguae admiratorem putem, quin malit librum patrio sermone, sed recte et eleganter, scriptum, legere, quam, qui latine quidem sit, sed barbare, aut ita scriptus, ut ab antiqua et vera elegantia abhorreat.* 托马斯学校各种校园活动之前的纲领性发言收集在：Ernesti, Opuscula oratorio-philologica, Leipzig 1794。

第267页及以后几页，约1840年以后，新人文主义的理由已不再能充分解释古老语言课程的地位了，Paulsen（1919）已经看到了这一点，他认为1840年开启了一个新时期；也可参看 Landfester（1988）的著作，第71页。我在不同的演讲中已经讨论过了正文中所充分阐释的古老语言课程与历史主义和自然科学的关系。Landfester（1988）几乎已经注意到，拉丁语课程想要拥有能与数学相匹敌的形式教育力量；关于自然科学自 1840 年以来的地位，主要可参看 Rusinek（2005）的著作。目前，Marcel Nuß 在一篇图宾根博士论文中研究了以下问题：当时，古老语言课程和拉丁语语法经历了数十年的发展，这种发展究竟在多大程度上是对自然科学进展的直接回应，又在多大程度上是出于所谓的"实践教育"需要。

第 268 页，转引自 Teuffel: Geschichte der Römischen Literatur，由 Ludwig Schwabe 重新修订，莱比锡 1890 年第 5 版第 1 卷，第 1 页。

第 269—270 页，关于语法的发展，主要见于 Burkard（2003）的著作；格斯纳（在这里也是一个例外）毕竟修订了 Cellarius 的语法。

第 278 页，关于对拉丁语认识的衰落，见 Ludwig, Walther, Über die Folgen der Lateinarmut in den Geisteswissenschaften, Gymnasium 98, 1991, 第 139—158 页；再版：Ludwig（2004），Bd. 3, 第 447—464 页。

参考书目

Adams, James N. (Hrsg.), Bilingualism in Ancient Society: Language Contact and the Written Text. Oxford 2002

ders. (Hrsg.), Bilingualism and the Latin Language. Cambridge 2003

ders., The Regional Diversification of Latin 200 BC – AD 600. Cambridge 2007

Adams, James N./Janse, Mark/Swain, Simon (Hrsgg.) Bilingualism in Ancient Society. Language Contact and the Written Text. Oxford 2002

Adrados, Francisco R., Geschichte der griechischen Sprache. Von den Anfängen bis heute. Tübingen/Basel 2002 (zuerst span. 1999)

Albrecht, Jörn, Literatursprache; Schriftsprache (Schreibsprache); Hochsprache; Gemeinsprache: Historische Stadien der Ausprägung der kanonischen Form von Einzelsprachen, in: Lieber, Maria/Hirdt, Willi (Hrsgg.), Kunst und Kommunikation. Betrachtungen zum Medium Sprache in der Romania. Festschrift zum 60. Geburtstag von Richard Baum. Tübingen 1997, 3–12

ders., Die Standardsprache innerhalb der Architektur europäischer Einzelsprachen, in: Ammon/Mattheier/Nelde (2003), 11–30

Ammon, Ulrich/Mattheier, Klaus J./Nelde, Peter H. (Hrsg),

Sprachstandards. Tübingen 2003 (sociolinguistica 17)

Assman, Jan, Das kulturelle Gedächtnis. Schrift, Erinnerung und politische Identität in frühen Hochkulturen. München 1992

Auernheimer, Birgit, Die Sprachplanung der karolingischen Bildungsreform im Spiegel von Heiligenviten, München/Leipzig 2003

Aufstieg und Niedergang der Römischen Welt, hrsg. v. Wolfgang Haase und Hildegard Temporini, II 29, Bd. 1–3: Sprachen und Schriften, Berlin/New York 1983

Ax, Wolfram (Hrsg.), Von Eleganz und Barbarei. Lateinische Grammatik und Stilistik in Renaissance und Barock. Wiesbaden 2001

ders. (Hrsg.), Lateinische Lehrer Europas: fünfzehn Portraits von Varro bis Erasmus von Rotterdam. Köln/Weimar/Wien 2005

Bär, Jochen A., Nation und Sprache in der Sicht romanischer Schriftsteller und Sprachtheoretiker, in: Gardt (2000), 199 –228

Baggioni, Daniel, Langues et nations en Europe. Paris 1997

Baldi, Philip, Foundations of Latin. Berlin 2002

Banniard, Michel, VIVA VOCE. Communication écrite et communication orale du IVe au IXe siècle en Occident latin. Paris 1992 (Collection des Etudes augustiniennes: Série Moyen-âge et temps modernes, 25)

Bartsch, Renate (Hrsg.), Sprachnormen: Theorie und Praxis. Tübingen 1987 (Konzepte der Sprach- und Literaturwissenschaft, 38)

Bauer, Barbara, Jesuitische «ars rhetorica» im Zeitalter der Glaubenskämpfe. Frankfurt a. M. u. a. 1986

Baum, Richard, Hochsprache, Literatursprache Schriftsprache. Materialien zur Charakteristik von Kultursprachen. Darmstadt 1987

Besch, Werner/Betten, Anne/Reichmann, Oskar/Sonderegger, Stefan

(Hrsgg.), Sprachgeschichte. Ein Handbuch zur Geschichte der deutschen Sprache, 4 Bde., 2., vollständig neu bearbeitete und erweiterte Auflage. Berlin 1998–2004 (Handbücher zur Sprach- und Kommunikationswissenschaft 2.1–4)

Black, Robert, Humanism and Education in Medieval and Renaissance Italy: Tradition and Innovation in Latin Schools from the Twelfth to the Fifteenth Century. Cambridge 2001

Blair, Ann, La persistance du latin comme langue de science à lafin de la Renaissance, in: Chartier/Corsi (1996), 21–42

Bloomer, W. Martin, Latinity and literary society at Rome. Philadelphia 1997

Bluhm-Faust, Claudia, Die Pädagogisierung der deutschen Standardsprache im 19. Jahrhundert am Beispiel Badens. Frankfurt a. M. 2005 (Variolingua, 25)

Bömer, Aloys, Die lateinischen Schülergespräche der Humanisten. Auszüge mit Einleitungen, Anmerkungen und Namen- und Sachregister. Quellen für die Schul- und Universitätsgeschichte des 15. und 16. Jahrhunderts. Berlin 1897. ND Amsterdam 1966

Briesemeister, Dietrich, Neulatein, in: Lexikon der Romanistischen Linguistik II,1 (1996), 113–120

Brumfit, Christopher, Individual Freedom in Language Teaching. Oxford 2001

Brutt-Griffler, Janina, World English. A Study of Its Development. Clevedon 2002

Buck, August, Humanismus. Seine europäische Entwicklung in Dokumenten und Darstellungen. Freiburg/München 1987

Burkard, Thorsten, Die lateinische Grammatik im 18. und frühen 19. Jahrhundert. Von einer Wortarten- zu einer Satzgliedgrammatik. Ellipsentheorie, Kasuslehre, Satzglieder, in: Keßler/Kuhn (2003), 781–830

Burke, Peter, Küchenlatein. Sprache und Umgangssprache in der frühen Neuzeit. Berlin 1989 (engl. 1987)

ders., Wörter machen Leute. Gesellschaft und Sprachen im Europa der frühen Neuzeit. Berlin 2006 (zuerst englisch unter dem Titel ‹Languages and Communities in Early Modern Europe›. Cambridge 2004)

Celenza, Christopher S., The Lost Italian Renaissance. Humanists, Historians, and Latin's Legacy. Baltimore/London 2004

Chartier, Roger/Corsi, Pietro (Hrsgg.), Sciences et langues en Europe. Paris 1996

Christes, Johannes/Klein, Richard/Lüth, Christoph (Hrsgg.), Handbuch der Bildung und Erziehung in der Antike. Darmstadt 2006

Classen, Carl Joachim, Antike Rhetorik im Zeitalter des Humanismus. München/ Leipzig 2003

Corradetti, Cristina, Zur Standardisierung der lateinischen Sprache, in: Mattheier/ Radtke (1997), 34–40

Crystal, David, English as a Global Language. 2. Aufl. Cambridge 2007 (zuerst 1997)

Crossley, Paul Clarke, Georgia (Hrsgg.), Architecture and Language: Constructing Identity in European Architecture, c. 1000 – c. 1650. Cambridge 2000

Demandt, Alexander, Die Spätantike. Römische Geschichte von Diocletian bis Justinian 284–565 n. Chr., 2., vollst. bearb. und erw. Aufl. München 2007 (Handbuch der Altertumswissenschaft III,6)

Devoto, Giacomo, Geschichte der Sprache Roms. Heidelberg 1968 (übers. von Ilona Opelt, zuerst 1939)

Diem, Werner, Hochsprache und Dialekt im Arabischen. Untersuchungen zur heutigen arabischen Zweisprachigkeit. Wiesbaden 1974

Dihle, Albrecht, Der Beginn des Attizismus. in: Antike und Abendland 23, 1977, 162–177

ders., Die griechische und lateinische Literatur der Kaiserzeit. Von Augustus bis Justinian. München 1989

ders., Art. «Attizismus», in: Historisches Wörterbuch der Rhetorik, Bd. 1, 1992, 1163–1176

Dziubalska-Kolaczyk, Katarzyna/Przedlacka, Joanna (Hrsgg.), English Pronunciation Models: A Changing Scene. Bern usw. 2005

Eckstein, Friedrich August, Lateinischer und griechischer Unterricht, hrsg. v. Heinrich Heyden. Leipzig 1887

Ehlich, Konrad (Hrsg.), Hochsprachen in Europa: Entstehung, Geltung, Zukunft. Akten zweier Tagungen in München 2./3. Dezember 1998 und Bad Homburg v. d. H., 18.–20. November 1999. Freiburg 2001

Eigler, Ulrich, Lectiones vetustatis. Römische Literatur und Geschichte in der lateinischen Literatur der Spätantike. München 2003 (Zetemata 115)

Elmentaler, Michael, Struktur und Wandel vormoderner Schreibsprachen. Berlin/ New York 2003 (Studia linguistica, 71)

Ernst, Gerhard/Gleßgen, Martin-Dietrich/Schmitt, Christian u. a. (Hrsgg.), Romanische Sprachgeschichte. Berlin usw. 2006 (Handbücher zur Sprach- und Kommunikationswissenschaft 23,2)

Farrell, Joseph, Latin Language and Latin Culture from ancient to modern times. Cambridge 2001

Ferguson, Charles A., Diglossia, Word 15, 1959, 325–340; ders., Diglossia revisited, The Southwest Journal of Linguistics 10, 1991, 214–234

Fischer, Wolfdietrich (Hrsg.), Grundriß der Arabischen Philologie. Bd. I. Sprachwissenschaft. Wiesbaden 1982

Flashar, Hellmut (Hrsg.), Philologie und Hermeneutik im 19. Jahrhundert. Zur Geschichte und Methodologie der Geisteswissenschaften, 2 Bde., Göttingen 1979/83

ders. (Hrsg.), Le classicisme à Rome aux Iiers siècles avant et après J.-C. VandœuvresGenève 1979 (Entretiens sur l'Antiquité 25)

Fögen, Thorsten, Patrii sermonis egestas. Einstellungen lateinischer Autoren zu ihrer Muttersprache: ein Beitrag zum Sprachbewußtsein in der römischen Antike. München/Leipzig 2000

ders., Bezüge zwischen antiker und moderner Sprachnormentheorie. Listy filosophicki 121, 1998, 199–219

Fritsch, Andreas: Lateinsprechen im Unterricht. Geschichte – Probleme – Möglichkeiten. Bamberg 1990 (Auxilia 22)

Frühwald, Wolfgang, Eine Kultur – viele Sprachen. Zur Identität Europas, in: Nies (2004), 33–46

Fuhrmann, Horst, Cicero und das Seelenheil oder: Wie kam die heidnische Antike durch das christliche Mittelalter? München/Leipzig 2003

Fuhrmann, Manfred, Die lateinische Literatur der Spätantike. Ein Betrag zum Kontinuitätsproblem. Antike und Abendland 13, 1967, 59–79 (wieder in: ders., Brechungen. Wirkungsgeschichtliche Studien zur antik-europäischen Bildungstradition, Stuttgart 1982, 47–74)

ders., Rom in der Spätantike. Porträt einer Epoche. Zürich 1994

ders., Latein und Europa. Geschichte des gelehrten Unterrichts in

Deutschland. Von Karl dem Großen bis Wilhelm II. Köln 2001

Gaˇlaˇbov, Ivan, Das Altbulgarische und das Latein im europäischen Mittelalter. Zur Problematik der übernationalen Kultursprachen. Salzburg 1973

Garber, Klaus (Hrsg.), Nation und Literatur im Europa der Frühen Neuzeit. Akten des 1. Internationalen Osnabrücker Kongresses zur Kulturgeschichte der Frühen Neuzeit. Tübingen 1989

ders., Zur Archäologie nationalliterarischer Diskurse in der Frühen Neuzeit, in: Neulateinisches Jahrbuch 6, 2004, 51–67

Gardt, Andreas/Haß-Zumkehr, Ulrike/Roelcke, Thorsten (Hrsgg.), Sprachgeschichte als Kulturgeschichte. Berlin/New York 1999 (Studia Linguistica Germanica 54)

ders. (Hrsg.), Nation und Sprache. Die Diskussion ihres Verhältnisses in Geschichte und Gegenwart. Berlin/New York 2000

Giesecke,Michael,Sinnenwandel,Sprachwandel,Kulturwandel. Studien zur Vorgeschichte der Informationsgesellschaft. Frankfurt a. M. 1992

Görlach, Manfred, Englisch als neuer Typ von Weltsprache und europäische Nationalsprachen, in: Besch (2000), 1117–1122

ders., English in nineteenth century England. An introduction. Cambridge 1999

Goyens, Michèle/Verbeke, Werner (Hrsgg.), The dawn of the written vernacular in Western Europa. Leuven 2003

Graddol, David, The Future of English, A Guide to forecasting the popularity of the English language in the 21st century. London 2000

Grafton, Anthony, Commerce with the Classics: Ancient Books and Renaissance Readers. Ann Arbor 1997

Grendler, Paul F., Schooling in Renaissance Italy. Literacy and Learning, 1300 –1600. Baltimore/London 1989

Grzega, Joachim, EuroLinguistischer Parcours. Kernwissen zur europäischen Sprachkultur. Frankfurt a. M. 2006

Günther, Hartmut/Ludwig, Otto, Schrift und Schriftlichkeit. Writing and Its Use. Ein interdisziplinäres Handbuch internationaler Forschung. 2 Bde. Berlin/New York 1994/96, (Handbücher zur Sprach- und Kommunikationswissenschaft 10.1–2)

Guthmüller, Bodo (Hrsg.), Latein und Nationalsprachen in der Renaissance, Wiesbaden 1998 (Wolfenbütteler Abhandlungen zur Renaissanceforschung 17)

Guthmüller, Bodo/Müller, Wolfgang (Hrsgg.), Dialog und Gesprächskultur in der Renaissance. Wiesbaden 2004 (Wolfenbütteler Abhandlungen zur Renaissanceforschung 22)

Haarmann, Harald, Die Sprachenwelt Europas. Geschichte und Zukunft der Sprachnationen zwischen Atlantik und Ural. Frankfurt a. M., New York 1993

ders., Lexikon der untergegangenen Sprachen. München 2002

Haase/Temporini: s. Aufstieg und Niedergang der Römischen Welt

Habinek, Thomas N./Schiesaro, Alessandro (Hrsgg.), The Roman Cultural Revolution. Cambridge 1997

ders., The Politics of Latin Literature. Writing, Identity, and Empire in Ancient Rome. Princeton 1998

Hagendahl, Harald, Latin fathers and the Classics: a Study on the Apologists, Jerome and other Christian writers. Göteborg 1958

Hammerstein, Notker (Hrsg.), Handbuch der deutschen Bildungsgeschichte. Bd. 1. 15. bis 17. Jahrhundert: Von der Renaissance und der Reformation bis zum Ende der Glaubenskämpfe. München 1996, Bd. 2 (zus. mit Ulrich Hermann) München 2005

Haye, Thomas, Lateinische Oralität: gelehrte Sprache in der mündlichen Kommunikation des hohen und späten Mittelalters. Berlin usw. 2005

Helmchen, Annette, Die Entstehung der Nationen im Europa der Frühen Neuzeit. Ein integraler Ansatz aus humanistischer Sicht. Bern usw. 2005, 171–243: Der Nationenentstehungsprozess in Deutschland

Hingley, Richard, Globalizing Roman Culture. Unity, Diversity and Empire. London/New York 2005

Holtus s. Lexikon der Romanistischen Linguistik

Holtz, Louis, Donat et la tradition de l'enseignement grammatical: étude sur l'Ars Donati et sa diffusion (IV. – IX siècle) et éd. Critique. Paris 1981

Holtz, Sabine (Hrsg.), Bildung und Herrschaft. Zur Verwissenschaftlichung politischer Führungsschichten im 17. Jahrhundert. Leinfelden-Echterdingen 2002

Hose, Martin, Die zweite Begegnung Roms mit den Griechen, oder: Zu den politischen Ursachen des Attizismus, in: Vogt-Spira (1999) 274–288

ders., Die Kehrseite der Memoria oder über die Notwendigkeit des Vergessens von Literatur. Antike und Abendland 48, 2002, 1–17

Houben, Jan E. M. (Hrsg.), Ideology and Status of Sanskrit. Contributions to the History of the Sanskrit Language. Leiden 1996

Hüllen, Werner/Klippel, Friederike (Hrsgg.), Sprachen der Bildung – Bildung durch Sprachen im Deutschland des 18. und 19. Jahrhunderts. Wiesbaden 2005 dies. (Hrsgg.), Heilige und profane Sprachen. Die Anfänge des Fremdsprachenunterrichts im westlichen Europa. Wiesbaden 2002

Janich, Nina/Greule, Albrecht (Hrsgg.), Sprachkulturen in Europa. Ein internationales Handbuch. Tübingen 2002

Jenkins, Jennifer, World Englishes. A resource book für Students. London 2003

dies., English as a Lingua Franca: Attitude and Identity. Oxford 2007

Jernudd, Björn H./Shapiro, Michael J. (Hrsgg.), The Politics of Language Purism. Berlin/New York 1989 (Contributions to the Sociology of Language 54)

Jones-Davies, Marie-Thérèse (Hrsg.), Langues et nations au temps de la Renaissance. Paris 1991

Ijsewijn, Jozef/Sacré, Dirk, Companion to Neo-Latin Studies. Second entirely rewritten edition. 2 Bde. Leuven 1990/98

Janson, Tore, Latein. Die Erfolgsgeschichte einer Sprache. Hamburg 2006 (zuerst schwedisch 2002)

Kabatek, Johannes, Die Bolognesische Renaissance und der Ausbau romanischer Sprachen. Tübingen 2004 (Beihefte zur Zeitschrift für romanische Philologie 321)

Kaimio, Jorma, The Romans and the Greek Language. Helsinki 1979

Kaster, Robert A., Guardians of language: the grammarian and society in Late Antiquity. Berkeley 1997

Keipert, Helmut, Kirchenslavisch und Latein. Über die Vergleichbarkeit zweier mittelalterlicher Kultursprachen. in: Sprache und Literatur Altrußlands. Hrsg. v. G. Birkfellner. Münster 1987, 71–109

Keßler, Eckard/Kuhn, Heinrich C. (Hrsgg.), Germania latina – Latinitas teutonica. Politik, Wissenschaft, humanistische Kultur vom späten Mittelalter bis in unsere Zeit. München 2003

Kipf, Stefan, Altsprachlicher Unterricht in der Bundesrepublik Deutschland. Historische Entwicklung, didaktische Konzepte und methodische Grundfragen von der Nachkriegszeit bis zum Ende des 20. Jahrhunderts. Bamberg 2006

Koch, Peter/Österreicher, Wulf, Sprache der Nähe – Sprache der Distanz. Mündlichkeit und Schriftlichkeit im Spannungsfeld von Sprachtheorie und Sprachgeschichte. Romanistisches Jahrbuch 36, 1985, 15–43

Koch, Peter, Diglossie in Frankreich? in: Engler, Winfried (Hrsg.), Frankreich an der Freien Universität. Stuttgart 1997, 219 –249

ders., Le Latin – langue diglossique?, in: von Moos (2008), 287–316

Knape, Joachim, Humanismus, Reformation, deutsche Sprache und Nation, in: Gardt (2000), 103–138

Kramer, Johannes, Geschichte der lateinischen Sprache, in: Graf, Fritz; Einleitung in die lateinische Philologie. Stuttgart/Leipzig 1997, S. 115–162

Kühlmann, Wilhelm, Apologie und Kritik des Lateins im Schrifttum des deutschen Späthumanismus, Daphnis IX, 1980, 33– 63

ders., Nationalliteratur und Latinität: Zum Problem der Zweisprachigkeit in der frühneuzeitlichen Literaturbewegung Deutschlands, in: Garber (1989), 164–206

Landfester, Manfred, Humanismus und Gesellschaft im 19. Jahrhundert. Untersuchungen zur politischen und gesellschaftlichen Bedeutung der humanistischen Bildung in Deutschland. Darmstadt 1988

Law, Vivien, The insular Latin grammarians. Woodbridge 1982

Lebek, Wolfgang Dieter, Verba prisca. Die Anfänge des Archaisierens in der lateinischen Beredsamkeit und Geschichtsschreibung. Göttingen 1970 (Hypomnemata 25)

Leonhardt, Jürgen, Dimensio syllabarum. Studien zur lateinischen Prosodie- und Verslehre von der Spätantike bis zur frühen Renaissance. Göttingen 1989

Lexikon der Romanistischen Linguistik, Hrsg. v. Holtus, Günter/Metzeltin, Michael/Schmitt, Christian. Tübingen 1999 –2009

Limbach, Jutta, Hat Deutsch eine Zukunft? Unsere Sprache in der globalisierten Welt. München 2008

Ludwig, Walther, Die neuzeitliche lateinische Literatur seit der Renaissance, in: Graf, Fritz, Einleitung in die lateinische Philologie. Stuttgart/Leipzig 1997, 323–356

ders., De linguae Latinae in Germania fatis. Jacob Burckhard und der neuzeitliche Gebrauch der lateinischen Sprache, in: Neulateinisches Jahrbuch 5, 2003, 171–185 (Wiederabdruck in Ludwig (2008), 17–50)

ders., Miscella Latina, hrsg. v. Astrid Steiner-Weber. Hildesheim 2004

ders., Supplementa Neolatina. Ausgewählte Aufsätze 2003–2008, hrsg. v. Astrid Steiner-Weber. Hildesheim 2008

Lüdtke, Helmut, ‹Tote› Sprachen, in: Haspelmath, Martin u. a. (Hrsgg.), Language Typology and Language Universals. An International Handbook, Bd. 2. Berlin/ New York 2001, 1678–1691

ders., Der Ursprung der romanischen Sprachen. Eine Geschichte der sprachlichen Kommunikation. Kiel 2005

Maass, Christiane/Volmer, Annett (Hrsgg.), Mehrsprachigkeit in der Renaissance. Heidelberg 2005

Mattheier, Klaus J./Radtke, Edgar (Hrsgg.), Standardisierung und Destandardisierung europäischer Nationalsprachen. Frankfurt a. M. usw. 1997

Mattheier, Klaus J., Die Herausbildung neuzeitlicher Schriftsprachen, in: Besch (2000), 1085–1116

Mayer, Kathrin, Die *questione della lingua*. Auf der Suche nach der einen Sprache für die Nation, in: Naguschewski, Dirk/Trabant, Jürgen (Hrsgg.) Was heißt hier «fremd»? Studien zu Sprache und Fremdheit. Berlin 1997, 137–149

McArthur, Tom, The English Languages. Cambridge 1998

ders., The Oxford Guide to World English. Oxford 2002

McKitterick, Rosamond (Hrsg.), The Uses of Literacy in Early Medieval Europe. Cambridge 1990

Melchers, Gunnel/Shaw, Philip (Hrsgg.), World Englishes. London 2003

Moos, Peter von (Hrsg.), Zwischen Babel und Pfingsten. Sprachdifferenzen und Gesprächsverständigung in der Vormoderne (8.–16. Jh.). Wien/Zürich/Berlin 2008

Moss, Ann, Renaissance Truth and the Latin Language Turn. Oxford 2003

Müller, Gernot Michael, Auf der Suche nach der rechten Latinität. Sprachreflexion und akademisches Selbstverständnis in den Dialogen Giovanni Pontanos, Neulateinisches Jahrbuch 5, 2003, 219–244

Müller, Jan-Dirk/Robert, Jörg (Hrsgg.), Maske und Mosaik. Poetik, Sprache, Wissen im 16. Jahrhundert. Berlin 2007

Müller, Roman, Sprachbewußtsein und Sprachvariation im lateinischen Schrifttum der Antike. München 2001 ders., Konzeptionen des Sprachwandels in der Antike, Hermes 131, 2003, 199–221

Münkler, Herfried, Imperien. Die Logik der Weltherrschaft – vom Alten Rom bis zu den Vereinigten Staaten. Berlin 2005

Muhlack, Ulrich (Hrsg.), Historisierung und gesellschaftlicher Wandel in Deutschland im 19. Jahrhundert. Berlin 2003

Neumann, Günter/Untermann, Jürgen (Hrsgg.), Die Sprachen im römischen Reich der Kaiserzeit. Kolloquium vom 8. bis 10. April 1974. Bonn 1980

Neumann, Günter, Die Normierung des Lateinischen, Gymnasium 84, 1977, 199–212 (dazu: Jürgen Untermann, Korreferat zu Günter Neumann: Die Normierung des Lateinischen, ebd. 278–283)

Niehoff-Panagiotidis, Johannes, Koine und Diglossie. Wiesbaden 1994

Nies, Fritz (Hrsg.), Europa denkt mehrsprachig. Exemplarisch: deutsche und französische Kulturwissenschaften. Tübingen 2005

Norden, Eduard, Die antike Kunstprosa, 2. Auflage. Berlin/Leipzig 1909, 2 Bde.

Österreicher, Wulf, Mehrsprachigkeit als Bedingung geisteswissenschaftlicher Produktivität und die Aufgabe einer Hierarchisierung der europäischen Sprachen, in: Jacob, Daniel/Krefeld, Thomas (Hrsgg.), Sprache, Bewußtsein, Stil. Theoretische und historische Perspektiven. Tübingen 2005, 97–112

Ostler, Nicholas, Ad infinitum. A Biography of Latin. London 2007

ders., Empires of the word: a language history of the world. London 2005

Overhoff, Jürgen, Die Frühgeschichte des Philanthropismus (1715–1771). Konstitutionsbedingungen, Praxisfelder und Wirkung eines pädagogischen Reformprogramms im Zeitalter der Aufklärung. Tübingen 2004,

Palmer, Leonard R., Die lateinische Sprache. Grundzüge der Sprachgeschichte und der historisch-vergleichenden Grammatik. Hamburg 2000 (übers. v. Johannes Kramer, zuerst engl. 1954)

Paulsen, Friedrich, Geschichte des gelehrten Unterrichts auf den deutschen Schulen und Universitäten vom Ausgang des Mittelalters bis zur Gegenwart. Mit besonderer Rücksicht auf den klassischen Unterricht, dritte, erweiterte Auflage, hrsg. und in einem Anhang fortgesetzt von Rudolf Lehmann, 2 Bde. Leipzig 1919/1921, Neudruck Berlin 1960

Perini, Giorgio Bernardi (Hrsg.), Il Latino nell'età dell'umanesimo. Atti del convegno Mantova, 29 –27 ottobre 2001. Florenz 2004

Petersmann, Hubert, Die Urbanisierung des römischen Reiches im Lichte der lateinischen Sprache. Gymnasium 96, 1989, 409–428

Petersmann, Hubert/Petersmann, Astrid, Standardisierung und Destandardisierung der lateinischen Sprache, in: Hornung, Angela/Jäkel, Christian/Schubert, Werner (Hrsgg.), Studia Humanitatis ac Litterarum Trifolio Heidelbergensi dedicata. Festschrift für Eckhard Christmann, Wilfried Edelmaier und Rudolf Kettemann, Frankfurt a. M. usw. 2004, 235–254.

Pocetti, Paolo/Poli, Diego/ Santini, Carlo (Hrsgg.), Eine Geschichte der lateinischen Sprache: Ausformung, Sprachgebrauch, Kommunikation. Tübingen/Basel 2005 (zuerst ital. Rom 1999)

Pörksen, Uwe, Der Übergang vom Gelehrtenlatein zur deutschen Wissenschaftssprache. Zur frühen deutschen Fachliteratur und Fachsprache in den naturwissenschaftlichen und mathematischen Fächern (ca. 1500–1800), in: Zeitschrift für Literaturwissenschaft und Linguistik 51/52, 1983, 227–258

Pöschl, Viktor, Grundzüge der augusteischen Klassik, in: ders., Kunst und Wirklichkeitserfahrung in der Dichtung, Abhandlungen und Aufsätze zur römischen Poesie. Kleine Schriften I, hrsg. v. Wolf-Lüder Liebermann. Heidelberg 1979, 21–34 (zuerst 1970)

Polomé, Edgar C., The Linguistic Situation in the Western Provences of the Roman Empire, in: Haase/Temporini ANRW II,29,2, 509 –553

Rädle, Fidel: Lateinisches Theater fürs Volk. Zum Problem des frühen Jesuitendramas, in: Raible, Wolfgang (Hrsg.): Zwischen Festtag und Alltag. Tübingen 1988 (ScriptOralia 6), 133–147

Raible, Wolfgang, Relatinisierungstendenzen, in: Lexikon der Romanistischen Linguistik II,1 (1996), 120–134

Reynolds, Leighton D./Wilson, Nigel G. (Hrsgg.), Scribes and Scholars: A Guide to the Transmission of Greek and Latin Literature. Oxford 1991

Rujsendaal, Els, Mehrsprachige Gesprächsbüchlein und Fremdsprachengrammatiken: Vom Niederländischen zum Italienischen und das Französische in der Mitte, in: Hüllen/Klippel 2002, 199 –209

Rusinek, Bernd-A., «Bildung» als Kampfplatz. Zur Auseinandersetzung zwischen Geistes- und Naturwissenschaften im 19. Jahrhundert, in: Jahrbuch für Historische Bildungsforschung 11, 2005, 315–350

Sabbadini, Remigio, Storia del ciceronianismo e di altre questioni letterarie nell' età della rinascenza. Turin 1885

Sáenz-Badillos, Angel. A History of the Hebrew Language, transl. by John Elwolde. Cambridge 1993

Schiewe, Jürgen, Sprachenwechsel – Funktionswandel – Austausch der Denkstile: Die Universität Freiburg zwischen Latein und Deutsch. Tübingen

1996

ders., Die Macht der Sprache. Eine Geschichte der Sprachkritik von der Antike bis zur Gegenwart. München 1998

ders., Über die Ausgliederung der Sprachwissenschaft aus der Sprachkritik. Wissenschaftsgeschichtliche Überlegungen zum Verhältnis von Normsetzung, Normreflexion und Normverzicht, in: Linke, Angelika (Hrsg.), Sprache und mehr. Ansichten einer Linguistik der sprachlichen Praxis. Tübingen 2003, 401–467

Schindling, Anton, Humanistische Hochschule und freie Reichsstadt. Gymnasium und Akademie in Straßburg 1538–1621. Wiesbaden 1977

Schmidt, Ernst August, Historische Typologie: Orientierungsfunktionen von Kanon in der griechischen und römischen Literatur, in: Assmann, Jan / Assmann, Aleida (Hrsgg.), Kanon und Zensur. Archäologie der literarischen Kommunikation, II. München 1987, 247–258

ders., Augusteische Literatur. System in Bewegung. Heidelberg 2003

Schmidt, Peter Lebrecht/Herzog, Reinhart, Handbuch der Lateinischen Literatur der Antike, München 1989 ff (bisher erschienen: Bd. I 2002, IV 1997, V 1989)

Schmitt, Christian, Sprach- und Nationenbildung in Westeuropa (bis zur Jahrtausendwende), in: Besch (2000), 1015–1029

Schmitt, Rüdiger, Die Sprachverhältnisse in den östlichen Provinzen des Römischen Reiches, in: Haase/Temporini ANRW II,29,2, 554–586

Schmitz, Thomas, Bildung und Macht. Zur sozialen und politischen Funktion der zweiten Sophistik in der griechischen Welt der Kaiserzeit. München 1997

Schneidmüller, Bernd/Weinfurter, Stefan (Hrsgg.), Ordnungskonfi gurationen im hohen Mittelalter. Ostfildern 2006

Schrijver, Peter/Mumm, Peter-Arnold (Hrsgg.), Sprachtod und Sprachgeburt. Bremen 2004 (Münchner Forschungen zur historischen Sprachwissenschaft 2)

Seidel, Robert, Die «tote Sprache» und das Originalgenie. Poetologische und literatursoziologische Transformationsprozesse in der Geschichte, in: Czapla, Beate/ Czapla, Ralf Georg/Seidel, Robert (Hrsgg.), Lateinische Lyrik der Frühen Neuzeit. Tübingen 2003, 422–448

Seidensticker, Bernd (Hrsg.), Altertumswissenschaften in Berlin um 1800 an Akademie, Schule und Universität. Hannover 2006

Siebenborn, Elmar, Die Lehre von der Sprachrichtigkeit und ihren Kriterien: Studien zur antiken normativen Grammatik. Amsterdam 1976

Stotz, Peter, Handbuch zur lateinischen Sprache des Mittelalters. 5 Bde., München 1999 –2004 (Handbuch der Altertumswissenschaft II,5)

ders., Normgebundenheit, Normen-Entfaltung und Spontaneität im mittelalterlichen Latein, in: Goyens/Verbeke (2003), 39–50

Stroh, Wilfried (Hrsg.): Latein sprechen. Der Altsprachliche Unterricht 37,5, 1994, 43–ders., Ein unsterbliches Gespenst: Latein, in: Schrijver/ Mumm (2004) 77–107

ders., Latein ist tot, es lebe Latein. Kleine Geschichte einer großen Sprache. Berlin 2007

Swain, Simon, Hellenism and empire: language classicism and power in the Greek world, AD 50–250. Oxford 2002

Tavoni, Mirko, Latino, grammatica, volgare: storia di una questione umanistica. Padua 1984

Trabant, Jürgen, Das Andere der Fachsprache. Die Emanzipation der

Sprache von der Fachsprache im neuzeitlichen europäischen Sprachdenken, in: Zeitschrift für Literaturwissenschaft und Linguistik 51/52, 1983, 27–47

ders., Mithridates im Paradies. Kleine Geschichte des Sprachdenkens. München 2003

ders., Was ist Sprache? München 2008

Treadgold, Warren (Hrsg.), Renaissances Before the Renaissance. Cultural Revivals of Late Antiquity and the Middle Ages. Stanford 1984

Verbaal, Wim/Maes, Yanick/Papy, Jan (Hrsgg.), Latinitas perennis. Volume I. The Continuity of Latin Literature. Leiden/Boston 2007

Versteegh, Kees, Latinitas, Hellenismos, ‹Arabiyya›, Historiographia Linguistica 13 (2/3), 1986, 425–448

ders., The Arabic language. Edinburgh 1997

ders., Dead or Alive? The Status of the Standard Language, in: Adams/Janse/Swain (2002), 52–74

Vössing, Konrad, Schule und Bildung im Nordafrika der Römischen Kaiserzeit. Brüssel 1997

ders., Die Geschichte der römischen Schule – ein Abriß vor dem Hintergrund der neueren Forschung, Gymnasium 110, 2003, 455–497

Vogt-Spira, Gregor/Rommel, Bettina (Hrsgg.), Rezeption und Identität. Die kulturelle Auseinandersetzung Roms mit Griechenland als europäisches Paradigma. Stuttgart 1999

Waquet, Françoise, Le latin ou l'empire d'un signe. Paris 1998. Englisch als: Latin or the empire of a sign. From the sixteenth to the twentieth centuries, transl. by John Howe. London/New York 2001

Whitmarsh, Tim, Greek Literature and the Roman Empire: The Politics of Imitation. Oxford/New York 2001

Wiersing, Erhard (Hrsg.), Humanismus und Menschenbildung. Zu Geschichte, Gegenwart und Zukunft der bildenden Begegnung der Europäer mit der Kultur der Griechen und Römer. Essen 2001

Woodard, Roger (Hrsg.), The Cambridge Encyclopedia of the World's Ancient Languages. Cambridge 2004

Yaron, R., The Competitive Coexistence of Latin and Greek in the Roman Empire, in: Feenstra, Robert u. a., Collatio Iuris Romani. Études dédiées à Hans Ankum à l'occasion de son 65e anniversaire, Bd. II. Amsterdam 1995, 657– 664

Zanker, Paul, Augustus und die Macht der Bilder. München 1987

Zilliacus, Henrik, Zum Kampf der Weltsprachen im oströmischen Reich. Helsingfors 1935 (ND Amsterdam 1965)

Ziolkowski, Jan, Cultural Diglossia and the Nature of Medieval Latin Literature, in: Harris, Joseph (Hrsg.), The Ballad and Oral Literature. Cambridge (Mass.) 1991, 193–213

ders., Die mittellateinische Literatur, in: Graf, Fritz (Hrsg.), Einleitung in die Lateinische Philologie. Stuttgart/Leipzig 1997, 297–322

索 引

（索引页码为德文原版书中页码）

Aachen, karolingisches Zentrum 亚琛，卡洛林帝国中心 127, 135

Aachen, Pfalzkapelle 亚琛，查理大帝礼拜堂 173

Abaelard 阿贝拉尔 182

Abbasidenreich 阿拔斯王朝 126

Acta Eruditorum《学者书》253

Adoptivtochtersprache 养女语言 41, 43, 143 f, 146,192; siehe auch → Tochtersprache 另见嫡女语言

Aelfric 阿尔弗雷德 131

Afrika, Nordafrika und die lateinische Sprache 非洲，北非和拉丁语 12, 36 f, 51, 82, 88 ff, 127, 129,158

ägyptische Sprache und Schrift 埃及语言和文字，21, 23 f,29, 36, 46, 50 f, 115, 129, 280; Neomittelägyptisch 新中古埃及语 24; Hieroglyphen 象形文字 2, 24,115, 264, 277, 283; Demotisch 通俗埃及语 24; Neu ägyptisch 新埃及语 24; Spätmittelägyptisch 中古晚期埃及语 24; Altägyptisch 古埃及语 23, 115; Siehe auch → Mittelägyptisch 也见中古埃及语

Ägyptologie 古埃及文化研究 2, 277, 281

Aischylos 埃斯库罗斯 30, 198

Aktium 阿克提姆 70

Albericus von Monte Cassino 蒙特卡西诺的阿尔贝里库斯 176

Albertus, Magnus 麦格努斯·艾尔伯图斯 174 f

Albinus, römischer Senator 阿尔比纳斯，罗马元老院元老 100

Aldhelm von Malmesbury 马尔姆斯伯里的奥尔德海姆 162

Alexander de Villa Dei 亚历山大·德·维拉·戴 163, 165, 179, 186

Alexander der Große 亚历山大大帝 15, 28 f, 62 f, 74 f,182

Alexandria 亚历山大里亚 29, 66, 69, 89, 100

alexandrinische Philologen 亚历山大里亚的语言学家 106
  Museion 博物馆 29

alexandrinische Literatur 亚历山大里亚的文学 31

Alfred der Große 阿尔弗雷德大帝 126, 130 f

Alkaios 阿尔凯奥斯 67

Alkuin 阿尔昆 136, 174

Alltagsgespräche → Konversation 日常

交流，见对话

Alltagskonversation → Konversation 日常对话，见对话

Altägyptisch → ägyptische Sprache und Schrift 古埃及语，见埃及语言和文字

Altar der Victoria in Rom 罗马维多利亚祭坛 110

Altäthiopisch 古埃塞俄比亚语 280

Altbulgarisch → Altkirchenslawisch 古保加利亚语，见古教会斯拉夫语

altbulgarisches Reich → bulgarisches Reich 古保加利亚王国，见保加利亚王国

Altenglisch 130–135, 140, 160, 169, 171,193, 276, siehe auch → Englisch 古英语，另见英语

Altfranzösisch 133 f, 141, 169 f, 172, 177, 185, 192; siehe auch → Französisch 古法语，另见法语

Altgriechisch → Griechisch 古希腊语，见希腊语

Althochdeutsch 15 f, 44, 131, 133 f, 169 f, 276; siehe auch → Deutsch 古高地德语，另见德语

Altirisch → Irisch 古爱尔兰语，见爱尔兰语

Altkirchenslawisch, Altbulgarisch, Kirchenslawisch 古教会斯拉夫语，古保加利亚语，教会斯拉夫语 18, 127, 129–133, 135,140, 166, 197, 206

Altorientalistik 古东方学 281 f

Altprovençalisch → Provençalisch 古普罗旺斯语，见普罗旺斯语

Ambrosius, Bischof von Mailand 安布罗修斯，米兰主教 110,188

Ammianus Marcellinus 阿米阿努斯·马尔切利努斯 98

Anakreon 阿那克里翁 32

Analogie 66; siehe auch → Anomalie 类比，另见异常现象

angelsächsisches Reich 盎格鲁撒克逊王国 126, 131, 141, 174

Angilbert 安吉尔伯特 173

Anglonormannisch 盎格鲁—诺曼语 193

Anomalie 66; siehe auch → Analogie 异常现象，另见类比

Antoninus Pius 安东尼乌斯·庇护 83

Antonius Gnipho 安东尼乌斯·格尼弗 65

Äolisch 伊奥利亚 26 f, 67 f

Apollonios Dyskolos 阿波罗尼奥斯·狄斯克鲁斯 99

Apollonios Rhodios 阿波罗尼奥斯·罗蒂奥斯 69

Appendix Probi → Probus 普罗布斯的附录，见普罗布斯

Appian 阿皮安 85

Appius Claudius Caecus 阿庇亚·克劳狄乌斯·卡阿苏斯 53

Apuleius 阿普列乌斯 82, 84, 86, 88

Aquileia 阿奎莱亚 90

Arabisch, klassisches Arabisch, Modern Standard Arabic, Araber 阿拉伯语，古典阿拉伯语，现代标准阿拉伯语，阿拉伯人 16, 20, 24 ff, 34, 36–40, 43 ff, 53, 96, 115, 119, 120–123, 127–133, 135, 140, 144, 154, 162, 171, 180 f, 197, 206, 279, 290; siehe auch → Mittelarabisch und → Dichtersprache 另见中古阿拉伯语和诗人语言

arabische Dialekte 阿拉伯方言 37, 40, 44, 121, 123

arabische Sprache im Film 电影中的阿拉伯语 37

Aragón 阿拉贡 194

Aramäisch 阿拉姆语 23, 46, 51, 280

Arbeo, Bischof von Freising 阿尔贝罗, 弗赖辛主教 165

Arbogast, römischer Feldherr 阿波加斯特, 罗马将军 137

Archilochos 阿尔基洛科斯 32, 67 f

Archipoeta 诗匠长 176, 182

Architektur 建筑 173, 178 f, 261, 272 f, 296; Barock 巴洛克 179, Gotik 哥特 46, 178 f, 202, 272; Romanik 罗马式艺术风格 178 f, 202, 272

Argyropulos, Johannes 约翰内斯·阿尔吉罗布洛斯 205

Aristides, Aelius 埃利乌斯·阿里斯提德 85

Aristophanes 阿里斯托芬 30–33, 107, 198, 226, 266

Aristoteles, aristotelisch 亚里士多德, 亚里士多德的 67, 71, 100, 174

Arles, römische Stadt 阿尔勒, 罗马城市 85

Arminius, Cheruskerfürst 阿米尼乌斯, 切鲁西首领 137

Arrian 阿里安 85

artes dictandi 176 说话艺术

artes liberales 通识教育/人文学科 100, 136

Artistenfakultät 艺术系 253

Arvalbrüder 阿尔瓦尔兄弟 58

Asinius Pollio 阿西琉斯·波里奥 65

Assmann, Jan 扬·阿斯曼 226

Atatürk, Kemal 凯末尔·阿塔图尔克 65

Atellanen 亚提拉 49

Athen 雅典 27 ff, 31, 74, 100, 175, 197

Athenaios 阿特纳奥斯 85

Attalidenreich 阿塔利王朝 29

Attisch 阿提卡语 27 f, 31 ff, 62, 74, 85, 107, 197 f

Attizismus, Attizisten 雅典语风/阿提卡语风/阿提卡主义, 雅典语风者/阿提卡语风者 30–35, 73, 81, 85 f, 91, 97, 120, 126, 128, 197 ff

Augustinus, Bischof von Hippo 奥古斯丁, 希波主教 51, 88, 91, 100, 108, 114, 116 f, 122, 124, 166 f, 183, 188

Augustus 奥古斯都 32, 61, 63, 69, 76, 113; Oktavian 屋大维 63

Auraicept na n-Éces《学者读本》130

Aurelian, römischer Kaiser 奥勒良, 罗马皇帝 83

Aurispa, Giovanni 乔瓦尼·奥里斯帕 204

Aurunculeius Cotta 奥卢库勒乌斯·科塔 71

Ausonius 奥索尼乌斯 91

Aussprache 发音 78, 95, 122, 158 f

Autun, spätantikes Zentrum 91 欧坦, 古代晚期的中心地

Babylonisch 巴比伦语 2, 21 ff, 280; babylonische Literatursprache 巴比伦文学语言 16, 125

Bacchylides 巴库利德斯 32

Bach, Johann Sebastian 约翰·塞巴斯蒂安·巴赫 247–259

Bagdad 巴格达 126 f

Balde, Jacobus 雅各布·鲍德 201, 213f, 238

Balkan 巴尔干 50

Banniard, Michel 米歇尔·巴尼亚特 79

Barclay, John 约翰·巴克莱 210
Barlaam, griechischer Abt 贝尔拉姆，希腊修道院院长 204
Barzizza, Gasparino 加斯帕里诺·巴尔齐扎 189, 207
Basedow, Johann Bernhard von 约翰·伯恩哈德·冯·巴泽多 245
Baskisch 巴斯克语 194
Bebel, Heinrich 海因里希·贝贝尔 191, 213
Beccadelli, Antonio 安东尼奥·贝克卡德利 201, 207
Beda Venerabilis 尊者比德 162
Bellay, Joachim du 约阿西姆·杜·贝莱 192, 210
Bembo, Pietro 彼得罗·本博 13, 109, 190, 193, 195 f, 208, 234
Bengali 孟加拉语 42
Beroaldo, Filippo 菲利波·博拉尔多 190
Berytos, Beirut 贝瑞托斯，贝鲁特 87, 99
Bessarion, Kardinal 贝萨里翁，红衣主教 35, 205
Bibel, -übersetzung, -bearbeitung 《圣经》，《圣经》的翻译，《圣经》的编辑 46, 90, 104 f, 108, 111–114, 116, 118 f, 134 f, 137, 141, 169 ff, 188, 193, 211, 243, 254, 266
Bidermann, Jakob 雅克布·比德曼 225
bilinguale Erziehung, Zweisprachigkeit 双语教育，双语制 11, 41, 76 f, 81–89 各处, 97 f, 143, 165, 207, 234, 235
Biondo, Flavio 弗拉维奥·比昂多 212
Bobbio, Kloster 博比奥，修道院 138
Boccaccio, Giovanni 乔万尼·薄伽丘 192 f, 195 f, 201, 207 f, 263
Bodmer, Johann Jacob 约翰·雅克布·博德默尔 263
Boethius 波伊提乌 100 f, 118, 137, 204
Bologneser Rechtsschule 博洛尼亚法学院 202
Bonaventura 圣文德 243
Bonifatius 博尼费斯 138 f, 162
Bordeaux, spätantikes Zentrum 波尔多，古代晚期的中心地 91
Boris I., bulgarischer Zar 鲍里斯一世，保加利亚沙皇 126
Brant, Sebastian 塞巴斯蒂安·布兰特 213
Bretonisch 布列塔尼语 195
Brindisi 布林迪西 54
Bruni, Leonardo 莱昂纳多·布鲁尼 203, 207
Brutus, Caesarmörder 布鲁图斯，谋杀恺撒者 65, 84
Buchanan, George 乔治·布坎南 210
Buddhismus 佛教 53
Budé, Guillaume 纪尧姆·布德 210
bulgarisches Reich 保加利亚王国 126, 129, 131
Bundesgenossenkrieg 同盟者战争 47, 49
Burke, Peter 彼得·伯克 199
byzantinische kirchliche Literatur 拜占庭时期的教会文学 266
Byzanz, Byzantion, Byzantinisches Reich, Konstantinopel 拜占庭，拜占庭王朝，君士坦丁堡 90, 98–102, 126 f, 129, 131, 136–140, 173, 203 ff

Caecilius Statius 凯基利乌斯·斯塔提乌斯 54
Caesar 恺撒 61, 62, 64 ff, 69, 71 f, 89,

183, 198
Calcidius, Neuplatoniker 卡奇迪乌斯，新柏拉图主义者 100
Calepino, Ambrogio 安布罗焦·布莱皮诺 239
Calpurnius Piso, Schwiegervater Caesars 卡尔普尔尼乌斯·皮索，恺撒的岳父 71
Campe, Johann Heinrich 约翰·海因里希·卡姆佩 245
capitalis quadrata 方体大字 111
capitalis rustica 大写字体 109, 111, 139
Carmina Burana 17, 176 f, 182; siehe auch → Orff, Carl《布兰诗歌》，另见卡尔·奥尔夫
Cassiodor 卡西奥多罗斯 137
Cassius, Caesarmörder 卡西乌斯，谋杀恺撒者 65
Castel del Monte 蒙特城堡 202
Cato d. Ä. 老加图 55, 86, 117
Catull 卡图卢斯 61, 69, 178
Celtis, Konrad 康拉德·策尔蒂斯 201, 211, 213, 237
Cenodoxus《巴黎博士》225
Censorinus 塞索里努斯 82
Cervantes, Miguel de 米格尔·德·塞万提斯 263
Champollion, Jean-François 让—弗朗斯瓦·商博良 24, 264
Chancery Standard《法庭标准》209
Charisius, Grammatiker 夏利修斯，语法学家 103
Chaucer, Geoffrey 杰弗雷·乔叟 193
Chinesisch, klassisches Chinesisch 汉语，古典汉语 16, 18, 39, 53, 93, 154 f, 279, 290

Chrysoloras, Manuel 曼纽尔·赫里索洛拉斯 205
Chytraeus, David 大卫·希特拉乌斯 237
Cicero 西塞罗 2, 17, 19, 58–81 各处, 84, 86 f, 90, 106 ff, 111, 113, 116, 119, 149, 152 f, 161, 163, 174, 182 f, 187 f, 190 f, 195, 199, 203 f, 219, 222, 226, 233 f, 236 f, 255, 258 f, 261, 266, 268, 275, 283
Ciceronianismus, Ciceronianus 西塞罗主义，西塞罗主义者 109, 116, 149, 153, 190, 193, 196, 199, 232 f, 289, 296
Claudian 克劳迪安 98, 110, 112
Clemens VI., Papst 克莱门特六世，教皇 152
code écrit 书面语言 40
code parlé 口头语言 40
Codex Iustinianus《查士丁尼法典》82
Codex Theodosianus《狄奥多西法典》82
Cola di Rienzi 柯拉·第·黎恩济 207
Collegium Anthologicum, Leipzig 莱比锡文选协会 253
Columban, irischer Missionar 高隆邦，爱尔兰传教士 130, 138
Comenius, Jan Amos 扬·阿姆斯·夸美纽斯 240 f
Commodian 康茂德安 82, 88
Consentius, Grammatiker 康森提乌斯，语法学家 105
Corbie, Kloster 科比尔，修道院 138
Cordier, Maturin 马图安·科尔迪耶 225
Cordoba 科尔多瓦 127
Coripp 科里普斯 99, 161

索引 311

Cornutus, Annaeus 阿奈乌斯·科尔努图斯 84

Corvinus, Laurentius 劳伦修斯·考文纽斯 191

Creutzer, Friedrich 弗里德里希·克罗伊策 269

Crystal, David 戴维·克里斯特 95 f

Cumae 库迈 49

Curtius Rufus 库尔修斯·鲁弗斯 75

Cyprian 西普里安 82, 88

Damaskus 大马士革 127

Dante Aligheri 但丁·阿利盖里 44, 135, 192, 196, 202 f, 206 ff, 263

Deklamationen 雄辩 75

Demetrios Poliorketes 德米特里·波里奥西特 28

Demetrios von Phaleron 法勒隆的德米特里 30

Demosthenes 德摩斯梯尼 30, 32, 67, 69, 73, 197 f.

Demosthenismus 德摩斯梯尼主义 199

Demotisch → ägyptische Sprache und Schrift 通俗埃及语，见埃及语言和文字

Descartes, René 勒内·笛卡尔 242

Deutsch 德语 11 f, 15 ff, 40, 80, 130, 134, 142, 144, 147 f, 154, 158, 166, 170 f, 185, 197, 211 ff, 228 f, 235 f, 254, 256, 258, 264, 279; Frühneuho-chdeutsch 早期新高地德语 193; Neuho-chdeutsch 新高地德语 134; Mittelhochdeutsch 中古高地德语 38, 44, 134, 169, 172, 185, 193, siehe auch → Althochdeutsch 另见古高地德语

Deyling, Salomo, Superintendent in Leipzig 所罗门·蒂林，莱比锡的新教牧师 252

Diadochenreiche 继承者帝国 28 f

Dichtersprache 诗人语言 38, 128; homerische Dichtersprache 荷马史诗的诗人语言 26, 38, 128; arabische Dichtersprache 阿拉伯诗人语言 38

Digesten《学说汇纂》99

Diglossie, Diglossiesituation 双语现象，双语情况 33–41 各处, 95, 120 f, 126, 128, 133, 140, 143, 166, 171, 203, 205 f, 209; siehe auch → Ferguson, Charles, A. 另见查理·A. 弗格森

Dihle, Albrecht 阿尔布雷希特·迪勒 30, 84

Dimotiki, Volksgriechisch 希腊大众通俗语言 33, 36, 171; siehe auch → Katharevousa 另见加达语

Diokletian 戴克里先 82, 88 ff, 96 f, 102

Diomedes, Grammatiker 狄俄墨得斯，语法学家 103

Dion von Prusa 普鲁萨的迪昂 85

Dionysius Areopagita 亚略巴古的狄奥尼修斯 175

Dioskurides, Handschrift in Wien 第奥库里德，维也纳手稿 114

Distanzkommunikation, Distanzsprache 远交流，远语言 80 f, 122 f

Donat 多纳图斯 101–104, 131, 161 ff

Donatkommentar → Erchanbert von Freising，多纳图斯的注解者，见弗赖辛的埃坎伯特

dorisch 多利安语 27, 34, 198

Dracontius 德拉孔蒂乌斯 161

dravitische Sprache 达罗毗荼语 39

Dreißigjähriger Krieg 三十年战争 238

Dresden, Frauenkirche 德累斯顿的圣母教堂 296

Dürer, Albrecht 阿尔布雷特·丢勒 214

Dunkelmännerbriefe《蒙昧者书简》181, 224

Eberhard von Béthune 埃伯哈德·冯·贝蒂纳 163
Einhard 艾因哈德 142, 174
Elegiendichtung 挽歌 32
Empedokles 恩培多克勒 67
enarratio poetarum 讲解典范的诗歌文本 101
Englisch 英语 1, 10 ff, 14, 16 f, 50, 57, 80, 92 ff, 127, 148, 152, 154–159, 183, 186, 194, 197, 200, 220, 229, 235, 241, 264, 279, 286; siehe auch → Altenglisch und → Mittelenglisch 另见古英语和中世纪英语
Ennius 恩尼乌斯 13, 54 f, 59, 69, 107
Epiktet 爱比克泰德 84
epikureisch 伊比鸠鲁的 33, 176
Erasmus von Rotterdam 鹿特丹的伊拉斯谟 4, 17, 81, 149, 153, 155, 190 f, 201, 218, 221 ff, 225, 231 ff, 289
Erchanbert von Freising, Donatkommentator 弗赖辛的埃坎伯特，多纳图斯的注解者 163
Ernesti, Johann August 约翰·奥古斯特·埃内斯蒂 247, 249, 258 f, 261, 269
Ernesti, Johann Heinrich 约翰·海因里希·埃内斯蒂 247 f, 255 ff, 259
Ernst Ludwig, Landgraf von Hessen-Darmstadt 黑森-达姆施塔特的恩斯特·路德维希侯爵 250
Estienne, Robert 罗贝特·埃蒂安 195, 239, 255
Etruskisch 伊特拉斯坎语 19, 22, 46, 48, 50, 52, 54

Etymologien in lateinischer Dichtung 拉丁语叙述文学中的词源 67
Eulalia-Sequenz《尤拉利亚序列》169
Euripides 欧里庇得斯 30, 57, 198
Eurolinguistik 欧洲语言学 146
Europa, Europäer, europäisch 欧洲，欧洲人，欧洲的 1–14 各处, 17, 22, 25, 30, 33, 39, 41–46 各处, 53 f, 74, 80, 85, 89, 98, 101 f, 125 f, 129, 131 ff, 139–148 各处, 156, 159 f, 167 f, 171, 174, 178 f, 185 ff, 191–203 各处, 207 f, 211, 214, 216, 218 ff, 225–239 各处, 241–245 各处, 253 f, 260 f, 263 ff, 274 ff, 280 f, 290 ff, 296
Eusebius 尤西比乌斯 114

Fabri, Basilius 巴西利乌斯·法布里 255
Fabricius, Georg 格奥尔格·法布里修斯 213
Faliskisch 法利希语 47
Familienmodell, Familiengeschichte des Lateinischen 家族模式，拉丁语家族史 42 f, 143 f, 146, 148, 192, 210, 294
Favorinus von Arles 阿尔勒的法沃里努斯 85
Felicianus, Lehrer des Dracontius 费耶西亚努斯，德拉孔蒂乌斯的教师 161
Ferguson, Charles A. 查尔斯·A. 弗格森 33 f, 40, 91, 95, 120 f; siehe auch → Diglossie 另见双语现象
Ferrara 费拉拉 202, 205
Ficino, Marsilio 马西利奥·费奇诺 207
Filelfo, Francesco 弗朗西斯科·菲莱

福 201, 204
Finnisch 芬兰语 11, 40
fixierte Sprachen, Sprachfixierung 固定的语言，语言的固定化 20 f, 24 f, 29 f, 37 ff, 42 f, 61 ff, 74 f, 78, 96 f, 119 f, 123, 128, 132 f, 142, 147, 149, 158, 168, 179, 181, 222, 232, 290, 292
Florenz 佛罗伦萨 202, 204
Florus 弗洛鲁斯 82
formale Bildung 形式教育 262
Fränkisch 法兰克语 125, 127, 133, 135
Frankoitalienisch 法语—意大利语 193, 195
Franz II., deutscher Kaiser 弗朗茨二世，德意志皇帝 125
Französisch, Franzosen 法语，法国人 1, 11, 17, 29, 39 f, 43, 80, 91, 93, 122, 130, 134f, 142, 144, 148, 154, 158, 169 ff, 185, 193 ff, 197, 207 ff, 220, 228, 256, 264, 279, 286; siehe auch → Mittelfranzösisch 另见中世纪法语
Französische Revolution 法国革命 228
Freising 弗赖辛 135
Friaul 弗留利 14
Friedrich II., staufischer Kaiser 腓特烈二世，斯陶芬国王 202
Frischlin, Nicodemus 尼哥德姆·弗里什 201
Fronto 弗朗托 82, 84, 86, 88
Frühneuhochdeutsch → Deutsch 早期新高地德语，见德语
Fuhrmann, Manfred 曼弗雷德·福尔曼 8, 82 f
Fulda, Kloster 富尔达，修道院 135, 138 f, 163, 173

Ratgar-Basilika 拉特加大教堂 173
Galen 伽林 85
Gälisch 盖尔语 193, 195
Galizisch 加利西亚语 14, 194 f
Garlandia, Johannes de 约翰内斯·德·加兰迪亚 176
Gedike, Friedrich 弗里德里希·格迪克 262
Gellius 格里乌斯 82, 88
Gemeinsprache 通用语言 228, 230
Generationswechsel, Generationenmodell 世代变化，世代模式 40, 42, 44, 140, 146
Georg I., König von Griechenland 乔治一世，希腊国王 171
Georges, Karl Ernst 卡尔·恩斯特·乔治斯 269
Germanisch 日耳曼语 41, 88, 131, 135 ff, 169, 211
Gesner, Johann Matthias 约翰·马蒂亚斯·格斯纳 247 f, 255–258 各处, 261, 269
Gesprächsbüchlein 对话小册子 22, 81, 221, 223, 225
Gesprächskultur → Konversation 会话文学，见对话
Getty-Museum, Malibu, Kalifornien 盖蒂博物馆，加利福尼亚州马里布 71
Gilgamesch-Epos 吉尔伽美什叙事诗 282
Glaber, Rodulfus 鲁杜夫·格拉伯 202
Goclenius, Rudolph 鲁道夫·高克兰纽斯 196
Goethe, Johann Wolfgang von 约翰·沃尔夫冈·冯·歌德 201, 225, 264

Goten: Westgoten, Westgotisches Reich 哥特人，西哥特人，西哥特帝国 137, 162, 174; Ostgoten 东哥特人 137

Gottfried von Vinsauf 戈特弗里德·冯·文索夫 176

Göttingen, Universität 哥廷根大学 255

grammatica 语法语言 44, 143, 203, 205 f; volgare 通俗语言 44,143, 203, 205ff

grammaticus, grammatiké techne 语法学家，书写艺术 101, 161

Graupner, Christoph 克里斯托夫·格劳普纳 250 f

Gregor der Große, Papst 格里高利大帝，教皇 102

Greule, Albrecht 阿尔布雷希特·格罗伊勒 10

Griechen 希腊人 15, 28, 51 ff, 56

Griechisch 希腊语 13 ff, 25 f, 29, 31 f, 34 ff, 40, 43, 45f, 48, 50, 55, 57, 72, 81, 83 ff, 87, 89, 91, 96 f, 107, 117, 119 f, 126–133, 135, 140, 144, 147, 160, 197, 204 f, 227, 233, 254, 261 ff, 265, 266 f, 281, 293; Altgriechisch 古希腊语 16, 34, 52, 281, 287; siehe auch → Mykenisch 也见迈锡尼语

griechisch-italischer Kulturaustauschprozess 希腊语—意大利语文化交流过程 56

Grotefend, Georg Friedrich 格奥尔格·弗里德里希·格罗特芬德 264

Grotius, Hugo 雨果·格罗提乌斯 185, 220

Guarino von Verona 维罗纳的瓜里诺 189, 204, 207

Gutenberg, Johannes 约翰内斯·古腾堡 104f, 199

Gymnasium, Humanistisches Gymnasium 高级文理中学，人文主义的高级文理中学 118, 234, 237, 246, 259 f,262, 267 f, 272–274, 280, 294

Hadrian, römischer Kaiser 哈德良，罗马皇帝 83 f

Hafis 哈菲斯 264

Halbinsel-Arabisch → Arabische Dialekte 阿拉伯半岛，见阿拉伯方言

Hammer, Josef von 约瑟夫·冯·哈默 264

Harmonielehre 和声学 271

Hebräisch 希伯来语 42, 46, 50, 254

Heineccius, Johann Gottlieb 约翰·戈特利布·海内克丘斯 257

Heinsius, Daniel 丹尼尔·海因修斯 220

Heinsius, Nicolaus 尼古拉斯·海因修斯 220

Heliand《救世主》169

Helias, Petrus 佩特鲁斯·赫利亚斯 163

Heloise 爱洛伊丝 182

Herculaneum 赫库兰尼姆 71

Hermann, Josef 约瑟夫·海尔曼 79

Herodian 赫罗狄安 83, 85, 98

Herodot 希罗多德 68, 266

Hersfeld, Kloster 赫斯费尔德，修道院 135, 138

Hesiod 赫西俄德 67

Hethitisch 希泰语 19, 22

Heyne, Gottlob 戈特洛布·海涅 269

Hieroglyphen → ägyptische Sprache und Schrift 象形文字，见埃及的语言和文字

Hieronymus, Kirchenvater 哲罗姆，神学家 98, 102, 116 ff, 120, 123, 161,

183, 187 f
Hildebrandslied《希尔德布兰特之歌》134, 169
Hildesheim, Amtshaus der Knochenhauer 希尔德斯海姆的克诺亨豪尔官邸 296
Hindi 印地语 42, 154
Hipponax 希波纳克斯 67
Historisierung 历史化 263 ff, 273
Historismus 历史主义 265, 267, 272 f, 277, 281,284, 288
Hocharabisch 高地阿拉伯语 → Arabisch
Hochsprache, hochsprachlich 标准语言，标准语言的 25, 30, 35 f, 38, 40, 44, 81, 121, 123, 133, 142, 160, 206, 228
Höfische Konversationspraktiken → Konversation 宫廷的对话实践，见对话
Hofmann, Johann B. 约翰·B.霍夫曼 271
Hölderlin, Friedrich 弗里德里希·荷尔德林 266
Homer, homerisch 荷马，荷马的 26 f, 32, 38, 53, 57,70, 85, 108, 204, 258, 266; *Ilias*《伊利亚特》30, 67; *Odyssee*《奥德赛》30, 53, 57, 59, 67, 266; siehe auch → Dichtersprache 另见诗人语言
Horaz 贺拉斯 59, 61 f, 66 ff, 71, 79, 87, 90, 106 f, 117, 120, 161, 163, 182, 189, 226, 233, 266
Hrabanus Maurus 拉巴诺·莫鲁斯 163, 171
Humanistisches Gymnasium → Gymnasium 人文主义的高级文理中学，见高级文理中学
Humboldt, Wilhelm von 威廉·冯·洪堡 246, 261 f,264

Ilias → Homer《伊利亚特》，见荷马
indische Literatur 印度文学 264
indogermanische Sprachen, Indogermanistik 印度日耳曼语系的语言，印度日耳曼语系的比较研究 264, 271
irische Sprache und Kultur 爱尔兰语言和文化 46, 130, 141, 160, 162, 169, 171, 195, 276; Altirisch 古爱尔兰语 130, 280
Isidor von Sevilla 塞维利亚的伊西多尔 162
Isokrates 伊索克拉底 30, 32, 197
italienische Sprache und Literatur 意大利语言和文化 45, 158, 170, 172, 192, 194 f, 197, 201 ff,205 ff, 229, 256; siehe auch → grammatica 另见符合语法规则的
Iuvencus 尤文图斯 90

Jäger, Werner 韦尔纳·耶格 274
Jambendichtung 抑扬格诗 32
Janich, Nina 妮娜·亚尼希 10
Japan, Japaner, Japanologie 日本，日本人，日本语 39, 53, 155, 157 f, 280
Jesuiten; Jesuitenkollegien 耶稣教会；耶稣会学院 118, 188, 191,213, 216 ff, 225, 237 f, 243
Jesuitendrama, Jesuitendramatiker 耶稣教会戏剧，耶稣教会剧作家 216, 223, 225
Jesus 耶稣 50
Johannes Balbus 约翰内斯·巴尔比斯 179
Johannes Scotus Eriugena 约翰内斯·斯格特·爱留根纳 175
Jonisch 爱奥尼亚 26ff

Julianus von Toledo 托莱多的朱利安 162

Juristen → Recht 法学家，见法律

Justin II., oströmischer Kaiser 查士丁尼二世，东罗马帝国皇帝 99

Justinian, oströmischer Kaiser 查士丁尼，东罗马帝国皇帝 99, 173

Juvenal 尤维纳利斯 81 f, 86, 108 f

Kallimachos 卡利马科斯 67

Kamasutra《爱经》42

Kampanien 坎帕尼亚 54

Karl der Große 查理大帝 125, 127, 131, 133, 135 f, 140–145 各处, 148, 160 f, 163 f, 167, 173 f, 211

Karl der Kahle 秃头查理 142

Karthago, Karthager 迦太基，迦太基人 55, 58, 86, 88 f, 91

Kastilisch 卡斯蒂利亚语 14, 194

Katalanisch 加泰罗尼亚语 14, 194 f, 195

Katharevousa 加达语 33, 36, 171; siehe auch → Dimotiki 另见希腊大众通俗语

Kauffmann, Bewerber um das Thomaskantorat 考夫曼，托马斯合唱团主事一职的申请人 251

Kelte, keltisch 凯尔特人，凯尔特语 41, 47, 51, 54

Kirchenslawisch → Altkirchenslawisch 教会斯拉夫语，见古教会斯拉夫语

klassisches Arabisch → Arabisch 古典阿拉伯语，见阿拉伯语

klassisches Chinesisch → Chinesisch 古典汉语，见汉语

Klassizismus 古典主义 179, 191, 232, 261

Klotz, Reinhold 莱茵赫德·克洛茨 269

Koch, Peter 彼得·科赫 80, 122

Kodifizierung, kodifiziert 编纂，典范的 20 f, 39 f, 44, 127, 144, 158

Koine 共通语言 27 f, 35, 49, 56

König, Georg Matthias 乔治·马蒂亚·柯尼格 196

Konstantin der Große 君士坦丁大帝 90, 96 f, 173, 188

Konstantinopel → Byzanz 君士坦丁堡，见拜占庭

Konversation 对话 229
  Alltagskonver-sation 日常对话 12, 227; Alltagsges-präche 日常语言 229; höfische Konversationspraktiken 宫廷的对话实践 228; Gesprächskultur 会话文化 231

Konzil von Burgos 布尔戈斯委员会 170

Koptisch 科普特语 24, 50, 280

Koran《古兰经》37, 44, 115, 128, 171

Korbinian, Heiliger 科尔宾安，圣者 165

Krates von Mallos 马洛斯的克拉底 101

Krause, Chorpräfekt in Leipzig 克劳泽，莱比锡合唱团代理指挥 259

Krebs, Johann Philipp 约翰·菲利浦·克雷布斯 269, 271

Kregel, Hofrat in Leipzig 克雷格尔，莱比锡委员 251

Küchenlatein 厨房拉丁语 190

Kühner, Raphael 拉斐尔·屈纳 269, 271

Kuhnau, Johann, Thomaskantor 约翰·库瑙，托马斯合唱团主事 248f

Kyrill 西里尔 129, 133

Laktanz 拉克坦提乌斯 88, 90
Lange, Gottfried, Bürgermeister von Leipzig 戈特弗里德·朗格，莱比锡市长 250, 252
Langobarden 伦巴底人 46, 137, 174
Las Casas, Bartolomé de 巴托洛梅·德·拉斯·卡萨斯 219
Laskaris, Konstantinos 康斯坦丁诺斯·拉斯卡里斯 35, 205
lateinische Bibel → Bibel 拉丁语《圣经》，见《圣经》
Lateinschulen 拉丁语学校 231
Lateinsprechen; Lateinsprechtage → Mündlichkeit 拉丁语口语，拉丁语工作日，见口语
Latini, Brunetto 布鲁内托·利普修斯 206
Latium 拉提姆 46 f, 56
Leipzig, Rat 莱比锡议会 250, 259
Leipzig, Thomasschule → Thomasschule 莱比锡托马斯学校，见托马斯学校
Leipzig, Universität 莱比锡大学 247, 253, 258
Leitfiguren, kulturelle 文化模范人物 234
Leitwissenschaft 前沿科学 277
Lernersprache 学习者语言 151 ff
Leumann, Manu 马努，洛伊曼 271
Limbach, Jutta 尤塔·林巴赫 12
lingua franca 通用语言 39, 94 f, 136, 156, 166, 219, 232, 235, 240 f, 264
Lingua Franca Core 核心通用语言 159
Linné, Carl von 卡尔·冯·林奈 241
Lipsius, Justus 尤斯图斯·利普修斯 191, 220
Literatursprache 文学语言 7, 16, 28 f, 32, 35, 40 f, 51, 62, 71 ff, 78, 87, 97, 148, 169, 192 ff, 201, 233 f, 275 f
Livius 李维 49, 61, 68, 84, 90, 106 f, 199
Livius Andronicus 李维乌斯·安德罗尼库斯 53 f, 57, 59, 70
Longolius → Longueil, Christophe de 隆格里乌斯，见克里斯托夫·德·隆圭尔
Longueil, Christophe de 克里斯托夫·德·隆圭尔 190
Lorsch, Kloster 洛尔施，修道院 135, 173
Lothar I., Enkel Karls des Großen 洛泰尔一世，查理大帝的孙子 142
Lovati, Lovato 洛瓦托·洛瓦蒂 202
Lucilius 卢基里乌斯 69
Ludwig der Deutsche 日耳曼人路易 142
Lüdtke, Helmut 赫尔穆特·吕特克 18, 79, 158
Lüneburg, Johanneum 约翰内乌姆·吕内堡 249
Lukan 卢坎 61, 81, 106, 108, 178
Lukanische Grabmalerei 卢卡尼亚的墓穴绘画 54
Lukian 琉善 81, 85
Lukrez 卢克莱修 61, 67, 69, 108, 176
Luther, Martin 马丁·路德 193, 211, 273
Luxeuil, Kloster 罗希，修道院 138
LVDI LATINI 293 拉丁语活动的名称
Lyon 里昂 91, 138
Lysias 利西阿斯 30, 198

Macrin, Salmonius 萨蒙·麦克林 210
Macrobius 马克罗比乌斯 100, 110
Magistros, Thomas 托马斯·马吉斯特 204

Mago, punischer Schriftsteller 马戈，迦太基著作家 89

Mailand 米兰 86, 90, 93, 124, 136, 138

Mainz, in Antike und Mittelalter 古代和中世纪的美因茨 136, 138, 163

Makedonisch 马其顿的 28, 62

Marcus Antonius 马库斯·安东尼乌斯 65, 70

Mark Aurel 马尔库斯·奥勒利乌斯 83, 85

Marot, Clément 克莱蒙·马洛特 210

Martial 马提亚尔 81

Marullus, Michael 迈克尔·马鲁鲁斯 35

Mathematik, Verwandtschaft mit Latein 数学，与拉丁语的亲缘关系 272, 293

Mauretanien 毛里塔尼亚 36

Maximilian, deutscher Kaiser 马克西米利安，德国皇帝 211

Medina 麦地那 127

Melanchthon, Philipp 菲利普·梅兰希通 190, 213 ff, 237, 254, 273

Melissus, Paulus → Schede, Paul 保卢斯·墨利索斯，见保尔·谢德

Menander 米南德 33

Menge, Hermann 赫尔曼·门格 199, 269

Merowinger, Merowingisch, Merowingerreich 梅罗文加人，梅罗文加语，梅罗文加帝国 46, 121, 137 f, 160, 166

Messapien, Messapisch 墨萨皮亚人，墨萨皮亚语 13, 47 f, 54

Metellus von Tegernsee 泰根湖的梅特路斯 182, 185

Methodius 梅福季 129

Micyllus, Jacobus 雅克布斯·米西卢坎 213

Minucius Felix 米努西乌斯·菲利克斯 82, 88

Mistra, peloponnesische Kleinstadt 米斯特拉，伯罗奔尼撒半岛上的小镇 204

Mittelarabisch 中古阿拉伯语 180

Mittelenglisch 中古英语 134, 193

Mittelfranzösisch 中古法语 134, 192

Mittelhochdeutsch → Deutsch 中古高地德语，见德语

Mittellatein 中古拉丁语 180 f

Modern Standard Arabic → Arabisch 现代标准阿拉伯语，见阿拉伯语

Mommsen, Theodor 特奥多尔·蒙森 268

Monteverdi, Claudio 克劳迪奥·蒙特威尔第 296

Morus, Thomas 托马斯·莫鲁斯 201

Moschopulos, Manuel 曼努埃尔·莫斯科普洛斯 204

Mozart, Wolfgang Amadeus 沃尔夫冈·阿玛多伊斯·莫扎特 271

München, Michaelskirche 慕尼黑，圣弥额尔教堂 216

Mündlichkeit 口语 6, 10, 18, 21 f, 26, 29, 34, 37 f, 40, 56 f, 60, 80f, 121 ff, 128, 132, 146, 155, 166 ff, 194, 198, 221, 224 f, 227, 229, 231, 239 f, 249; Lateinsprechen 拉丁口语 150, 153, 159, 167, 220, 233, 248 f, 255 f, 294; Lateinsprechtage 拉丁语工作日 152

Münkler, Herfried 赫尔弗里德·明克勒 13, 63

Murbach, Kloster 穆尔巴赫，修道院 135

Museion → alexandrinische Philologen 博物馆，见亚历山大里亚的语言学家

Musonius Rufus 穆索尼乌斯·鲁弗斯 84

Mussato, Albertino 阿尔贝蒂诺·穆萨托 202

Muttersprache, muttersprachlich, Muttersprachler 母语，母语的，说母语的人 7 f, 10 ff, 18 ff, 25, 38, 42, 47, 54 f, 60, 103, 105, 121, 133, 142, 144 f, 151, 154–159 各处, 213, 229, 231, 233 ff, 238, 294

Mykenisch, mykenisches Griechisch 迈锡尼语，迈锡尼希腊语 22, 26

Naevius 奈维乌斯 54

Nägelsbach, Carl Friedrich von 卡尔·弗里德里希·冯·内格尔斯巴赫 269, 271

Nähesprache, Nähesprachlichkeit 近语言，近语言性 80 f, 122, 222, 224

Napoleon 拿破仑 29

Nation, national, Nationalstaatsgedanke, Nationalliteratur 民族／国家，民族的／国家的，民族国家观念，民族文学 5, 7 f, 11 ff, 47, 51, 60, 63, 92, 94 f, 108, 144, 185, 196, 200 f, 207, 210, 212 ff, 229f, 247

nationalistisch 民族主义的 12, 214

Nationalsprache 民族语言 5, 7 f, 11 ff, 142 f, 145, 148, 194 ff, 201, 209, 211, 227 f, 231, 235, 238, 263

Naturwissenschaften, naturwissenschaftlich 自然科学，自然科学的 1, 11, 57, 186, 241 f, 253, 267, 270, 272, 277, 285, 287, 291

Nebrija, Antonio 安东尼·内布里哈 195

Neomittelägyptisch → ägyptische Sprache und Schrift 新中古埃及语，见埃及语言和文字

Nepos, Cornelius 科尼利厄斯·内波斯 61, 198

neuägyptisch → ägyptische Sprache und Schrift 新埃及语，见埃及语言和文字

neubabylonische Literatursprache → Babylonisch 新巴比伦文学语言，见巴比伦语

Neugriechisch → Griechisch 现代希腊语，见希腊语

Neuhochdeutsch → Deutsch 现代标准德语，见德语

Neuhumanismus, Neuhumanisten, neuhumanistisch 新人文主义，新人文主义者，新人文主义的 118, 150, 179, 245 f, 254 ff, 259, 261, 269, 277, 288

Neupersisch → Persisch 现代波斯语，见波斯语

Neuplatonismus, neuplatonisch 新柏拉图主义，新柏拉图主义的 99 f, 110, 116, 175

Niavis, Paulus → Schneevogel, Paul 鲍鲁斯·史内沃格，见鲍尔·史内沃格

Nibelungenlied《尼伯龙根之歌》134, 169, 264, 282

niederländische Lateinkultur 荷兰拉丁语文化 220

Nikomedia 尼科米底亚 90

Nizolius, Marius 马里奥·尼佐利奥 190

Norden, Eduard 爱德华·诺登 86, 180,

232, 235

Norm, Normierung, normierte Sprache 标准、标准化、标准语言 21, 185, 229, 232 f, 275

normannische Eroberung 诺曼征服 201

Normcorpus 规范大全 292

Odoaker 奥多克 137

Odyssee → Homer《奥德赛》，见荷马

Oktavian → Augustus 屋大维，见奥古斯都

Okzitanisch 奥克斯塔尼语 170, 192

Olga, Königin von Griechenland 奥尔加，希腊女王 171

Olympia Morata 奥林匹亚·莫拉塔 222

Opitz, Martin 马丁·奥皮茨 196, 213, 234

Orbilius, Grammatiklehrer 奥比利乌斯，语法教师 161

Ordnungskonfigurationen 制度配置 184

Orff, Carl 176 f, 182; siehe auch →*Carmina Burana* 卡夫·奥尔夫，另见《布兰诗歌》

orientalische Sprachen 东方语言 280

Oskisch 奥斯坎语 13, 47, 49, 54 ff, 264

Osmanen 奥斯曼帝国 35, 203, 204

Österreicher, Wulf 伍尔夫·奥斯特莱希 80, 122

Osteuropa 东欧 15, 125, 129, 143, 194, 221

Ostgoten → Goten 东哥特人，见哥特人

Ostler, Nicholas 尼古拉斯·奥斯特勒 8

Otfrid von Weißenburg 魏森堡的奥特弗利德 169

Ovid 奥维德 61, 68 f, 71, 106, 176, 204

Owen, John 约翰·欧文 210

Pacuvius 帕库维乌斯 54

Palaiologen, Palaiologenrenaissance 巴列奥略王朝，巴列奥略王朝的复兴 204

Palästina 巴勒斯坦 36, 50, 127, 129

Palermo, Palastkapelle 巴勒莫的诺曼皇宫 202

Panini, indischer Grammatiker 帕尼尼，印度语法学家 41, 62, 101

Paulus Diaconus 保罗·迪肯 136, 174

Paulus, Apostel 保罗，耶稣使徒 106, 175

Pausenpflicht 课间义务 225, 256

Percy, Thomas 托马斯·帕希 263

Pergamon 贝加蒙 29

Periodensystem der chemischen Elemente 化学元素周期表 270

Perotti, Nicollò 尼科罗·佩罗蒂 188

Persisch 波斯语 38, 50, 129, 133, 135, 206, 264

Neupersisch 现代波斯语 129

Persius 佩尔西乌斯 81, 84, 86, 108

Pervigilium Veneris《维纳斯不眠之夜》75

Petrarca, Francesco 弗兰齐斯科·彼特拉克 44, 150, 152, 187 ff, 192 f, 195 f, 201, 203 f, 207 ff, 213, 261, 263

Petron 佩特洛尼乌斯 79

Petrus von Pisa 比萨的佩特鲁斯 136, 164, 174

Peutinger, Konrad 康拉德·波廷格 213

Pexenfelder, Michael 迈克尔·佩克森费尔德 196

Pezold, Carl Friedrich 卡尔·弗里德里希·佩措尔德 252–255 页各处

Philanthropinismus, Philanthropisten 博爱主义，博爱主义者 245 f, 256

Philhellenismus 亲希腊主义 265

Philippi 腓利比 70

Philodem von Gadara 加达拉的菲洛德慕斯 71

Philologische Seminare 语文学研讨会 255, 262, 269

Philostrat 菲洛斯特拉托特 85

Phocas, Grammatiker 福卡斯，语法学家 105

Photios, Photianische Renaissance 佛提乌斯，佛提乌斯的文艺复兴 127

Piccolomini, Enea Silvio → Pius II., Papst 恩尼亚·席维欧·皮可洛米尼, 见教皇庇护二世

Pictor, Quintus Fabius 昆图斯·法比乌斯·皮克托 57

Pilatus, Leontius 莱昂提乌斯·皮拉图斯 204

Pindar 品达 32

Pirckheimer, Willibald 威利巴德·皮克海默 213

Pisa 比萨 138

Pius II., Papst 教皇庇护二世 207, 211

Planudes, Maximos 马克西姆斯·普拉努得斯 204

Platon, platonisch 柏拉图，柏拉图主义的 4, 28, 30, 32, 67, 83, 100, 197, 204, 226, 266

Plautus 普劳图斯 2, 54 f, 58 f, 62, 79, 106 f, 116,188, 222, 226 f, 283

Plaz, Hofrat in Leipzig 普拉兹，莱比锡委员 251

Pléiade 七星诗社 192, 195, 210, 213, 234

Plethon, Georgios Gemisthos 乔治·盖弥斯托斯·普莱东 204 f

Plinius d. Ä. 老普林尼 51, 107

Plinius d. J. 小普林尼 19, 76f, 80f, 86, 198

Plotin 普罗提诺 83, 99

Plotius Sacerdos 牧师普罗提乌斯 103, 161

Plurizentrik, plurizentrisch 多元中心，多元中心的 31, 62, 73, 91 ff, 96, 127

Plutarch 普鲁塔克 83, 85

poetae novelli 新派蹩脚诗人 82

Poggio Bracciolini 波焦·布拉乔利尼 190, 207

Polen, Polnisch 波兰人，波兰语 11, 221

Polybios 波利比乌斯 58, 258

Pompeji, pompejanisch 庞贝城，庞贝城的 49, 78, 281

Pontano, Giovanni Antonio 乔瓦尼·安东尼奥·蓬塔诺 201, 207

Pontanus, Jacobus 雅各布斯·庞塔努斯 225

Porphyrios 柏菲里奥斯 100

Portugiesisch 葡萄牙语 92, 154, 170, 194, 203, 209

Pöschl, Viktor 维克托·波舍尔 69

Prakrit, Prakrits 普拉克利特语，普拉克里特诸语言 41f

preußische Schulkonferenz 普鲁士教育会议 274

Priscian 普利西安 98, 102 f, 131, 163

Probus, *Appendix Probi* 普罗布斯,《普罗布斯的附录》105

Properz 普罗佩提乌斯 61, 67 f, 106, 178

protestantische Gelehrtenschule 新教高级中学 118, 213, 216, 236, 238, 247

Protohumanismus 原始人文主义 202
provençalische Sprache und Literatur 普罗旺斯语言和文学 134, 170, 194 f, 202
Prudentius 普鲁登修斯 114
Ptolemäer 托勒密王朝 28
Punisch 古迦太基语 22, 46, 51

questione della lingua《关于语言的问题》64, 72, 74, 193, 208
Quintilian 昆体良 61, 68, 75 ff, 83, 108, 161, 183, 234, 257, 258
Quirinus, Heiliger 奎里努斯，战神 182
Rabelais, François 弗朗索瓦·拉伯雷 210, 263
Ramée, Pierre de la 皮埃尔·德拉拉梅 196
Ramus, Petrus → Ramée, Pierre de la 彼得吕斯·拉米斯，见皮埃尔·德拉拉梅
Ranke, Leopold von 利奥波德·冯·朗克 265
Rapin, Renatus 瑞纳图斯·拉平 210
Ravenna, spätantikes Zentrum 拉文纳，古代晚期的中心 91, 93, 100f, 137 f, 173
Ravenna, S. Vitale 拉文纳的圣维塔莱教堂 173
Recht, Juristen 法律，法学家 3, 50 f, 82, 87, 97, 99, 135, 172, 184, 186, 202, 218 ff, 224, 240, 242, 249 f, 256 f
Reformation 宗教改革 237
Reichenau 赖歇瑙 135, 138
Reichskrise des 3. Jh. 公元 3 世纪的帝国危机 s 82 f, 88, 100
Reinhard, Michael Heinrich 米歇埃尔·海因里希·莱茵哈德 254 ff
Renaissance des 12. Jh.s 12 世纪的文艺复兴，172
Repristinierung 再次回归古代 30
Retrokultur 复古文化 296
Reuchlin, Johannes 约翰·罗赫林 213
Reyher, Andreas 安德烈亚斯·雷耶 196
Rhapsoden → Dichtersprache 游吟诗人，见诗人语言
rhythmische Dichtung 韵律诗 176–179 各处
Riemann, Hugo 胡戈·希曼 271
Rilke, Rainer Maria 赖内·马利亚·里尔克 121
Ritterakademien 骑士学院 238
Rom, Pantheon 罗马万神殿 173
Rom, Petersbasilika 罗马圣彼得大教堂 136, 173, 188
romanische Sprache, Romanisch 罗曼语言，罗曼语的 7, 25, 37, 41 ff, 50, 75, 78, 94, 95, 105, 119 ff, 126, 131, 140, 168, 170, 279
römisches Imperium, Imperium Romanum, Römisches Reich 罗马帝国 1 f, 13, 15, 32, 46 f, 50 ff, 61, 63, 72, 77, 83, 85, 87 ff, 92, 96 ff, 120, 125 f, 129, 131, 135, 140, 200, 207, 211
Romulus Augustulus 罗慕路斯·奥古斯图卢斯 46, 137
Rostock, Universität 罗斯托克大学 237
Rufinus von Aquileia 阿奎莱亚的鲁菲努斯 98
Rumänisch 罗马尼亚语 170
Russen, Russisch, Russland 俄国人，俄语，俄国 93, 140, 157, 158

Sallust 萨鲁斯特 61, 65, 67 f, 90, 106 f, 163, 266
Salutati, Coluccio 科卢乔·萨卢塔蒂 207
Salzburg, mittelalterliches Zentrum 萨尔茨堡，中世纪的中心 135
Sankt Gallen, Kloster 圣加仑，修道院 135, 138
Sanskrit 梵语 15 f, 18, 20, 25, 41 f, 44 f, 53, 62, 101, 115, 144, 264
Sappho 萨福 32, 67
Sarsina 萨尔西纳 54
Sassanidenreich 萨珊王朝 129
Schede, Paul 保罗·谢德 201, 213
Scheller, Immanuel Johann Gerhard 伊曼努埃尔·约翰·盖尔哈特·舍勒 269
Schisma 教派分裂 207
Schlegel, August Wilhelm 奥古斯特·威廉·施莱格尔 40, 261 f,264
Schleiermacher, Friedrich 弗里德里希·施莱尔马赫 266
Schneevogel, Paul 鲍尔·史内沃格 191
Schonaeus, Cornelius 科尼利斯·斯科纳乌斯 220
Schotte, Bewerber um das Thomaskantorat 朔特，托马斯合唱团主事一职的申请者 251
Schottisch, Schottland 苏格兰语，苏格兰 193 ff, 209
Schriftkulturerbe 书面文化遗产 277, 281 f, 284, 289,291 f
Schriftsprache 书面语言 10, 24 ff, 28, 36–40 各处, 45 f, 57, 96, 123, 128, 132, 140, 142, 160,169, 206, 208, 227 ff, 231, 263; Schriftform, Schriftstandard 书面形式，书面标准 16, 35, 39, 58, 105, 131, 143, 145, 170, 185, 229 f
Schrott, Raoul 劳尔·施罗特 53
Schulpflicht 义务教育 228
Schultheater bei den Protestanten 新教徒的校园剧院 225
Schumann, Robert 罗伯特·舒曼 271
Schwyzerdütsch 瑞士德语 33, 35, 120f
Scipionenfamilie 西皮阿家族 59
Secundus, Petrus Lotichius 佩特鲁斯·洛提切乌斯·塞昆杜斯 201
Secundus, Janus 若阿内斯·塞昆杜斯 201, 220
Seminara, Kloster 塞米纳拉，修道院 204
Seneca d. Ä. 老塞涅卡 75, 77, 82
Seneca d. J. 小塞涅卡 61, 77, 81 f, 84, 86, 106, 178, 191, 199
Septimius Severus, römischer Kaiser 塞普蒂米乌斯·塞维鲁，罗马皇帝 88
Sepúlveda, Juan Ginés de 胡安·吉尼斯·塞普尔韦达 219
Servius 塞尔维乌斯 102, 107, 110
Shakespeare, William 威廉·莎士比亚 222, 263, 280, 296
Sibawayh, Sprachtheoretiker 语言理论家 38
Sidonius Apollinaris 希多尼乌斯·阿波利纳里斯 114 ff, 236
Simonides 西摩尼德斯 32
Sinhala, singalesische Sprache 僧伽罗，僧伽罗语 38
Sisenna 西塞纳 65
Sizilien, sizilianische Dichterschule 西西里岛，西西里岛诗人学校 48,50, 201 f
Skutsch, Franz 弗朗兹·斯库奇 6
Slawisch 斯拉夫语 41, 206

Societas Latina in Jena 耶拿的拉丁语协会 253
Sophokles 索福克勒斯 198, 266
Spanien, Spanisch 西班牙，西班牙语 92 ff, 154, 170, 172, 192, 194 f, 203, 208
Späthumanismus 人文主义晚期 238
Spätmittelägyptisch → ägyptische Sprache und Schrift 中古晚期埃及语，见埃及语言和文字
Spontansprache, spontansprachlich 日常语言，日常语言的 6,25, 34 f, 38 ff, 43, 47, 78 f, 81, 86, 91, 103, 118–122 各处, 126, 128, 130, 132 f, 144, 160, 180, 206
Sprachakademie 语言科学院 94; Frankreich 法兰西 40, 94; Spanien 西班牙 94; arabische Länder 阿拉伯语国家 37
Sprachbund 语言联盟 84, 147
Sprachimperialismus 语言帝国主义 15, 47, 51
Sprachverfall 语言的衰落 229, 235
Sri Lanka 斯里兰卡 38f
St. Denis, Kloster 圣丹尼，修道院 173
St. Riquier, Kloster 圣里基耶，修道院 135, 173
Staberius Eros 斯坦贝利乌斯·爱洛斯 65
Standard, Standardisierung 标准，标准化 16, 31, 33 f, 38, 41, 58, 60, 63, 72 f, 85 f, 87, 91, 93, 95, 121, 123, 130, 169, 194, 199 f, 209, 211, 229 f, 232, 239, 275
Standardsprache 标准语言 31, 97 f, 132, 197, 199, 227, 275
Statius 斯塔提乌斯 61, 81, 86, 106, 178

Staufer 斯陶芬王朝 202
Stegmann, Carl 卡尔·施特格曼 269
Stesichoros 斯特西克鲁斯 32
Stilicho 斯提里科 137
Stilübungen 风格练习 183, 191, 199, 240, 271,288
stoisch 斯多葛的 33
Stotz, Peter 彼得·斯托兹 181
Strabo, Walahfridus 瓦拉弗里德·斯特拉波 171
Straßburger Eide 斯特拉斯堡誓言 141 f, 169
Stroh, Wilfried 维尔弗里德·斯特罗 8, 19, 63, 74, 232, 293
studia humanitatis 为人类而努力 186
Stufenharmonik 阶梯和谐 271
Sturm, Johannes 约翰内斯·斯图尔姆 237
Sueton 苏埃托尼乌斯 81, 86, 174, 188, 191, 258
Sulla 苏拉 64
Sumerisch 苏美尔语 18, 22, 280, 289
Symeon 西蒙 129
Symmachus 西马库斯 110, 112
Syrisch 叙利亚语 50, 280
Syrlin, Jörg 老约克·希尔林 77

Tacitus 塔西佗 2, 19, 61, 77, 81 f, 86, 90, 138, 191, 212, 258, 283
tamilische Sprache 泰米尔语 39
Tarent, griechische Stadt 泰伦特，希腊城市 53, 57
Tatian 塔提安 139
Tegernsee, Kloster 特格尔恩，修道院 182
Telemann, Georg Philipp 格奥尔格·菲利浦·特勒曼 250, 259

Terenz 泰伦提乌斯 54, 58, 60, 79, 90, 102, 106 f, 109, 114, 212, 222, 226 f
Tertullian 德尔图良 82, 88
Tetrarchie 四帝共治制 90
Teuffel, Sigmund 西格蒙德·托伊费尔 268
Theoderich der Große 狄奥多里克大帝 100 f, 137, 173
Theodosius der Große 狄奥多西大帝 97
Theodulf von Orléans 奥尔良的迪奥多夫 136, 174
Theokrit 忒奥克里托斯 67
Thiersch, Friedrich 弗里德里希·蒂尔施 269
Thomas von Aquin 圣托马斯·阿奎那 174 f, 183, 233, 243
Thomas von Erfurt 埃尔福特的托马斯 165
Thomasius, Christian 克里斯蒂安·托马斯乌斯 242, 248, 258
Thomasius, Jakob 雅克布·托马斯乌斯 248, 256
Thomaskantor → Thomasschule 托马斯合唱团主事, 见托马斯学校
Thomasschule, Leipzig 莱比锡托马斯学校 247, 252–259 各处
Thomaskantor 托马斯合唱团主事 247–252 各处
Thukydides 修昔底德 28, 30, 32, 67, 197, 266
Tibetisch, Tibetologie 藏语, 藏学 53, 280
Tibull, *Corpus Tibullianum* 提布鲁斯《提布鲁斯作品集》61, 68, 106, 117, 178
Tochtersprache 嫡女语言 41ff, 143, 146, 192; siehe auch→Adoptivtochtersprache 另见, 养女语言
tote Sprache, Tod des Lateinischen 死语言, 拉丁语的死亡 6, 8 ff, 15 ff, 19, 21, 39 f, 43, 106, 145, 168, 200, 232f
Tours, frühmittelalterliches Zentrum 图尔, 中世纪早期中心 136
Traversari, Ambrogio 安布罗斯·特拉沃萨里 204
Trier, antike Stadt 特里尔, 古代城市 90, 136, 138
Triklinios, Demetrios 德米特里·特里克利尼乌斯 204
Troja 特洛伊 26, 162, 295
Troubadours 行吟诗人 195
Tschechisch 捷克语 40
Türken, Türkisch 土耳其, 土耳其语 35, 65, 206

Umbrien, Umbrisch 翁布里亚大区, 翁布里亚语 47, 54 ff, 264
Umgangssprache 口语 22, 30, 33, 57, 59, 79, 106 f, 124, 128, 180, 198
Ungarn, lateinische Verwaltungssprache 匈牙利, 拉丁语作为行政语言 3, 221
Universität, universitär 大学, 大学的 3 f, 194, 199, 202, 237, 247, 249, 262, 267, 274, 280 ff, 285, 287 f, 290
Unziale 安色尔字体 111, 139
Urban VIII., Papst 教皇乌尔班八世 208
Urbino 乌尔比诺 202

Vagantendichter, Vagantendichtung 流浪诗人, 流浪诗 176, 182, 184
Valla, Lorenzo 洛伦佐·瓦拉 150, 190,

201, 207, 268
Valladolid 巴利亚多利德 219
Varro von Reate 列蒂的瓦罗 65f, 71, 84
Veden《吠陀》41, 115, 282
Vega, Lope de 洛佩·德·维加 263
Velázquez, Diego 迭戈·委拉斯开兹 219
Velleius Paterculus 维莱伊乌斯·帕特尔库鲁斯 81
Venedig, Markusbibliothek 威尼斯的马库斯图书馆 205
Venetisch 威尼托语 47
Vergil 维吉尔 17, 19, 61 f, 64 f, 67–71 各处，76, 90, 102, 106–114 各处，117, 120, 162, 174, 176, 182, 188, 266, 275
Vergilhandschriften 维吉尔手稿 114
Via Appia 阿庇亚大道 53
Victor, Bischof von Capua 维克多，卡普亚主教 139
Victorinus, Marius 马里尤斯·维克多里努斯 100
Vida, Marcus Hieronymus 马库斯·哲罗姆·维达 208
Virgilius Maro, Grammatiker 维吉尔·马罗，语法学家 162
Vittorino da Feltre 费尔特雷的维多里诺 189
Vives, Juan Luis 胡安·路易斯·维夫斯 209, 218
volgare → grammatica 通俗语言，语法语言
volgarizzamenti 简化 207
Volkssprache 民众语言/民族语言 1, 5, 7, 33, 35 f, 40 f, 43, 45, 78, 80, 93, 119, 126, 130, 133 f, 141–148 各处，168–174 各处，180, 185, 192 f, 195, 199, 201, 203, 205f, 208–213 各处，220, 231, 234 f, 237, 240 f, 276
Vorsokratiker 前苏格拉底哲学 27, 33
Vorstius, Johannes 约翰内斯·傅斯修 147
Voß, Johann Heinrich 约翰·海因里希·沃斯 246, 266
Vossius, Johannes Gerardus 约翰内斯·杰拉德斯·沃修斯 220
Vulgärlatein, vulgärlateinisch 通俗拉丁语，通俗拉丁语的 7, 40 f, 78, 95, 103, 105 f, 118, 124, 126, 145, 165, 180
Vulgärsprache, vulgär 通俗语言，粗俗的 80, 119, 166, 226
Vulgata → Bibel《圣经》拉丁语通俗译本/武加大译本

Wagner, Richard 理查德·瓦格纳 273
Walisisch 威尔士的 50
Walther von Chatillon 沃尔特·冯·查蒂伦 182
Walther von der Vogelweide 瓦尔特·冯·德·福格威德 134, 296
Weimarer Klassik 魏玛古典主义 247, 263
Westgoten, Westgotisches Reich → Goten 西哥特人，西哥特王国，见哥特人
Wimpfeling, Jakob 雅各布·温菲林 191, 213
Wolf, Friedrich August 弗里德里希·奥古斯特·沃尔夫 150, 246, 261 f, 269
Wolff, Christian 克里斯蒂安·沃尔夫 242
Wolfram von Eschenbach 沃尔弗拉姆·冯·埃森巴赫 169, 263

Wulfila 乌尔菲拉 46, 137, 141

Xenophon 色诺芬 30, 32, 197, 258

York, frühmittelalterliches Zentrum 约克，中世纪早期的中心 136

Zanker, Paul 保罗·赞克 69

Zumpt, Carl Gottlob 卡尔·戈特洛布·促普特 269

Zweisprachigkeit → bilinguale Erziehung 双语制，见双语教育

Zweitsprache 第二语言 11, 19 f, 89, 92, 94, 103, 142, 148, 151, 153–160 各处, 220

Zwölftafelgesetz 十二铜表法 58

译后记

怀着对拉丁语的一种莫名的喜爱,以及对拉丁语学习的一种莫名的执着(虽然屡屡中断而始终没有学好),我欣然接受了这本书的翻译工作。在翻译过程中,我也逐渐体会到自己为何一直对拉丁语怀有这样的一种喜爱与执着。这就在于拉丁语深远的历史和源源不断的生命力,用书中作者的话来说,拉丁语两千五百年的"生存期","是现代世界语言还得长久等待的东西",由此,"拉丁语的一个重要贡献是,通过拉丁语人们不仅可以掌握当代的,而且可以掌握几千年以来的文学、科学和历史传统"。而拉丁语之所以能够长久持存,是因为"真实的世界语言不受它由之产生的政治状况的限制,相反,它实际上拥有整个世界"。希望翻译这本书是我再次学习拉丁语以及掌握拉丁语知识的一个契机,也希望我能通过这门语言打开遥远世界的大门并且对当下世界进行反思。

由于种种原因,最后未能独立完成本书译稿,幸而得到几位同事相助。具体分工如下:前言、第一章和第二章由黄文前翻译,第三章第1—4节由孙晓迪翻译,第三章第5节和第四章由程雨凡翻译,第五章由张志超翻译。黄文前最后对全书进行统稿,但由于不同的人有不同理解,许多词有时很难做到完全统一,并且即使是同一个词,在不同语境下有时意思也是不同的,所以在个别情况下会有一些术语的不统一。例如Volkssprache,在全书中一般译为民众语言,但视具体情况,有时译为本土语言，有时译为通俗语言，但总体说来，这个词在本书中是指与标准拉丁语相对的一般民众的非标准拉丁语。还有 Antike，有时译为古代，有时译为古典时期，有时还译为古希腊罗马时期。凡此不一一列举。这里还需要对与语言 Sprache 相关的一些词做说明。例如 Spontansprache，按照字面意思，即自发的、本能的、脱口而出的语言，根据德语百科的解释，这个词在应用语言学中就是指在日常对话中使用的口语，所以我们一般译为日常语言，它与文中出现的 Umgangssprache、Alltagssprache 一样，都是与"标准语言"（Standardsprache）相对的"白话文"，即非正式的口语。natürliche Sprache，译为"自然语言"，它是与"人为语言"（künstliche Sprache）相对的、自然地随文化演化出的语言。Nationalsprache，即"民族语言"。Vulgärlatein，即发展出后来罗曼诸语言的"通俗拉丁语"，也就是民众的方言口语。为了便于读者理解，我们通常会在这些词第一次出现时标注出外文。

翻译过程中的艰辛一言难尽，其中获得新知识的喜悦也是难以言表的。在这里我对译文中可能还存在的种种错误，先向读者致以无比的歉意，唯希望在翻译过程中不断进步，使未来的译著中错误越来越少。

最后，对编辑李占苗老师的无限耐心和对翻译工作的无尽支持表示衷心感谢！

黄文前

2019 年 12 月 13 日